LA PALMA

DUMONT REISE-TASCHENBUCH

Susanne Lipps
LA PALMA

LAND & LEUTE

Die ›grüne Insel‹

Kultur und Leben

UNTERWEGS AUF LA PALMA

Santa Cruz und der Nordosten

Der Südosten und der Süden

LAND & LEUTE

»Dunkle Wolkenmassen rungsum, ... dann eine blutrote Stelle, die allmählich in ätherisch lichtes Purpur und Graublau sich auflöst: das märchenhafte La Palma liegt vor uns, ... und lockend und niedlich die helle Stadt, Santa Cruz de la Palma, emporkletternd an steilen Lehnen.«

Hermann Christ

Die ›grüne Insel‹

Drachenbäume an der Nordküste bei Puntagorda

EWIGER FRÜHLING

Hat die achte Kanareninsel San Borondón, westlich von La Palma, je existiert? Dies wird noch lange Zeit ein Geheimnis bleiben. Auf den Kanaren erzählen sich die Bewohner, die Encantada (die Verzauberte), wie San Borondón auch genannt wird, tauche nach Belieben aus dem Atlantik auf und verschwinde ebenso unverhofft wieder, wenn jemand versuchte, sich ihr zu nähern. Wissenschaftler versuchen das Phänomen mit einer Fata Morgana, einer Luftspiegelung, zu erklären.

Viele wollen sie gesehen haben, so auch der irische Mönch Brandan (Borondón) de Clonfert. Er hatte sich im 6. Jh. auf die Suche nach dem Paradies auf Erden begeben und vielleicht San Borondón entdeckt. Der Mythos will es, dass die wunderbare Insel mit üppigem Pflanzenwuchs bekleidet ist, der das ganze Jahr über von verschwenderischen Flüssen gespeist wird.

Doch es ist gar nicht nötig, dem ›verlorenen‹ San Borondón nachzutrauern. Bäume, Blumen, Wasser und Natur im Überfluss gibt es auch auf La Palma. Wanderer und Naturliebhaber kommen hier voll auf ihre Kosten. Grandiose Vulkanberge, schattige Lorbeerwälder oder steile Barrancos hinterlassen gewaltige Eindrücke. Dichte Nebelbänke in dunklem Grün und geheimnisvolle Schriftzeichen der Ureinwohner verleihen La Palma etwas Mystisches. An der sonnenverwöhnten Küste finden Badefreunde kleine, aber feine Strände in verträumten Buchten. Selten liegen die Sonnenanbeter dicht gedrängt.

Nicht nur die großartige Natur lockt immer mehr Besucher auf die Isla Verde, die grüne Insel. Faszinierend ist auch die Lebensart der Menschen, die auf La Palma heimisch sind. Zwischen Tradition und Moderne werden alte Bräuche gepflegt. Feste feiert man, wie sie fallen.

Die glorreiche Vergangenheit der Insel als Handelsstützpunkt zwischen der Alten und der Neuen Welt wird vor allem in Santa Cruz offenbar. Prunkvolle Stadtpaläste und Bürgerhäuser mit kunstvoll verzierten Holzbalkonen zeugen vom Glanz der einstigen Metropole.

Ein Straßencafé in der Hauptstadt kann der Ort sein, wo die Gedanken in die damalige Zeit abschweifen. Das quirlige Leben auf den Straßen vergegenwärtigt aber auch, dass die Zeit nicht stehen geblieben ist. Alte Männer mit schwarzen Hüten sitzen an den Plätzen, Taxifahrer stützen sich auf das Dach ihres Wagens. Modebewusste junge Frauen hasten vorüber, um in der kurzen Arbeitspause einige Besorgungen zu machen. Deutsche Aussteiger treffen sich auf einen Kaffee, einheimische Jugendliche tragen stolz ihre Piercing-Ringe zur Schau. Schmucke Boutiquen und edle Restaurants bedienen die einen, andere treffen sich lieber in der einfachen Kneipe oder in der Bar an der Ecke. Ähnliches spielt sich auch in Los Llanos ab. Gemessen an der Einwohnerzahl hat diese quirlige Stadt Santa Cruz inzwischen überholt.

STECKBRIEF LA PALMA

Lage und Größe: La Palma ist die nordwestlichste der sieben Kanaren-Inseln. Die Insel ist etwa 80 km von Teneriffa entfernt, 400 km von Afrika und knapp 1500 km von Spanien. Mit etwa 726 km^2 ist La Palma die fünftgrößte Insel des Archipels. Ihre höchste Erhebung ist mit 2426 m der Roque de los Muchachos. Bezogen auf die Fläche ist La Palma die höchste Insel der Erde.

Bevölkerung: Knapp 87 000 Menschen leben auf La Palma, davon etwa 1000 Deutsche. Auf 1 km^2 kommen ca. 120 Einwohner. Gesprochen wird Spanisch. Mehr als 99% der Bevölkerung sind römisch-katholisch.

Die wichtigsten Orte: Hauptstadt ist Santa Cruz de La Palma (ca. 20 000 Einw.), größte Stadt hingegen ist Los Llanos de Aridane (knapp über 20 000 Einw.). Weitere Gemeinden sind Breña Alta (ca. 5000 Einw.), Breña Baja (ca. 3000 Einw.), Villa de Mazo (ca. 5000 Einw.), Los Canarios (ca. 2000 Einw.), El Paso (ca. 7000 Einw.), Tazacorte (ca. 7000 Einw.), Tijarafe (ca. 3000 Einw.), Puntagorda (ca. 2000 Einw.), Villa de Garafía (ca. 2000 Einw.), Puntallana (ca. 2500 Einw.), San Andrés y Sauces (ca. 5500 Einw.), Barlovento (ca. 2500 Einw.).

Staat und Verwaltung: Seit 1982 bilden die Kanarischen Inseln innerhalb des spanischen Staates eine autonome Gemeinschaft. Die Selbstverwaltungsrechte sind mit denen der deutschen Bundesländer vergleichbar. Gewählt wird ein Parlament mit 60 Abgeordneten. Die Inselregierung wechselt alle vier Jahre ihren Sitz zwischen den beiden Hauptstädten Las Palmas (Gran Canaria) und Santa Cruz de Tenerife. La Palma gehört zur Westprovinz, die von Teneriffa aus verwaltet wird. Auf La Palma ist der Inselrat *(Cabildo Insular)* für die innere Verwaltung zuständig, dem die Bereiche Kultur, Gesundheitswesen und Straßenbau unterstehen.

Landwirtschaft: Bananen tragen mit 98 % zu den Exporten der Insel bei. Sie gedeihen nur bis in eine Höhe von 300 m über dem Meer. Im Sommer muss regelmäßig bewässert werden. In den 90er Jahren des 20. Jh. wurde der Weinbau wieder belebt und die kontrollierte Herkunftsbezeichnung Denominación de Origen La Palma eingeführt. Wichtigste Anbaugebiete sind Los Canarios (Fuencaliente), Las Manchas, Villa de Mazo, Tijarafe, Villa de Garafía.

Tourismus: Etwa 250 000 Urlauber im Jahr besuchen La Palma. 80 % davon kommen aus Deutschland. Auf der Insel gibt es 9000 offiziell registrierte Gästebetten. Riesige Ferienzentren, wie auf den anderen Kanarischen Inseln, sucht man hier vergeblich. Viele Privatleute vermieten Apartments, Bungalows und Bauernhäuser. Die größten Ferienorte sind Los Cancajos und Puerto Naos.

Beschaulicheres Leben findet auf dem Lande statt. Kleine Dörfer und Ansiedlungen besitzen lediglich eine Bar Viveres: Supermarkt, Kneipe und Treffpunkt in einem Raum. Jeder aus der Umgebung schaut im Laufe des Tages hier auf einen Plausch oder ein Glas Wein vorbei. Hektisches Treiben kommt höchstens bei einer Fiesta im Sommer auf. Urlauber können an diesem Lebensstil teilhaben, wenn sie sich in einen restaurierten Bauernhof oder in einem Landhaus einmieten.

Für Aktivferien bietet La Palma einiges. Steile Straßen und Pisten sind für Motorrad- und Mountainbike-Fahrer wie geschaffen. Das saubere Wasser rings um die Insel mit reicher Meeresfauna erfreut Taucher. Wer höher hinaus will, um La Palma von oben zu bewundern, wartet auf günstige Windverhältnisse und startet mit dem Gleitschirm.

Für (fast) alle hat La Palma etwas zu bieten. Nur wer die Party-Location schlechthin sucht, in der absoluten In-Disco bis weit in den nächsten Tag feiern möchte oder auf einer Szene-Party gern die Nacht zum Tage macht, wird vermutlich enttäuscht sein.

Große Ferienzentren gibt es nicht. Puerto Naos und Los Cancajos sind zwar reine Touristensiedlungen, aber nicht zu vergleichen mit den riesigen Urlaubsstädten der größeren kanarischen Schwesterinseln. La Palma bietet Ruhe, Erholung und Natur. Viele Besucher kommen immer wieder. Die Insel wurde für sie zum Paradies, das der irische Mönch Borondón einst suchte.

Treffpunkt für einen Plausch – Kiosk an der Plaza de Alameda in Santa Cruz

LANDSCHAFT UND NATURRAUM

Vulkane aus dem Ozean

La Palma ist wie der gesamte Archipel der Kanarischen Inseln vulkanischen Ursprungs. Der in 4000 m Tiefe liegende Ozeanboden wandert – bedingt durch die Kontinentaldrift – Richtung Osten. Vor der afrikanischen Küste wird er gestaucht und zerbricht. An diesen tektonischen Bruchlinien dringt Magma (durch Erdwärme aufgeschmolzenes Gestein) aus dem Erdinnern empor. Wiederholte Eruptionen führten zum allmählichen Aufbau der gewaltigen Vulkane.

Auf La Palma findet man an den steilen Wänden des Barranco de las Angustias durch Erosion freigelegte kissenförmige Lavablöcke mit Durchmessern bis zu 1 m. Diese so genannte **Kissenlava** dokumentiert, das die Insel bereits unter dem Meeresspiegel aufgebaut wurde. Durch tektonische Kräfte wurde sie nachträglich über die Meeresoberfläche gehoben. Teilweise ist die Kissenlava grün gefärbt. Durch Hitze und Druck wandelte sie sich zu so genanntem Grünstein um. Auch grobkristalline Tiefengesteine, wie etwa der granitähnliche **Gabbro,** den man hier und da in der Caldera de Taburiente findet, gerieten durch die tektonische Hebung weit über den Meeresspiegel. Gabbro und Kissenlava bilden den so genannten Basalkomplex, den geologischen Grundstock der Insel.

Auf die Hebung des Basalkomplexes folgte eine Zeit vulkanischer Ruhe, in der die submarin entstandenen Gesteinsschichten durch Erosion teilweise abgetragen wurden. Später folgten dann weitere Eruptionen, die die jüngeren ›Corbertera‹-Serien bildeten.

An steilen Felswänden sind die erkalteten Lavaströme angeschnitten. Zu erkennen sind sie an den dunklen (Basalt) oder hellgrauen (Trachyt, Phonolith) Farben. Die Lavaströme wechseln mit rötlichem Tuff ab – also mit vulkanischen Auswurfmassen, die bei explosionsartigen Ausbrüchen herausgeschleudert wurden. Diese Schichten ließen einen riesigen Vulkankörper entstehen, einen so genannten **Stratovulkan** (Schichtvulkan), der früher 3500 m über die Meeresoberfläche hinausgeragt haben dürfte. Damit war La Palma einschließlich seines submarinen Teils einst etwa 7500 m hoch. Auch heute noch ist die Gesamthöhe mit 6500 m beachtlich. Der größte Teil der Gesteinsmasse, rund 90%, befindet sich allerdings unterhalb des Meeresspiegels.

Caldera de Taburiente

Die Caldera de Taburiente ist mit 7 km Durchmesser und 2000 m Tiefe einer der größten Krater der Erde. Der deutsche Geologe Leopold von Buch (1774–1853) führte den Begriff Caldera (Kessel) in die Fachsprache ein. Nach seinen Untersuchungen auf La Palma entstand die Caldera de Taburiente durch den Einsturz des einstmals weitaus höheren Vulkandoms, weil seine Magmakammer keinen Nachschub mehr an flüssigem Gestein aus dem Erdinnern erhielt.

Viele Geologen gehen heute allerdings davon aus, dass die Caldera de Taburiente durch Erosion entstand, da das Zentrum des ehemaligen Stratovulkans aus besonders weichen Gesteinschichten (vulkanischen Tuffen) aufgebaut war.

Nach den Beobachtungen beim Ausbruch des nordamerikanischen Mount St. Helens 1980 und jüngeren Untersuchungen des deutschen Vulkanologen Hans-Ulrich Schmincke zu schließen, entstand die Caldera de Taburiente jedoch durch einen gewaltigen Erdrutsch und eine darauf folgende Explosion. Demnach wölbt sich zunächst eine Flanke des Vulkans durch im Innern aufsteigendes Magma, bis es zu einem Abrutschen riesiger Gesteinsmassen kommt. Der enorme Druckverlust, den die darunter liegenden Schichten erfahren, führt zu einer gewaltigen Explosion. Auf diese Weise entstandene Krater weisen eine charakteristische Hufeisenform auf.

Die stetige Erosionskraft des Wassers, das hier und da hohe Kaskaden bildet, schuf die unzähligen engen und steilen Täler am inneren Kraterrand. Die Bäche vereinen sich im Barranco de las Angustias, der bei Puerto de Tazacorte in den Atlantik mündet.

Fast alle Hänge der Caldera sind mit Kiefernwald bedeckt. Es handelt sich hierbei um die **Kanarische Kiefer,** einen besonders anspruchslosen Baum, der bis in Höhen von 2000 m über dem Meer gedeiht. Auch Waldbrände können dieser nur auf den Kanaren vorkommenden (endemischen) Kiefernart wenig anhaben. Eine mächtige Borke und ihr Harz schützen sie vor den Flammen. Nadeln und Zweige verbrennen zwar, doch schon im nächsten Frühjahr treiben Stamm und dickere Äste erneut aus. Für den Wasserhaushalt der Insel spielt die Kanarische Kiefer eine bedeutende Rolle. Mit ihren bis zu 30 cm langen Nadeln kämmt sie feinste Tropfen aus den Wolken und führt sie dem Boden zu.

Höhensteppe - Die Gipfel des Caldera-Randes

Die Bedingungen für die Flora in der fast immer wolkenfreien Kammregion der Caldera sind besonders hart. In Höhen über 2000 m über dem Meer weht häufig die Ausgleichsströmung des Passatwinds, der **Antipassat**. Er ist von Süd nach Nord gerichtet und sehr trocken.

Extreme Temperaturunterschiede und Wassermangel lassen kaum mehr als ein Dutzend hoch spezialisierte Arten gedeihen. Die Pflanzen zeichnen sich durch einen niedrigen, polsterförmigen Wuchs und kleine meist behaarte Blätter aus. Im Sommer verwandelt sich die Caldera-Umrandung dank der ginsterähnlichen Klebrigen Drüsenfrucht in ein gelbes Blütenmeer. Die anderen Arten der Höhensteppe findet man fast nur noch auf Rückzugsstandorten an den oberen Steilhängen der Caldera. In Felsspalten wächst noch das vom Aussterben bedrohte **La Palma-Veilchen.**

Zuweilen findet man auch den außerdem nur noch auf Teneriffa vorkommenden **Teide-Natternkopf** mit kerzenförmigen, bis zu 2 m hohen, roten Blütenständen. Er bildet auf La Palma eine Unterart.

Monteverde

An den Hängen des feuchten Nordostens gedeiht der **Lorbeerwald**. Dieser immergrüne Vegetationstyp wächst in Höhen zwischen 500 und 1500 m über dem Meer. Der Lorbeerwald ist an die Stufe der Passatwolken gebunden. Der Passatwind weht stetig aus Nordosten und nimmt auf seinem Weg über den Atlantik reichlich Feuchtigkeit auf. Das Gebirge im Norden La Palmas zwingt die Luftmassen zum Aufsteigen, wobei sie sich abkühlen. Dadurch kommt es zur Kondensation und somit zur Wolkenbildung.

In der oberen Baumschicht herrscht der **Azoren-Lorbeer** vor, ein enger Verwandter des Gewürzlorbeers. Seine Blätter riechen allerdings nicht so intensiv. Ähnliche Arten sind der **Kanarische Lorbeer** und der **Madeira-Mahagoni,** dessen Blätter sich im Frühsommer rötlich färben.

Eine besonders stattliche Lorbeerart ist der **Stinklorbeer**. Seinen Namen verdankt er der Tatsache, dass sein frisch geschlagenes Holz einen unangenehmen Geruch verströmt. Erkennbar ist der Baum, der inzwischen unter Schutz steht, an seinen eichelähnlichen Früchten. Auf La Palma bildet er im Gegensatz zu den anderen Kanarischen Inseln noch imposante Hochwaldbestände. Bei Los Tilos (s. S. 94) sind besonders eindrucksvolle Exemplare zu bewundern. Der Unterwuchs des Lorbeerwalds besteht aus dichtem Buschwerk, Farnen und Moosen. Hier gedeiht auch der schönste und größte Farn der Kanaren, der **Wurzelnde Kettenfarn** (Woodwardia), dessen Wedel bis zu 3 m lang werden.

Ausgedehnte Lorbeerwälder findet man heute noch in schwer zugänglichen Schluchten und an steilen Hängen im Norden und Nordosten. Oberhalb von 1200 m und beim Übergang nach Süden und Osten geht der Lorbeerwald in den **Fayal-Brezal** über. Hier dominieren **Gagelbaum** (Faya) und **Baumheide** (Brezo). Beide vertragen mehr Trockenheit und größere Temperaturunterschiede als die Lorbeerarten. Lorbeerwald und Fayal-Brezal bilden den so genannten **Monteverde**. Dieser fiel in Siedlungsnähe in früheren Jahrhunderten vielfach dem hohen Brennholzbedarf der Zuckermühlen zum Opfer.

Die Barrancos

Reißende Gebirgsbäche haben in vergangenen Jahrtausenden unter feuchteren klimatischen Bedingungen als heute auf ihrem kurzen Weg zum Meer tiefe Schluchten *(barrancos)* in den Vulkankörper geschnitten. Die engen, unzugänglichen Täler und Steilwände blieben weitgehend vom menschlichen Eingriff verschont und sind botanisch äußerst interessant. Hier gedeihen zahlreiche seltene Arten. Im tieferen Bereich fallen vor allem die Dickblatt-

WALD DER DRACHENBÄUME

Als »Garten der irdischen Lüste« ist ein Triptychon des holländischen Malers Hieronymus Bosch (1453–1516) bekannt, das im Prado-Museum in Madrid hängt. Adam und Eva sind im Garten Eden unter einem Drachenbaum dargestellt. Bevölkert wird die Szene von Dämonen, zu denen wohl auch der Drachenbaum mit seinem Furcht einflößenden Äußeren zählt. Die eigenartig verwachsenen Äste, von denen jeder in einem Büschel schmaler, geschweifter Blätter endet, lassen an ein gefährliches Reptil mit starken Gliedern und scharfen Krallen denken.

Schon im Altertum trug der Baum, der in tropischen und subtropischen Gebieten gedeiht, den griechischen Namen *drakaina* (weiblicher Drache), womit auf seine bedrohliche Erscheinung verwiesen wurde. Hieronymus Bosch hat seine Heimat nie verlassen. Ein Seefahrer scheint ihm den Drachenbaum, der außer auf den Kanaren nur auf Madeira und den Kapverdischen Inseln vorkommt, genau beschrieben zu haben.

Für die Welt der frühen Neuzeit war der Baum von großer wirtschaftlicher Bedeutung. Nach der Eroberung der Kanaren begann man mit dem Export des so genannten Drachenbluts *(sanguis draconis)*, einer harzigen Ausscheidung, die sich an der Luft blutrot färbt. Als Farbstoff für Lacke, Glasuren und Textilien war die Substanz in Europa sehr begehrt. Angeblich half das Drachenblut auch gegen Tuberkulose, Hitzewallungen, Verdauungsstörungen sowie Zahnausfall und fehlte daher in keiner Apotheke. Zahnpasta, mit Drachenblut angereichert, war ein Verkaufsschlager des 19. Jh.

Die Bäume wurden durch die künstlichen Einschnitte stark beansprucht, bluteten aus und starben ab. Um 1900 waren sie auf den Kanaren so selten geworden, dass sich die Ausbeutung nicht mehr lohnte. In größerer Zahl haben sie nur im abgeschiedenen Norden La Palmas überlebt. Bei La Tosca und Las Tricias stehen sogar noch richtige Drachenbaumwälder. Bis in die jüngste Vergangenheit gab es auf La Palma viele Seilmacher, die aus den Blattfasern Stricke flochten und verkauften.

Den Altkanariern galt der *drago* als heilig, man schrieb ihm magische Kräfte zu. Er symbolisierte Fruchtbarkeit und Weisheit. Bis heute hat sich bei den Bauern allerlei Aberglaube gehalten. Wenn der Drachenbaum kräftig blüht, kann man zum Beispiel eine gute Ernte erwarten. Das getrocknete und verbrannte Blut hält Hexen und böse Zauberer fern. Knochenbrüche werden behandelt, indem man den Verunglückten zu einem Drachenbaum trägt und seine Fußabdrücke in die Rinde schnitzt. Schließen sich die Wunden im Baum, so heilt auch der Bruch.

Die verbliebenen Drachenbäume stehen heute unter Schutz. La Tosca besitzt mit etwa 20 Exemplaren den größten Drachenbaumhain der Kanarischen Inseln. Bei Las Tricias gibt es den zweitgrößten zusammenhängenden ›Wald‹ mit immerhin elf ausgewachsenen Drachenbäumen. Zahlreiche weitere *dragos* gedeihen unter anderem bei Puntagorda und Santo Domingo, wo sie in der Übergangszone zwischen dem regenarmen Küstenbereich und der höher gelegenen, feuchten Waldregion ihren natürlichen Standort haben.

An eine Regenerierung des einst vorhandenen Bestands – von »unzähligen dicken Drachenbäumen in ansonsten recht kahler Umgebung« berichten alte Chroniken – ist allerdings nicht von heute auf morgen zu denken. Wenn auch frühere Altersschätzungen – Alexander von Humboldt billigte den größten Exemplaren auf Teneriffa ein Alter von bis zu 6000 Jahren zu – bei weitem zu hoch gegriffen waren, so wachsen Drachenbäume doch recht langsam. Mehrere Monate kann es dauern, bis der Samen keimt. Erst nach 10 bis 15 Jahren erscheinen am bis dahin kerzengerade nach oben wachsenden Stamm die ersten Blüten, danach beginnt er sich mehrmals zu verzweigen.

Der *drago* gehört zur Familie der Drachenbaumgewächse, die mit Lilien und Agaven verwandt sind. Daher fehlen ihm im Gegensatz zu ›echten‹ Bäumen die Jahresringe, und sein Alter ist schwer zu schätzen. Doch weiß man durch Wachstumsmessungen, dass er 400 bis 500 Jahre alt werden kann.

Der Vulkan San Antonio

gewächse der Gattung Äonium auf. In den feuchteren Talgründen gedeihen **Kanarische Palme** und **Tamariske.** Vor allem in den Tälern des Nordens und Nordwestens wachsen noch viele **Drachenbäume,** allerdings erst oberhalb von 200 m. Auf den anderen Inseln des Archipels ist diese archaische Pflanze nahezu ausgestorben.

Junge Vulkane im Süden

Geologisch jünger als der Norden La Palmas sind die südlichen Inselteile. An die Caldera de Taburiente schließt die Cumbre Nueva an, die in die Cumbre Vieja übergeht. Sie bilden einen langen Gebirgszug, der seine Entstehung einem spaltenförmigen Riss in der Erdkruste verdankt. An dieser Störungszone dringt immer wieder Magma zur Erdoberfläche empor. Auf dem Kamm der Cumbre Vieja reihen sich über 100 Vulkankegel und Krater aneinander. Wiederholt kam es noch in historischer Zeit zu Ausbrüchen. Der äußerst spektakuläre Krater Hoyo Negro entstand ebenso wie der Duraznero und der Cráter Llano del Banco bei der San-Juan-Eruption von 1949.

An der Südspitze La Palmas ereignete sich 1971 der jüngste Vulkanausbruch auf den Kanarischen Inseln. Hierbei entstand der Volcán de Teneguía. Ein weiterer imposanter Vulkan ist der San Antonio unterhalb von Fuencaliente. Er brach um die Jahreswende 1677/78 aus (s. S. 121f.).

Malpaís

In den vergangenen Jahrhunderten traten immer wieder heiße Lavaströme aus den Kratern der Cumbre Vieja. Sie wälzten sich mit zerstörerischer Kraft Richtung Küste. Auf ihrem Weg hinterließen sie unfruchtbare Schollenfelder, auf denen keine Landwirtschaft möglich ist. Die Einheimischen nennen diese Gebiete *malpaís* (schlechtes Land). Bei El Paso und Las Manchas finden sich mehrere solcher ausgedehnten jungen

Lavaströme. Auch auf der Fahrt nach Los Canarios (Fuencaliente) passiert die Straße an den Ost- und Westseiten der Cumbre Vieja schwarze, mit scharfkantigem Geröll überzogene Landstriche. Auf älteren, stärker verwitterten Lavaströmen wird heute Wein angebaut.

Der Küstenstreifen

Flache Küstenabschnitte gibt es auf La Palma kaum. Die Brandung nagt von allen Seiten intensiv an der Vulkaninsel. Vielerorts fallen hohe Kliffs senkrecht zum Meer ab. Die wenigen kleinen Badebuchten mit dunkelsandigem bis kiesigem Strand sind vor allem in der Südhälfte der Insel zu finden.

Im Norden legte man als Ersatz an einigen Stellen Badeplätze in den felsigen Küstenabhängen an, wo man im Pool oder im Meer schwimmen kann. An der gesamten Küste fallen wenig Niederschläge und die Temperaturen sind ganzjährig mild. Ursprünglich wuchs hier ein lockeres Gebüsch aus Trockenheit liebenden Pflanzen (vorwiegend Sukkulenten). Am auffälligsten ist die **Kanarische Wolfsmilch** mit kandelaberförmigen Ästen. Von den Einheimischen wird sie *cardón* genannt. Außerdem findet man die **Balsam-Wolfsmilch** mit dünnen, stark verzweigten Ästen. An landwirtschaftlich nicht genutzten Flächen sind beide Pflanzenarten noch häufig zu finden.

Die Terrassierung der Küstenhänge für den Bananenanbau, die Erschließung für touristische Zwecke und die Weidewirtschaft haben jedoch vielfach die ursprünglich heimische Flora verdrängt.

Tierwelt

Im Vergleich zur üppigen Flora präsentiert sich die Fauna unauffällig. Mit Ausnahme der **Madeira-Zwergfledermaus,** die bisher nur auf La Palma und Madeira gefunden wurde, gab es von Natur aus keine Landsäugetiere auf der Insel. Erst der Mensch brachte Haustiere mit.

Der **Mufflon,** ein aus Korsika und Sardinien stammendes Wildschaf, wurde erst 1954 von der Nationalparkverwaltung in der Caldera de Taburiente ausgesetzt.

Vögel

Rund 40 Vogelarten brüten auf La Palma, viele weitere besuchen die Insel regelmäßig. Zahlreiche Vögel, die nahe Verwandte in Mitteleuropa besitzen, sind hier heimisch, so die **Palma-Blaumeise,** der **Palma-Buchfink** und andere. In den Bergregionen hält sich die **Graja,** eine Unterart der Alpenkrähe, auf. Das laute Kreischen des Rabenvogels mit dem roten Schnabel ist im Westen der Insel recht häufig zu vernehmen.

In offenem Gelände sieht man nicht selten den **Turmfalken,** der sich von Eidechsen ernährt. Im Baumheidegebüsch lebt das **Wintergoldhähnchen.** Die wärmeren Gebiete in der Küstennähe bevorzugt der **Kanariengirlitz,** die Stammform des beliebten Kanarienvogels. Die Zuchtrassen mit einer Vielzahl von Farbvarianten entstanden seit dem 17. Jh. in verschiedenen europäischen Ländern.

Von den Früchten des Stinklorbeers und des Madeira-Mahagonis ernährt sich die scheue **Lorbeertaube,** die außer auf La Palma auch auf Teneriffa und Gomera zu finden ist. Die Seevögel kommen meist nur zum Überwintern nach La Palma. Typische Vertreter sind der **Gelbschnabelsturmtaucher** und die **Flussseeschwalbe.**

An hoch über der Steilküste aufragenden Felsen baut der Fischadler seine seinen Horst, um seine Fanggründe beobachten zu können. Solche Stellen sind auf der Landkarte als Roque del Guincho (»Fischadlerfelsen«) oder Punta de los Guinchos (»Fischadlerspitze«) kenntlich. Der etwa 60 cm lange, schwarzbraune Greifvogel ist an seinem weißen Oberkopf mit den dunklen Augenstreifen und dem ebenfalls weißen Bauch zu erkennen. Er ist selten geworden, wird aber noch hin und wieder bei Santo Domingo de Garafía gesichtet. Als Brutvogel wird er allerdings in der jüngsten vogelkundlichen Bestandsaufnahme für La Palma nicht mehr verzeichnet, obwohl die Jagd auf Greifvögel schon seit 1966 untersagt ist.

Reptilien und Amphibien

Schlangen gibt es auf La Palma nicht, was Wanderer beruhigen wird. Der mitteleuropäischen Zauneidechse ähnelt die recht häufige **Palma-Eidechse,** die an den hellblauen Seitenflecken zu erkennen ist. Nachts jagt der **Teneriffagecko** nach Insekten, oft auch an Hauswänden, die er dank seiner Haftzehen mühelos erklimmen kann. Er ruht tagsüber in schattigen Felsspalten oder unter Steinen. **Laubfrösche** und **Wasserfrösche** bevölkern Tümpel und Wasserbecken.

Insekten

Unter den zahlreichen Insekten entdecken die Zoologen immer wieder neue Arten. Auffälligste Vertreter sind Libellen und Schmetterlinge, unter denen besonders der **Monarch,** ein Wan-

Ziegen – wer auf La Palma wandert, wird ihnen begegnen

derfalter aus Amerika mit einer Flügelspannweite von rund 10 cm, ins Auge fällt. Er ist meist in windgeschützten Tälern anzutreffen.

Selten sind Stechmücken und andere lästige Insektenarten. Unangenehm kann dagegen die – allerdings recht unwahrscheinliche – Begegnung mit einem etwa 25 cm langen, giftigen **Hundertfüßler** sein. Er hält sich gern in trockenen Gebieten unter Steinen auf. Für Kinder kann sein Biss durchaus gefährlich werden.

Meerestiere

In den Inselgewässern leben **Delphine** und der rund 6 m lange, tiefschwarze **Grind-** oder **Pilotwal,** von dem es zwischen La Palma, Teneriffa und Gomera schätzungsweise 300 Exemplare gibt. Die sehr geselligen Grindwale, die immer in Herden von mindestens zehn Tieren auftreten, werden oft auch in Küstennähe beobachtet.

Zahlreiche Fischarten beleben die Gewässer um La Palma. Die essbaren Sorten kann man in den Markthallen und Fischläden oder direkt beim Anlanden im Hafen – meist am späten Nachmittag – bestaunen. Recht häufig sieht man Sardinen, Makrelen und verschiedene Tunfischarten. Auch einige Haiarten leben in den Gewässern um La Palma, doch wurden nie Begegnungen mit Badenden bekannt.

WIRTSCHAFT UND UMWELT

Landwirtschaft

Heute produziert die Landwirtschaft La Palmas fast ausschließlich **Bananen,** die 98 % des Exports der Insel ausmachen. Die empfindlichen, tropischen Pflanzen gedeihen nur bis zu Höhen von 300 m. Im Sommer muss regelmäßig bewässert werden, denn die Niederschläge reichen nicht aus. Um ein Kilogramm Bananen ernten zu können, bedarf es bis zu 1000 l Wasser. Das Wasser leitet man aus der regenreicheren Gebirgsregion durch schmale Kanäle zu den Plantagen, wo es bis zu seiner Verwendung in Zisternen gespeichert wird.

Im Jahre 1896 wurden die ersten Bananenplantagen auf La Palma angelegt, nachdem englische Firmen schon einige Jahre zuvor den exportorientierten Bananenanbau auf Teneriffa und Gran Canaria eingeführt hatten. Gegenüber den tropischen Anbauländern konnten die Kanaren den Vorteil kurzer Transportwege nach Europa verbuchen. Bis Mitte der 80er Jahre des 20. Jh. nahm die Anbaufläche gewaltig zu (auf 13 000 ha). Verschlechterte Absatzchancen führten in den vergangenen Jahren zu einem Rückgang auf 9300 ha (s. S. 100).

Zuckerrohr wurde schon kurz nach der Conquista auf die Insel gebracht. Bis Mitte des 16. Jh. war es bestimmender Wirtschaftsfaktor, büßte dann aber rasch an Bedeutung ein. Durch die hohen Produktionskosten (aufwändige Bewässerung, Brennstoffknappheit durch rücksichtslose Abholzung) war der Kanarenzucker der lateinamerikanischen Konkurrenz bald nicht mehr gewachsen. Jedoch wurde der Zuckerrohranbau auf La Palma nie

Bananenplantage bei Los Canarios

ganz aufgegeben. Zwar wurde die Zuckerproduktion Ende des 19. Jh. eingestellt, doch werden auch heute noch etwa 7 ha Land im Nordosten der Insel mit dem süßen Rohr bestellt. Zwei Betriebe in San Andrés produzieren daraus Rum und Sirup.

Der **Wein** löste zunächst das Zuckerrohr als wichtigstes Exportprodukt ab. Seit dem 19. Jh. dient der Weinbau aber nur noch der Selbstversorgung. Mit einer Anbaufläche von rund 1600 ha kann nicht einmal der Eigenbedarf der Insel gedeckt werden. Seit den 90er Jahren des 20. Jh. findet eine Wiederbelebung des Weinbaus statt, nicht zuletzt angekurbelt durch die touristische Nachfrage. Die kontrollierte Ursprungsbezeichnung »Denominación de Origen La Palma« wurde eingeführt, und es werden wieder hochwertige Tropfen produziert. Die

wichtigsten Anbaugebiete liegen im Südosten bei Hoyo de Mazo, im Süden bei Los Canarios (Fuencaliente), bei Las Manchas sowie im Norden der Insel.

Eine gewisse Bedeutung für den Export haben **Avocados,** deren Anbau seit den 70er Jahren des 20. Jh. von staatlicher Seite als Alternative zur Bananenproduktion gefördert wurde. Doch konnte die Anbaufläche nur auf rund 400 ha ausgedehnt werden. **Mandeln,** die früher das wichtigste Anbauprodukt im Nordwesten La Palmas waren, bleiben heute am Baum hängen. Ähnlich sieht es bei verschiedenen Obstarten (Japanische Mispeln, Apfelsinen u.a.) aus. Die Ernte lohnt nicht mehr, da die Früchte billiger vom spanischen Festland importiert werden können.

Vergleichsweise unerheblich ist die **Viehzucht:** Fleisch- und Milchbedarf können nur zu rund 20 % durch Inselprodukte gedeckt werden. Nur im Nordwesten, in Villa de Garafía, leben viele Landwirte von der Ziegenhaltung. Es gibt etwa 20 000 Ziegen auf La Pal-

ma, die Milch, Käse und Fleisch liefern. Von Bedeutung sind mit einem Bestand von etwa 7000 Tieren auch die Schweine, deren Fleisch traditionell gern gegessen wird. Weniger wichtig ist die Haltung von Rindern und Schafen.

Fischfang

Der Fischfang spielt keine große wirtschaftliche Rolle. Der Fang bringt immer weniger ein, für die etwa 200 Fischer La Palmas langt es kaum zum Leben, denn billige Importware ließ die Preise in den Keller fallen. Die kleine Fangflotte landet jährlich etwa 600 t Fisch an.

Manchmal im Sommer, wenn der Tunfisch Saison hat, reicht die Kapazität der Kühlhäuser nicht aus. Dann muss ein Teil des Fanges vernichtet werden. An den meisten Tagen aber wartet der Laster der Fischereigenossenschaft für drei oder vier Kisten Fisch pro Kutter stundenlang im Hafen. Häufigste Speisefische sind Tunfisch, Sardinen und Makrelen. Außerdem werden seltenere Arten wie Zackenbarsch, Papageifisch, Wolfsbarsch, Seebrassen und Goldmakrele gefischt.

Tourismus

Zwar kamen schon Ende des 19. und Anfang des 20. Jh. erholungssuchende Europäer, meist Engländer, nach La Palma. Doch nach dem Zweiten Weltkrieg konnte der Tourismus nicht mehr recht Fuß fassen und kam in den 60er Jahren des 20. Jh. fast ganz zum Erliegen. Erst nach der Erweiterung des Flughafens Mitte der 80er Jahre konnten die Touristenzahlen nennenswert gesteigert werden. Allerdings blieb der Tourismus auf La Palma relativ unbedeutend – im Gegensatz zu den meisten anderen Inseln des Kanaren-Archipels.

Mittlerweile gibt es auf La Palma etwa 9000 offiziell registrierte Gästebetten. Diese Zahl soll bis zum Jahre 2006 bis auf 20 000 Betten ausgebaut wer-

Treffpunkt der Touristen – Bar in der Calle Pérez de Brito in Santa Cruz

den. Mehr als 250 000 Touristen besuchen die Insel im Jahr. Davon kommen etwa 80 % aus Deutschland, ein Übergewicht, das manchem Palmero Angst macht. Um sich aus dieser Abhängigkeit zu lösen, wird verstärkt in anderen Ländern für La Palma geworben. La Palma, das gern mit dem Prädikat Isla Verde (grüne Insel) wirbt, ist zum bevorzugten Ziel für Ruhesuchende geworden. Wandern und Naturerlebnis stehen im Vordergrund der Urlaubsaktivitäten.

Umweltprobleme

Der jährliche Wasserverbrauch pro Kopf liegt auf La Palma mit ca. 1200 m^3 doppelt so hoch wie in Deutschland. Nur etwa 0,7% davon entfallen auf den Tourismus, 95% hingegen auf die Landwirtschaft. Der enorme Wasserbedarf der Bananenplantagen führt vor allem rund um Los Llanos zu Schwierigkeiten. Tagelange Wasserausfälle im Sommer sind hier keine Seltenheit. Das Quellwasser der Caldera de Taburiente ist innerhalb der letzten 25 Jahre um etwa 70 % zurückgegangen, ein Drittel der dortigen natürlichen Quellen sind bereits versiegt.

Im 20. Jh. trieb man 60 Stollen *(galerías)* in die Berge, um Grundwasser anzuzapfen. Doch inzwischen schütten auch viele dieser künstlichen Quellen nicht mehr. Bis zu 4 m Grundwasserabsenkung pro Jahr werden in der Umgebung der *galerías* beobachtet. Neue Stollen werden heute kaum noch genehmigt, weil man befürchtet, die Insel könne innerlich austrocknen. Stattdessen soll in Zukunft ein langer Tunnel die Lösung bringen, durch den Wasser unter der Cumbre Nueva hindurch vom wasserreicheren Osten ins Aridane-Tal geführt werden soll.

Ein weiteres immer wieder aktuelles Problem sind die fast jährlich wiederkehrenden Waldbrände. Im kanarischen Vergleich brennt es auf La Palma am häufigsten. Aufgrund der starken Landflucht der letzten Jahrzehnte liegen viele Äcker brach und wuchern mit Gebüsch zu, das dem Feuer eine ideale Nahrung bietet. Bekannt ist, dass etwa 40 % der Feuer auf Brandstiftung zurückzuführen sind. Erboste Jäger, denen die Jagd in unter Naturschutz gestellten Gebieten verboten wurde, kommen als Täter ebenso in Frage wie entlassene Landarbeiter, die sich am Großgrundbesitzer rächen wollen. Hirten, die im Kiefernwald den Unterwuchs abfackeln, um im nächsten Frühjahr frisches Grün für ihre Ziegen zu haben, sind für 13 % der Waldbrände verantwortlich. Der Rest geht weitgehend auf das Konto von Leichtsinnigen (weggeworfene Zigarettenkippen, Feuerwerkskörper, Lagerfeuer u.a.).

Umweltschützer fordern ein Programm, das es den Bauern ermöglicht, auch diejenigen Ländereien, auf denen nicht die von der EU subventionierten Bananen gepflanzt werden können, wieder Gewinn bringend zu bewirtschaften. Damit sollen sie zur Landschaftspflege und Waldbrandeingrenzung entscheidend beitragen. Erste Ansätze sind gemacht. Auf La Palma wurde zu diesem Zweck die Ländliche Entwicklungsorganisation ADER (Asociación para el Desarollo rural de la Isla de La Palma) gegründet.

GESCHICHTE IM ÜBERBLICK

Altertum

Um 1100 v. Chr. Vermutlich sind den Phöniziern die Kanaren bereits durch ihre Entdeckungsfahrten entlang der westafrikanischen Küste bekannt.

um 8. Jh. v. Chr. Homer beschreibt in seiner »Odyssee« die ›Elysischen Gefilde‹, bei denen es sich möglicherweise um die Kanarischen Inseln handelt.

500 v. Chr. Die ersten Einwanderer kommen aus Nordwestafrika. Der karthagische Seefahrer Hanno liefert einen ersten Augenzeugenbericht. Aus Sprachresten im Inseldialekt und archäologischen Funden schließt man, dass die Altkanarier von den Berbern abstammen. Bisher blieb ungeklärt, wie die Ureinwohner auf die Inseln gelangten. Aus spanischen Chroniken des 15. Jh. geht hervor, dass keine Boote vorhanden waren. Vielleicht kamen sie auf wenig seetüchtigen Booten eher zufällig, oder sie wurden von den Römern auf die Kanaren deportiert.

um 25 v. Chr. König Juba II. von Mauretanien entsendet eine Expedition, über die der römische Schriftsteller Plinius der Ältere im 1. Jh. berichtet. Er bezeichnet die Kanaren als *insulae fortunatae* (glückliche Inseln).

2. Jh. Der alexandrinische Geograph und Astronom Ptolemäus verzeichnet die Kanarischen Inseln auf seiner Weltkarte.

Eroberungszeit

13. Jh. Genuesen, Mallorquiner, Portugiesen und Katalanen zeigen Interesse an den Inseln. Sie kommen als Händler, Sklavenfänger und Goldsucher. La Palma ist in zwölf Stammesgebiete unterteilt, die jeweils von einem Häuptling regiert werden. Von Zeit zu Zeit gibt es unter den Stämmen der Auaritas, wie sich die Ureinwohner La Palmas damals nannten, kriegerische Auseinandersetzungen. In Abstimmung mit einem Ältestenrat erlässt ein Häuptling Gesetze, spricht Recht und organisiert die Verteidigung. Eine übergeordnete Hierarchie über alle Stämme gibt es auf La Palma nicht.

1344 Papst Clemens VI. verleiht in Avignon dem Sohn des enterbten Königs Alfons von Kastilien, Luis de la Cerda, den Titel »König der Kanarischen Inseln«.

1402 Der Normanne Jean de Béthencourt erobert Lanzarote. Ein Jahr später unterstellt er sich König Heinrich III. von Kastilien, dem Erben des Titels »König der Kanarischen Inseln«. Heinrich III. überträgt Béthencourt die Lehnsherrschaft über den Archipel.

1405 Béthencourt nimmt Fuerteventura, später auch Hierro ein, scheitert aber auf La Palma am Widerstand der Urbevölkerung. Damals leben auf La Palma 6000 bis 8000 Ureinwohner.

1430 Guillén de las Casas erwirbt die Lehnsherrschaft über die Inseln durch Kauf und vererbt sie 1445 an seinen Schwiegersohn Hernán Peraza. Dieser lässt sich auf Gomera nieder.

1447 Peraza entsendet Truppen nach La Palma, die sich nach erbittertem Widerstand der Urbevölkerung zurückziehen müssen. Sein Sohn Guillén kommt bei den Kampfhandlungen ums Leben.

1492 Alonso Fernández de Lugo landet im Auftrag der Katholischen Könige, Isabella von Kastilien und Ferdinand von Aragón, auf La Palma. Nennenswerten Widerstand setzt ihm nur der Stammesfürst Tanausú im Gebiet der Caldera de Taburiente entgegen. Im Frühjahr 1493 werden die Ureinwohner durch eine List besiegt, La Palma ist endgültig erobert.

1496 Als letzte der Kanarischen Inseln fällt Teneriffa. Lugo wird Gouverneur der beiden von ihm eroberten Inseln. Er lässt sich auf Teneriffa nieder und setzt auf La Palma seinen Neffen Juan als Statthalter ein. Nach der Eroberung der Inseln verkaufen die Spanier viele Ureinwohner als Sklaven auf das Festland. Andere siedelt man innerhalb des Archipels um. Die neuen Herrscher hoffen dadurch, mögliche Aufstände schon im Keim zu ersticken. Nach Schätzungen verbleiben auf La Palma nur ein Drittel der ursprünglichen Bewohner.

Zuckerboom und Amerikahandel

ab 1508 Santa Cruz darf praktisch ohne Einschränkungen am Amerika-Handel teilnehmen und entwickelt sich rasch zu einer der größten Handelsmetropolen Spaniens (s. S. 74).

1513 Jakob Grünenberg aus Köln erwirbt große Ländereien im Aridane-Tal und verdient mit dem Anbau von Zuckerrohr ein Vermögen (s. S. 163). Um diese Zeit lassen sich zahlreiche ausländische Kaufleute auf La Palma nieder, die Zucker nach Europa exportieren.

1514 Per Gesetz werden die Altkanarier den Spaniern gleichgestellt. Dadurch beschleunigt sich die Vermischung der beiden Bevölkerungsgruppen. Schon zuvor passten sich die Auaritas den Sitten und Gebräuchen der Eroberer an. Sie ließen sich taufen und erhielten spanische Namen. In der Folgezeit kommt es zu Ehen zwischen den meist ledigen Einwanderern und den einheimischen Frauen. Andere Ureinwohner ziehen sich in die Berge zurück und führen jahrzehntelang ein karges Dasein. Doch schon Ende des 16. Jh. sind die vorspanische Sprache und Kultur bis auf geringfügige Reste verschwunden. Noch in der Zeit der Franco-Diktatur im 20. Jh. wird offiziell geleugnet, dass die Urbevölkerung der Kanarischen Inseln die Eroberungszeit überlebt hat. Doch jüngere Forschungen haben aufgedeckt, dass bis zu 90 % der Inselbewohner altkanarische Vorfah-

TANAUSÚ
DER LETZTE FÜRST DER AUARITAS

Als die Spanier am 29. September 1492 am Strand von Tazacorte landeten, trafen sie auf wenig Widerstand. Alonso Fernández de Lugo versprach den Stammeshäuptlingen Frieden, wenn sie sich taufen ließen und die Hoheit der spanischen Krone anerkannten. Einige unterwarfen sich sofort, der Widerstand der Anderen war bald gebrochen.

Nur der gefürchtete Tanausú vom Stamm der Aceró wollte sich nicht fügen. Die Aceró lebten in der schwer zugänglichen Caldera de Taburiente. Steile Felswände umgeben den Kessel. Das enge, wasserreiche Bett des Barranco de las Angustias war kaum passierbar. Der zweite Zugang war ein halsbrecherischer Pfad über die Cumbrecita. Hier wie dort scheiterten die Spanier an der Gegenwehr der Aceró.

In dieser Lage schickte Lugo einen getauften Verwandten des Tanausú zu dem Stammesfürsten, um ihm Verhandlungen anzubieten. Trotz der Warnung seines Verwandten verließ Tanausú die Caldera. Nahe der Cumbrecita wurden er im Frühjahr 1493 von den wortbrüchigen Spaniern gefangen genommen. Lugo ließ ihn auf ein Schiff bringen, um ihn in Spanien der Königin Isabella vorzuführen. Doch sobald La Palma außer Sichtweite war, soll Tanausú gerufen haben: »Vacaguaré!« (Ich will sterben). Er verweigerte jegliche Nahrung und starb noch während der Überfahrt.

ren haben. Als körperliche Merkmale gelten breite kurze Gesichter, hervorstehende Wangenknochen, lange Schädel, tief liegende Augen und breite Nasen. Besonders ausgeprägt sind diese Kennzeichen in ärmeren Bevölkerungsschichten in den ländlichen Gebieten.

1553 Die spanische Krone legt Kontingente für den Amerika-Handel fest. Im selben Jahr wird La Palma Ziel eines verheerenden Piratenangriffs. Der französische Freibeuter Le Clerc plündert und brandschatzt Santa Cruz. Die Stadt wird schnell wieder aufgebaut.

ab 1554 Der Zuckerrohranbau auf La Palma lohnt sich immer weniger. Die Konkurrenz in Mittel- und Südamerika kann kostengünstiger produzieren. Fast alle Plantagen werden in Weinfelder umgewandelt.

1566 La Palma wird Sitz eines königlichen Registergerichts. Es soll die Einhaltung der Handelskontingente und die Abgabe von Zöllen überwachen – sehr zum Leidwesen der Palmeros, da viele in illegale Geschäfte mit den amerikanischen Kolonien verwickelt und dadurch zu Reichtum gekommen sind.

1585 Ein Angriff des englischen Korsaren Francis Drake kann vor Santa Cruz dank verbesserter Befestigungsanlagen abgewehrt werden.

Wirtschaftliche Stagnation

1610 Sevilla kann sein Monopol im Amerika-Handel weiter festigen. Die Im- und Exportkontingente der Kanarischen Inseln werden limitiert.

1655 Englische Händler gründen eine Gesellschaft mit dem Ziel, den Weinexport der Kanaren nach England und in die englischen Kolonien zu monopolisieren. Auf Druck der kanarischen Weinbauern muss die Kompanie 1667 wieder aufgelöst werden.

1657 Das Registergericht in Santa Cruz wird geschlossen. Schiffe auf dem Weg von und nach La Palma müssen von nun an stets Teneriffa anlaufen. La Palma gerät dadurch ins wirtschaftliche Abseits.

ab 1715 Der Weinexport von den Kanaren nach England nimmt drastisch ab. England, dessen Beziehungen zu Spanien denkbar schlecht sind, bezieht seinen Wein nun vorwiegend aus Portugal.

1778 König Carlos III. gibt den Amerika-Handel für alle spanischen Häfen frei. Kanarische Schiffe exportieren Wein und Schnaps nach Übersee und kehren mit Kakao, Zucker und Tabak zurück. Allmählich erholt sich La Palma von den Rückschlägen der Wirtschaftskrise.

Erneuter Aufschwung durch Cochenille und Bananen

um 1830 Die Zucht von Cochenille-Läusen, die einen begehrten Farbstoff liefern, wird zur Haupteinnahmequelle der Kanaren, nachdem zu Beginn des 19. Jh. der Weinexport praktisch ganz aufgegeben wurde.

1852 Um die kanarische Wirtschaft zu beleben, erklärt die spanische Königin Isabella II. die Inseln zur Freihandelszone.

um 1880 Der Farbstoff der Cochenille-Laus wird auf dem Weltmarkt durch künstliche Anilinfarben abgelöst. Als gegen Ende des 19. Jh. auch der Amerikahandel zum Erliegen kommt – die letzten spanischen Kolonien erklären ihre Unabhängigkeit –, müssen sich die Kanarischen Inseln wirtschaftlich neu orientieren.

1896 Englische Handelshäuser führen den Bananenanbau auf La Palma ein, der bis heute wichtigster Wirtschaftszweig der Insel ist.

1898 Aufgrund ihrer strategisch günstigen Lage begehren mehrere europäische Staaten die Kanaren als Stützpunkt. Frankreich, Belgien und Deutschland versuchen vergeblich, einige der Inseln zu kaufen.

1912 La Palma erhält gewisse Selbstverwaltungsrechte. Die Vorherrschaft Teneriffas innerhalb des Archipels ist gebrochen.

1927 Aufteilung der Kanaren in eine Ost- und eine Westprovinz. La Palma gehört zur Provinz Teneriffa.

Bürgerkrieg und Diktatur

1936 Der faschistische Putsch gegen die demokratisch gewählte republikanische Regierung beginnt auf Teneriffa, wo sich General Franco in der Verbannung befindet. Auf La Palma können sich Vertreter der Madrider Regierung noch eine Woche halten, bevor Franco-Anhänger die Kontrolle übernehmen. Auf dem Festland dauert der Bürgerkrieg bis 1939.

ab 1950 Allmählich erholt sich die spanische Wirtschaft von den Folgen des Bürgerkriegs. Auf La Palma investieren vor allem in den 60er und 70er Jahren ehemalige Emigranten, die in ihre Heimat zurückkehren.

1971 Bei Fuencaliente ereignet sich der vorerst letzte Vulkanausbruch der Kanarischen Inseln. Der Vulkan Teneguía entsteht.

Moderne Entwicklung

1975/76 Nach dem Tod Francos leitet sein Nachfolger, König Juan Carlos, in Spanien die Demokratisierung ein.

1982 Die Kanarischen Inseln erhalten ein Autonomiestatut mit weitgehenden Selbstverwaltungsrechten. Der Regierungssitz befindet sich abwechselnd jeweils vier Jahre in Las Palmas (Gran Canaria) und in Santa Cruz de Tenerife.

1983 Der Lorbeerwald von Los Tilos wird zum UNESCO-Biosphärenreservat erklärt.

1985 Einweihung des Observatoriums auf dem Roque de los Muchachos. Mehrere europäische Staaten sind daran beteiligt.

1986 Spanien tritt der Europäischen Gemeinschaft bei. Die Kanarischen Inseln bleiben auf eigenen Wunsch Freihandelszone und damit außerhalb des Binnenmarktes. Dennoch erhalten sie reichlich Subventionen, die einen bis dahin nicht gekannten Wohlstand bringen.

1987 Die erste Chartermaschine mit Urlaubern landet auf La Palma. Der Tourismus wird von nun an zum Wirtschaftsfaktor.

1998 Das UNESCO-Biosphärenreservat von Los Tilos wird auf den gesamten Nordosten La Palmas ausgedehnt.

2001 Das Observatorium auf dem Roque de los Muchachos wird um das weltweit größte, vollständig ferngesteuerte Teleskop, das Liverpool-Telescope, erweitert. Wissenschaftler können das Teleskop von England aus bedienen. Die Inbetriebnahme des GTC (Gran Telescopio Canario) mit einem 10-Meter-Spiegel ist für 2003 vorgesehen.

2002 Umstritten zwischen Politikern und Ökologen ist der geplante Bau von zwei Golfplätzen bei Fuencaliente, die ›Qualitätstourismus‹ auf die Insel bringen sollen.

Kultur und Leben

Die Plaza España in Santa Cruz

PALMERISCHE LEBENSART

Innerhalb weniger Jahrzehnte vollzog sich auf La Palma der Übergang vom traditionellen, bäuerlichen Leben zur modernen Dienstleistungsgesellschaft. Selbst die noch vor wenigen Jahren ›heilige‹ *siesta*, eine mehrstündige Mittagspause, wird nicht mehr überall eingehalten. Mehr und mehr passen sich die Palmeros den allgemein in Europa üblichen Arbeitszeiten an, nicht zuletzt auch um dem Lebensrhythmus der Touristen entgegen zu kommen.

Ansonsten hat der Kontakt mit Ausländern, sei es mit auf La Palma lebenden ›Residenten‹ oder mit Touristen, kaum Bedeutung. Denn dieser findet in der Regel nur auf beruflicher Ebene statt. Privat bleiben die Palmeros lieber unter sich.

Sonntags traf sich traditionell die ganze Familie zum gemeinsamen Kirchgang und danach zum Mittagessen. Heute hat, obwohl die Bevölkerung La Palmas zu beinahe 100% katholisch ist, die Kirche keine große Bedeutung mehr. Die Sitte des gemeinsamen Essens ist geblieben. Doch Jugendliche und junge Paare aus der Stadt bleiben dem sonntäglichen Familientreffen immer häufiger fern.

Feste und Traditionen

Am **5. Januar,** dem Vorabend des Dreikönigsfestes, findet ähnlich wie bei uns am Heiligabend eine Bescherung für die Kinder statt. Ihr geht in den größeren Orten ein Umzug voraus, bei dem drei als die Heiligen Drei Könige verkleidete Männer, auf Mauleseln reitend, Bonbons an die Kinder verteilen. In Santo Domingo de Garafía wird an diesem Tag ein Mysterienspiel unter Verwendung eines Textes aufgeführt, der als der älteste seiner Art auf den Kanarischen Inseln gilt.

Eine der wichtigsten Fiestas ist das **Mandelblütenfest** in Puntagorda (s. S. 179), das je nach Beginn der Blüte Ende Januar/Anfang Februar stattfindet. Das Fest, das noch keine lange Tradition hat, wurde geschaffen, um dem immer weiter zurückgehenden Mandelanbau auf La Palma neuen Antrieb zu verleihen. Auftritte von Folkloregruppen, Dichterlesungen und Pferderennen sind die Attraktionen. Dazu gibt es Musik, Tanz, üppiges Essen und viel Wein.

Sehr ausgiebig und fast schon südamerikanisch lebhaft wird der **Straßenkarneval** gefeiert, oft noch weit über die eigentlichen Karnevalstage hinaus. Rosenmontag ist den Emigranten gewidmet, die aus Übersee in weißen Anzügen als Symbol ihres neuen Reichtums in die Heimat zurückkehrten. An diesem *Día de los Indianos* (Tag der Indianer) bestreut man sich gegenseitig mit Talkumpuder, bis alle ›weiße Anzüge‹ tragen.

In Los Llanos blieb die Tradition der *murgas* erhalten. Sänger setzen sich dabei in heiter-ironischer Form mit der Lokalpolitik auseinander. Den Abschluss des Karnevals bildet die Beerdigung einer überdimensionalen Sardi-

EIN WOCHENENDE AUF LA PALMA

In San Andrés sind während der Woche die Touristen unter sich. Samstags und sonntags jedoch gehört das Straßenlokal auf dem Kirchplatz den Einheimischen. Den ganzen Nachmittag verbringen Familien beim Mittagessen, noch nach 16 Uhr wird getafelt. Älteren Frauen tragen noch Schwarz, während jüngere Leute sich nicht mehr an die traditionellen Kleidervorschriften halten. In Ruhe lässt man das Essen bei dem einen oder anderen Glas Wein ausklingen.

Die Kinder vertreiben sich inzwischen die Zeit beim Softballspiel unterhalb der Kirche. Im Lokal greift jemand spontan zur *timple,* einer viersaitigen Laute, die mit der hawaiianischen Ukulele verwandt ist. Begleitet wird sie von den typischen *hácaras* – großen Kastagnetten. Eine Hand betätigt eine dumpfer klingende, die andere eine heller tönende. Kubanische Klänge sind nun zu hören, von Emigranten nach La Palma gebracht und inzwischen äußerst populär. An den Nachbartischen stimmt das Publikum in den Gesang ein. In den Pausen zieht der Gitarrist genüsslich an seiner *puro* (Zigarre) – auch dies eine Remineszenz an Kuba. Bald ist das ganze Dorf auf den Beinen. Die Alten sitzen vor ihren Haustüren und lauschen gebannt, Touristen applaudieren.

Szenenwechsel: Sonntag in Los Cancajos. Seit dem Vormittag schlendern die Einwohner von Santa Cruz, sorgfältig herausgeputzt, über die Strandpromenade. Sie verbringen die Freizeit nicht mehr unbedingt im Familienverbund. Junge Leute sind mit Freunden unterwegs, nach dem Spaziergang setzt man sich zu einem gemütlichen Plausch ins Café.

Wieder Szenenwechsel: Gern verbringt man das Wochenende auch im sonnigen Puerto Naos. Die etwa einstündige Fahrt über die Cumbre-Straße nehmen die Palmeros aber noch nicht mit der gleichen Selbstverständlichkeit auf sich, wie man in Mitteleuropa ›mal eben‹ einen Ausflug mit dem Auto macht. So bleiben sie meist das ganze Wochenende. Viele besitzen hier eine Zweitwohnung. Tagsüber tummeln sich die Familien am Strand. Die Jugendlichen spielen Volleyball oder kurven mit ihrem Mountainbike über die Promenade.

Abends nimmt man dann seinen Aperitif an der Bar des Hotels Sol Elite La Palma. Sogar die Großmutter fehlt nicht dabei, auch ein Pfarrer in Dienstkleidung ist hier kein seltener Gast. Anschließend geht man nach Hause, um das späte Abendessen zu bereiten, das erst nach 22 Uhr eingenommen wird. Wer es sich leisten kann, quartiert sich gar gleich im Hotel ein. Günstige Wochenendpreise in der Nebensaison machen es möglich. Da staunt der Tourist, wenn der Palmero beim Frühstücksbuffet – völlig unspanisch – ausgiebig tafelt, mit Grapefruit, Vollkornbrot und gekochtem Ei. Für viele Inselbewohner ist dies die einzige Möglichkeit, einmal ›rauszukommen‹, internationale Atmosphäre zu schnuppern. Denn so mancher hat La Palma in seinem Leben kaum verlassen, und wenn dann vielleicht nur zu einem Einkaufstrip aufs benachbarte Teneriffa.

ne aus Pappmaché, der eine feierliche Feuerbestattung bereitet wird.

In der **Osterwoche** (Semana Santa) finden, wie überall in Spanien, eindrucksvolle nächtliche Prozessionen statt. Die Figuren der Madonna und des Christus mit dem Kreuz werden durch die Straßen getragen, gefolgt von den verschiedenen Bruderschaften, die mit langen Kapuzenmänteln bekleidet sind.

Die **Fiesta de la Cruz** (Kreuzfest) am 3. Mai, die an die Eroberung La Palmas im Jahre 1493 erinnert, wird besonders aufwändig in Santa Cruz begangen, wo man zugleich die Gründung der Stadt feiert. Auch in Breña Alta und Breña Baja hüllt man am Vorabend Hunderte von Wegkreuzen in Stoff oder Papier und verziert sie mit Blumen und Kerzen.

Am Festtag finden Prozessionen statt, ertönen Kracher und Böllerschüsse. Neben den Kreuzen, aber auch auf Balkonen oder Terrassen stellt man mit den *mayos* – grotesken, überlebensgroßen Puppen – Szenen mit aktuellem Bezug nach.

Fronleichnam feiert man in vielen Orten der Insel mit Blumenteppichen, die in den Straßen ausgelegt werden. Am farbenprächtigsten ist das Fest in Villa de Mazo (s. S. 115).

Um den 13. Juni feiert man in San Antonio del Monte die **Fiesta de San Antonio.** Hauptattraktion ist der mehrtägige Viehmarkt. Dazu gibt es Auftritte von Folkloregruppen und Stände, an denen man die örtlichen Spezialitäten und natürlich den harzigen Vino de Tea verkosten kann.

Der **16. Juli** ist Ehrentag der Virgen del Carmen, der Schutzheiligen der Fischer. Aus diesem Anlass finden in den drei Inselhäfen Santa Cruz, Puerto de Tazacorte und Puerto de Espíndola bunte Bootsprozessionen statt.

Das bekannteste Fest La Palmas ist die **Bajada de la Virgen,** die nur alle fünf Jahre am 5. August zu Ehren der Jungfrau von Las Nieves stattfindet (der nächste Termin ist 2005, vgl.

Auf La Palma wird der Abschluss des Karnevals gefeiert

S. 90). Mit einer Nachstellung der berühmten Seeschlacht von Lepanto wird in Barlovento alle zwei Jahre am zweiten Sonntag im August das **Rosenkranzfest** begangen (2002, 2004 usw.).

Alle drei Jahre (2003, 2006 usw.) findet am ersten oder zweiten Sonntag im August eine **Wallfahrt von der Ermita del Pino nach El Paso** statt. Prächtig geschmückte Festwagen aus allen Teilen der Insel begleiten die Statue der Kiefernjungfrau (Virgen del Pino) zur Pfarrkirche von El Paso. Erst am ersten Sonntag im September bringt man sie zurück in die Kapelle, wo dann ein ausgelassenes Picknick im Wald veranstaltet wird. Den Abschluss bildet ein Pferderennen, das traditionell nur zwischen zwei Tieren ausgetragen wird.

In Tijarafe feiert man anlässlich der **Fiesta de la Candelaria** jährlich am 7./8. September das spektakuläre Teufelsfest (Fiesta del Diablo), das auf vorchristliche Bräuche zurückgeführt wird. Symbolisch wird der ›Teufel‹ verbrannt, dargestellt durch einen Mann in einem schweren Eisenkostüm. Der ›Dämon‹ erscheint plötzlich in der Menge und erschreckt die Zuschauer mit explodierenden Feuerwerkskörpern, die an der Rüstung befestigt sind – eine nicht ungefährliche Sache.

Weihnachten (Navidad) ist ein Familienfest. In der Vorweihnachtszeit, die am 8. Dezember (Maria Empfängnis) beginnt, sind in allen Kirchen liebevoll hergerichtete Krippen zu besichtigen. In Bars und Supermärkten erklingen spanische Weihnachtslieder, Schaufenster sind festlich dekoriert. Doch einen hektischen Einkaufsrummel gibt es nicht. Geschenke werden erst am 5. Januar verteilt, in bescheidenerem Rahmen als bei uns üblich und nur an die Kinder. Am Heiligabend treffen sich die Familien zum Essen, anschließend geht man gemeinsam zur Mitternachtsmesse.

Folklore und Musik

Einwanderer aus allen Teilen der Iberischen Halbinsel brachten ihre Tänze und Gesänge auf die Insel, wo sie im 16. und 17. Jh. zur typisch palmerischen Folklore verschmolzen. Die Texte der alten Lieder sind bildhaft und auf die ländliche Umgebung bezogen. Sie beschreiben die Lebensumstände der Menschen, ihr Vergnügen und ihre Trauer, Arbeit, Religion und Aberglauben.

Einer der schönsten Bauerntänze La Palmas ist der **Baile de trigo** (Weizentanz), der jungen Leuten früher auf spielerische Weise alle Arbeitsabläufe verdeutlichen sollte, die mit Anbau, Ernte und Verarbeitung des Getreides verbunden waren. Portugiesisch beeinflusst sind die **Aires de Lima** (Lieder aus Lima), die man sang, während man in Gemeinschaftsarbeit die Maiskolben von ihren Hüllblättern befreite.

Im 18. Jh. fanden in Spanien die höfischen Tänze des Mittelalters und der Renaissance in weiten Bevölkerungsschichten Verbreitung. Eine neue Gattung von Volkstänzen entstand, die bald auch auf den Kanaren gepflegt wurde. Die heutige kanarische Folklore geht zum größten Teil auf diese Mode zurück.

Geradezu pompös zelebriert werden die **Folías**, Gruppentänze mittelalterlicher Herkunft, bei denen die Herren den Damen ihren Respekt erweisen, ohne sie zu berühren. Eine populäre und weniger sittsame, doch sentimentale Variante der *folías* ist die **Malagueña,** bei der ein Mann und zwei Frauen der Tanzgruppe als Solisten gegenüberstehen und sich teils improvisierte Verse zuwerfen.

Ein fröhlicher, ausgelassener Tanz ist die von humorvollen bis anzüglichen Gesängen begleitete **Isa,** die bei allen Folkloreaufführungen auf dem Programm steht. Charakteristisch für La Palma ist der **Sirinoque,** dem altkanarische Ursprünge nachgesagt werden. Die Konquistadoren brachten ihn nach Europa, wo er als *canario* bald weit über die Grenzen Spaniens hinaus Verbreitung fand. Vermutlich kam er, zum Hoftanz verändert, im 18. Jh. auf die Kanarischen Inseln zurück.

Ende des 19. Jh. hielten noch einmal neue Elemente in die kanarische Folklore Einzug, diesmal waren sie mittel- und osteuropäischen Ursprungs. Die **Modetänze** Polka, Mazurka und Berlina wurden übernommen. Zu diesen heiteren Melodien tanzte man bis weit ins 20. Jh. hinein auf Volksfesten.

Auch Heimkehrer aus Kuba leisteten einen wichtigen Beitrag zum palmerischen Liedgut. Sie brachten die **Caringa** mit, einen Paartanz, bei dem der Mann die Frau umwirbt.

Die Darbietungen werden von *chácaras* (großen Kastagnetten), *tambores* (Trommeln), Flöten, Akkordeon und verschiedenen Saiteninstrumenten begleitet. Die *timple,* die als Solo-Instrument gespielt wird oder die Sopranstimmen ersetzt, ähnelt einer kleinen Gitarre. Durch Zupfen der Saiten werden hohe, scheppernde Töne erzeugt.

Um die Mitte des 20. Jh. drohten die alten Tänze und Gesänge in Vergessenheit zu geraten. 1949 wurde in Santa Cruz die erste Folkloregruppe

CD-Tipps

Eso Es: La vida es así, Potschka Studios 1995. Rock mit Einflüssen des Flamenco und palmerischer Folklore.

Taburiente: A Tara, Manzana 1985. Poetische Folklore.

Cumbre Nueva: Alama de Tacande, Manzana 1992. Palmerische Volkslieder.

Los Sabandeños: Homenaje, Manzana 1991. Folklore der Kanarischen Inseln und von Venezuela.

Volkstanzgruppe in Mazo

gegründet. Seither bildeten sich **Volkstanzgruppen** in vielen Orten der Insel mit dem Ziel, traditionelles Liedgut zu sammeln und zu bewahren. Die meist jugendlichen Sänger und Tänzer treten im Rahmen von Fiestas auf. In Restaurants und Hotels sind regelmäßig Tuhoco aus Breña Alta und Breña Baja und Cumbre Nueva aus El Paso zu sehen.

Die Tanzgruppen tragen stets die traditionelle **Tracht** der Insel. Bei den Männern sind dies ein weißes Hemd und eine knie- oder wadenlange, luftige Hose, unter der die etwas längere, bestickte Unterhose hervorschaut. Über dem Hemd wird eine dunkle Weste getragen. Den Kopf bedeckt eine Kappe, die bis in den Nacken reicht. Früher schützte man sich so bei der Feldarbeit vor der Sonne.

Aufwändiger gekleidet sind die Frauen. Sie tragen über reich bestickten Unterröcken weite Woll- oder Seidenröcke, dazu weiße, ebenfalls bestickte Blusen und bunte Seidenwesten. Als Kopfbedeckung dient ein seidenes Tuch und darauf ein winziger Strohhut. Aus dem Alltagsleben sind diese Trachten verschwunden, nur zu festlichen Anlässen sieht man sie noch.

Seit den 80er Jahren des 20. Jh. formieren sich auf La Palma immer mehr Gruppen, die Folklore mit Einflüssen aus **Rock und Pop** aufpeppen. Die bekanntesten dieser Bands dürften Eso Es und Taburiente sein, die auch über die Insel hinaus erfolgreich sind. Vor allem in den Sommermonaten finden in Santa Cruz und Los Llanos Live-Konzerte einheimischer Gruppen statt.

KUNST UND ARCHITEKTUR AUF LA PALMA

Zeugnisse der Ureinwohner

Die Altkanarier lebten in natürlichen Höhlen, die sich in großer Zahl in den Steilhängen der Barrancos rund um die Insel befanden. Sie bevorzugten Höhenlagen unter 600 m und Südhänge. Dort waren die klimatischen Bedingungen günstig. Es wurden nur Höhlen bewohnt, die weit genug vom Flussbett im oberen Teil der Talwände entfernt lagen und somit nicht der Gefahr von Überschwemmungen ausgesetzt waren. Im jungvulkanischen Süden La Palmas, wo die Höhlen kleiner und seltener sind, war auch die Bevölkerungsdichte sehr gering. Dort lebten die Ureinwohner in einfachen Steinhütten mit strohgedeckten Dächern.

Als die spanischen Eroberer im 15. Jh. nach La Palma kamen, befanden sich die Altkanarier auf der Kulturstufe der Jungsteinzeit. Sie besaßen nur recht einfache Werkzeuge aus kaum bearbeitetem Naturgestein oder Holz, wohl nicht zuletzt deshalb weil es auf den Inseln keine Metallvorkommen gab. Nähnadeln und Speerspitzen fertigten sie aus Knochen oder Fischgräten. Töpferwaren wurden recht kunstvoll mit ornamentalen Mustern geschmückt.

Archäologen unterscheiden vier Zeitphasen der **Keramikherstellung,** in denen Technik, Formgebung und Verzierung jeweils deutlich verbessert wurden. Auch Schmuck wurde gefunden. Meist handelt es sich um einfache, auf Lederschnüre aufgezogene Ketten aus Tonperlen, Muscheln und Knochen. Ein umfassendes Bild über die prähispanischen Funde auf La Palma vermittelt das Inselmuseum in Santa Cruz.

Klausen, Kirchen, Kapellen und Klöster

Nach der Conquista wurden die ersten Gotteshäuser gebaut. Zu jedem herrschaftlichen Landsitz gehörte damals eine kleine Privatkapelle. In schlichten *ermitas* (Klausen) hielten die zu Beginn nur wenige Köpfe zählenden Gemeinden die Gottesdienste ab. Manchmal wurden *ermitas* zum Zweck der Heiligenverehrung auch fernab von Siedlungen errichtet – wie beispielsweise die Ermita de las Nieves bei Santa Cruz oder die Ermita del Pino bei El Paso.

Sofern die *ermita* Mittelpunkt einer Gemeinde war, wurde sie später, dem Zuwachs der Bevölkerung und den vorhandenen Geldmitteln entsprechend, in eine größere Kirche umgewandelt. Nur selten wurde dafür ein Baumeister engagiert. In der Regel schufen Maurer, Steinmetze und Zimmerleute die Kirchen als Volksarchitektur in gemeinschaftlicher Arbeit.

Nur die Portale zeigen – sofern es sich nicht um schlichte Rundbögen aus unbearbeitetem Naturstein handelt – die europäischen Stilrichtungen von der Gotik über Renaissance und Barock bis hin zum Klassizismus. Das

Die Ermita del Pino bei El Paso

wohl schönste Portal La Palmas, eine Steinmetzarbeit der Renaissance, besitzt die Kirche El Salvador in Santa Cruz.

Ermitas sind in der Regel auch heute noch sehr schlicht. Die ursprünglich rechteckigen Bauten wurden nachträglich oft um einen Altarraum erweitert, dessen hölzerne Decke sich ein wenig über das Schiff erhebt. Nur die naturbelassenen Steine an Türen und Fenstern und das Rot der Dachziegel lockern die weiß gekalkten Außenwände auf. An der Frontfassade mit dem winzigen Glockenturm ist oft ein kleiner holzgeschnitzter Balkon angebracht.

Wurde die *ermita* zur **Kirche** erweitert, so erhielt sie zunächst Kapellen beiderseits des Altarraums. Letzterer wurde oft ein wenig verlängert, so dass das Gotteshaus die Form eines lateinischen Kreuzes annahm. Wuchs die Gemeinde sehr stark, wurden die Kapellen zu einem oder zwei Seitenschiffen ausgebaut, vom Hauptschiff durch Rundbögen getrennt. In großen Gemeinden und wichtigen Klöstern kamen angebaute Glockentürme hinzu, deren unteres Geschoss oft als Taufkapelle diente.

Auch **Klöster** folgten diesem schlichten Baustil. Im Gegensatz zum spanischen Festland entwickelten die religiösen Orden auf den Kanarischen Inseln keine eigenen Architekturrichtungen. Es fehlte an Geld, an Baumeistern und vor allem an Förderern der Kunst und Architektur innerhalb der Klöster. Die Klostergebäude wurden rund um einen quadratischen Innenhof errichtet. Heute ist von derartigen Anlagen meist nur noch die Kirche erhal-

WIEDER ENTDECKTE TÖPFERKUNST

Ramón Barreto sitzt in seiner Werkstatt, über ein dunkles Tongefäß gebeugt. Mit unendlicher Geduld ritzt er Spiralen, Halbkreise und Mäander in den Ton, so als hätte er sein Leben lang nichts anderes getan. Anfang der 70er Jahre des 20. Jh. ließen sich Ramón und seine Frau Vina in El Molino nieder, einer alten Gofio-Mühle aus dem 19. Jh. In den ehemaligen Wohnräumen des Müllers richteten sie ihre Werkstatt ein. Das Geld, um ihren Traum – die altkanarische Töpferkunst zu neuem Leben zu erwecken – zu verwirklichen, hatten sie in Venezuela verdient.

Vor der Conquista hatte jede der Kanarischen Inseln ihre eigenen Keramikformen hervorgebracht. Eines aber war allen gemeinsam: Die Töpferscheibe war nie auf den Archipel gelangt. Die Altkanarier kannten nur die Aufbautechnik, bei der Tonwulst auf Tonwulst gelegt wird. Anschließend strich der Töpfer die Gefäßwand glatt. Auf La Palma wurden dunkle, halbkugelige Schalen und Schüsseln hergestellt. Deren Ritzmuster ähneln den Felsbildern, die auf der ganzen Insel zu finden sind.

Wahrscheinlich ist die Töpferkunst der Ureinwohner auf La Palma schon kurz nach der Conquista ausgestorben. Archäologen haben rund 200 komplette Keramikgefäße zusammengetragen. Einige dieser Fundstücke befinden sich im Besitz von Ramón und Vina. Von 164 Originalen hat Ramón die Verzierungen abgepaust. Die altkanarischen Vorbilder werden nicht nur in Farbe und Form, Größe und Dekor nachgeahmt, sondern auch mit ihren kleinen Fehlern. Selbst Experten können die Kopien nicht vom Original unterscheiden. So reicht heute der Ruf von Ramón und Vina weit über die Insel hinaus. Museen in aller Welt stellen ihre Werke aus.

Um diesen Perfektionsgrad zu erreichen, waren unzählige Experimente erforderlich. Den richtigen Ton fanden Ramón und Vina nach langer Suche bei Puntagorda – die genaue Stelle verraten sie nicht. Auch die Zusammensetzung des Öls, mit dem die Gefäße bestrichen werden, um die typische dunkle Färbung zu erzielen, bleibt ihr Geheimnis. Beim Brennen verfahren sie ausnahmsweise nicht nach altkanarischem Vorbild. Da keine Öfen gefunden wurden, ist zu vermuten, dass die Ureinwohner ihre Tonwaren im offenen Feuer brannten. Ramón und Vina verwenden einen holzgefeuerten Ofen. Bei 600 bis 700 Grad brennen sie die Gefäße etwa zwölf Stunden.

Die beiden verbinden künstlerische Arbeit mit einem gesunden und sympathischen Sinn fürs Geschäft. Zwar geben sie ihre Kenntnisse heute an Schüler weiter, doch einige Tricks behalten sie für sich. Ihre Existenz, die sie mit Köpfchen und viel Fleiß aufgebaut haben, wollen sie nicht durch hausgemachte Konkurrenz aufs Spiel setzen. El Molino hat sich inzwischen zu einem beliebten Ausflugsziel entwickelt, und in der Tienda erhält man außer den Keramikprodukten auch Ansichtskarten, Bücher und Souvenirs aller Art.

ten, alle anderen klösterlichen Bauten fielen der Säkularisierung im 19. Jh. zum Opfer. Recht gut erhalten blieb das Franziskanerkloster in Santa Cruz.

Ende des 18. Jh. erfolgte eine allmähliche Öffnung der Kanaren für zeitgenössische europäische Kunstströmungen. Vom spanischen Festland kamen Architekten mit neuen Ideen auf die Inseln. Gebaut wurde damals jedoch fast nur noch auf Gran Canaria und Teneriffa, auf La Palma dagegen blieb die alte Bausubstanz aus der Zeit vor 1800 vielfach bewahrt. Eine Ausnahme stellt der Kirchenneubau von El Paso dar, der Ende des 19. Jh im Stil des Eklektizismus errichtet wurde, einer historisierenden Architekturrichtung, die auf den Kanaren große Verbreitung fand und Elemente aller bekannten Baustile aufgriff.

Flämische Skulptur und Malerei

Die Gotteshäuser La Palmas wurden von Beginn an mit Heiligenstatuen, Tafelbildern und Altaraufsätzen geschmückt. Zumeist handelte es sich um importierte Stücke, da es an einheimischen Künstlern mangelte. So sind die erhaltenen Kunstwerke der Spätgotik und Renaissance durchweg ausländischer Herkunft. Wichtigstes Ursprungsland war Flandern, das seit der Angliederung an die kastilische Krone Ende des 15. Jh. enge Verbindungen zu den Kanarischen Inseln unterhielt.

Mit Zucker oder Wein beladene Schiffe fuhren von La Palma nach Flandern, von wo sie mit Teppichen, Gewändern, Silberschmiedearbeiten, Bü-

Die traditionelle Töpferwerkstatt El Molino

chern und Uhren zurückkehrten. Oft waren auch Holzfiguren oder Gemälde aus Werkstätten in Brüssel, Antwerpen, Brügge oder Gent an Bord, die von den flämischen Händlern, die sich auf La Palma niedergelassen hatten, bestellt worden waren.

In den Gotteshäusern La Palmas findet man die meisten flämischen Kunstwerke der Kanarischen Inseln. Als ältestes Stück gilt die spätgotische Figur der Virgen de la Encarnación in der gleichnamigen Kirche in Santa Cruz, die der Plantagenbesitzer Jácomo de Monteverde schon vor 1525 nach La Palma gebracht hatte. Aus dieser Zeit stammen auch die Santa Catalina de Alejandría in der Ermita de San Sebastián (Santa Cruz) und die Santa Lucía in der gleichnamigen Ermita bei Puntallana.

Unter den Werken der Renaissance ist die Virgen de los Remedios in Los Llanos de Aridane (Mitte des 16. Jh.) hervorzuheben. Eine der bedeutendsten Kreuzigungsgruppen Spaniens (ebenfalls Mitte des 16. Jh.) befindet sich in der Ermita de las Nieves bei Santa Cruz. Eine Serie von Tafelbildern des Malers Pieter Pourbus (1523–84) aus Brügge ist in der Kirche des ehemaligen Dominikanerklosters in Santa Cruz zu besichtigen. Die Pfarrkirche von Los Sauces birgt ein Bild der Jungfrau von Montserrat, das ebenfalls Pieter Pourbus zugeschrieben wird.

Auf das beginnende 17. Jh. wird die Figur der Virgen de la Victoria in San Andrés datiert. Die Virgen del Carmen in Villa de Mazo (El Pueblo) wurde schon im Barockstil gefertigt. Kunstwerke aus dem Ausland kamen nun, mit Beginn des 18. Jh., jedoch kaum noch auf die Inseln. Es gab inzwischen genügend einheimische Künstler.

Auf La Palma führte Marcos Guillén die Tradition der flämischen Bildhauerschulen fort. Für die Pfarrkirche San Pedro Apóstol in Breña Alta schuf er eine Statue des hl. Josef mit dem Jesuskind und für die Pfarrkirche San José de Breña Baja den San Juan Bautista.

Bürgerhäuser und Paläste

Adel und Geldbürgertum ließen bis weit ins 18. Jh. hinein ihre Wohnsitze im volkstümlichen kanarischen Baustil errichten. Nur bei schmückenden Details wurden manchmal Elemente der europäischen Stilrichtungen aufgegriffen, anhand derer man den Bau ungefähr datieren kann.

Stadtpalästen und ländlichen Anwesen war die Anordnung der Räumlichkeiten um einen schattigen Innenhof gemeinsam, der oft üppig bepflanzt war und der Familie als bevorzugter Aufenthaltsort diente. Im Parterre befanden sich Weinkeller, Lagerräume und bei sehr reichen Leuten auch Pferdeställe und der Abstellraum für die Kutsche. Man wohnte im Obergeschoss, das vom Innenhof über eine hölzerne Treppe und eine Galerie zugänglich war. Der Salon wurde mit Gemälden dekoriert, die meist aus Flandern stammten. Auch das Mobiliar kam aus dem Ausland, oder man ließ importierte Möbel von einheimischen Handwerkern kopieren.

Jugendstilfassade in der Calle O'Daly in Santa Cruz

In Santa Cruz de La Palma stehen viele dieser alten Herrenhäuser. Nach der Brandschatzung durch französische Piraten im Jahre 1553 waren die Paläste in großem Stil wieder aufgebaut worden und galten damals im Vergleich zu anderen kanarischen Städten als besonders prächtig. Aber auch in den Städten Los Llanos, Argual, Tazacorte, Los Sauces und San Andrés inmitten fruchtbarer landwirtschaftlicher Gebiete wurden herrschaftliche Häuser errichtet, die zum Teil bis heute erhalten blieben. Ländliche Anwesen dagegen, die von den Großgrundbesitzern in der Zeit nach der Eroberung inmitten ihrer Landgüter errichtet wurden, sind mittlerweile meist völlig verfallen.

Die Zimmermannskunst erreichte auf La Palma ein hohes Niveau. **Balkone** verschiedener Form und Größe zieren die Außenwände der alten Paläste. Schöne Beispiele dafür finden sich in Santa Cruz an der Avenida Marítima. Aus Holz gefertigt wurden auch die Treppen und Galerien der Innenhöfe, Türen und Fensterläden. Steinmetzarbeiten sieht man dagegen selten. Meist wurden nur Portal und Fenster mit Bruchsteinrahmen umgeben. Das übrige Mauerwerk wurde weiß getüncht. Ganze Fassaden aus Naturstein an Privathäusern sind sehr selten. Eines der bekanntesten Beispiele ist die Casa Salazar in Santa Cruz aus dem 17. Jh., in der heute das Fremdenverkehrsamt untergebracht ist. Türen und Fenster wurden damals noch unregelmäßig über die Fassaden verteilt.

Erst in der Barockzeit gingen die Baumeister allmählich zu symmetrisch aufgebauten **Fassaden** über. Ein Feuer hatte 1770 große Teile der Innenstadt von Santa Cruz vernichtet, so dass der Neubau vieler Paläste notwendig wurde. Zahlreiche Herrenhäuser der Hauptstadt stammen aus dieser Zeit. Meist zeigt sich der Barockstil nur im Detail, während der Grundaufbau der Gebäude unverändert blieb.

Nach 1800 wurde auf La Palma kaum noch gebaut. Erst um 1900, als der **Jugendstil** in Mode kam, ließen einige wohlhabende Familien an ihren Häusern Verschönerungsarbeiten durchführen. Beispiele dafür finden sich in Argual Abajo und Tazacorte.

In den 20er Jahren des 20. Jh. griff man im Rahmen des Regionalismus dann wieder auf traditionelle Elemente des kanarischen Baustils zurück. In dieser Zeit restaurierte der einheimische Architekt Pelayo López die Casa Kábana in Santa Cruz, die als besonders gelungenes Beispiel für diese Stilrichtung gilt.

Die Kunst der Unterworfenen

Mudaijan (Unterworfene) nannten sich die Mauren, die nach der Reconquista auf der Iberischen Halbinsel verblieben waren. Sie galten als geschickte Künstler und wurden daher von den Spaniern zunächst geduldet, durften sogar ihre Religion unbehelligt ausüben. Ihr Baustil wurde als Mudéjar bekannt und erfreute sich insbesondere in Andalusien, das die Christen im 13. Jh. fast ganz zurückerobert hatten, großer Beliebtheit.

Die Mudéjar-Künstler verzichteten auf teuren Bruchstein. Sie verwendeten dekorative, preiswerte Materialien wie Lehmmauerwerk und Holz und schufen damit eine Volksarchitektur, die bald auch von christlichen Handwerkern aufgegriffen wurde. Mit den Einwanderern aus Andalusien gelangte der Mudéjar-Stil schon kurz nach der Eroberung auf die Kanarischen Inseln. Allerdings fehlen hier die typische Ziegelbauweise, Stuckdecken und Fliesenverkleidungen.

Dekorative Elemente sind einzig die aufwändigen Holzkonstruktionen, vorwiegend aus dem widerstandsfähigen Kernholz der Kanarischen Kiefer *(tea)*. Kunstvoll geschnitzte Holzbalkone zieren die Bürgerhäuser, deren Innenhöfe von hölzernen Galerien und Treppenaufgängen umgeben sind. In den Kirchen finden sich prächtige, mit geometrischen Formen versehene Holzdecken, unterbrochen nur von verflochtenen Bändermustern.

Bald verselbständigte sich die Mudéjar-Bauweise auf den Inseln und bildete sich zum ›Kanarischen Stil‹ aus. Insbesondere auf La Palma, das im 17. Jh. in wirtschaftlicher Bedeutungslosigkeit versank, ließ der festländische Einfluss nach.

Genau betrachtet starb die Kunst der ›Unterworfenen‹ nie ganz aus. Einheimische Künstler hielten an dieser Bauweise bis ins 19. Jh. fest. Daraus entwickelte sich der **Kanarische Stil,** der er beim Bau von Ferienanlagen, Hotels und Privathäusern wieder aufgegriffen wird.

Ländliche Architektur

Die einfache Stadtbevölkerung und vor allem die Bauern, die sich auf kleine Streusiedlungen rund um die Insel verteilten, lebten in weitaus schlichteren Verhältnissen als die Grundherren und Handelsbürger. In den ärmeren Gebieten im Norden der Insel kannte man bis zur Zeit um 1900 praktisch nur schmucklose Bruchsteinhäuser, mit einem Dach aus Holzlatten versehen und kaum mehr als 4 m breit und 6 m lang. Das Mobiliar bestand aus ein paar Schemeln, einem Tisch und ein oder zwei Truhen, die Kleidung und Lebensmittel aufnahmen. Solche Häuser kann man heute noch vereinzelt rund um Villa de Garafía und Franceses sehen.

In den wohlhabenderen Gebieten der Insel waren einstöckige Häuser mit dicken, weiß getünchten Lehmwänden üblich, die mit Stroh oder Ziegeln gedeckt wurden. Sie hatten meist drei Zimmer. In der Mitte befand sich der Wohn- und Essraum, zu beiden Seiten grenzten die Schlafzimmer an. Die Küche war wegen der Feuergefahr stets einige Meter entfernt vom Haus in einem einfachen Nebengebäude untergebracht.

Wenn der Platz nicht für einen Innenhof *(patio)* reichte, so gab es doch zumindest ein Schatten spendendes, mit Weinreben beranktes Vordach. Es befand sich an der von den vorherrschenden nördlichen Winden abgewandten Sonnenseite des Hauses. Wer es sich leisten konnte, baute zweistöckig. Die obere Etage diente zum Trocknen und Lagern von Getreide, in der unteren waren die Wohnräume. Solche Häuser sieht man im ländlichen La Palma noch recht häufig.

ESSEN UND TRINKEN

Die Palmeros nehmen das Mittagessen meist gegen 14 Uhr, das Abendessen gegen 21 Uhr ein. Dies kommt mitteleuropäischen Gepflogenheiten entgegen. Nur am Wochenende und in den Ferien füllen sich die Lokale abends oft erst gegen 22 Uhr. Die Speisekarten der größeren Restaurants sind meist in deutscher Sprache verfasst. In ländlichen Lokalen kann es vorkommen, dass es gar keine Speisekarte gibt. Dort empfiehlt der Wirt den Gästen die Spezialität des Tages noch persönlich und führt sie bei Verständigungsproblemen auch schon mal zur Ansicht der Gerichte in die Küche.

Der Service ist im Preis eingeschlossen. Darüber hinaus ist es üblich, den Rechnungsbetrag um 5 bis 10% aufzurunden.

Palmerische Spezialitäten

Queso blanco: Frischer, milder Ziegenkäse, der auf La Palma meist geräuchert wird, um ihn haltbar zu machen. Als Zwischenmahlzeit isst man *bocadillos* (Brötchen) mit Ziegenkäse. Gelegentlich ist er auch gebacken oder gegrillt mit *mojo verde* zu bekommen.

Arepas: Ausgebackene Teigtaschen aus Maismehl, die mit Käse, Tunfisch, Huhn oder Fleisch gefüllt sind. Rückkehrer aus Venezuela haben diese südamerikanische Spezialität auf La Palma eingebürgert, wo sie manchmal in Bars angeboten wird.

Chicharrones: Gebratene Speckstücke bestreut mit *gofio,* die gern zum Wein gegessen werden.

Sopa de garbanzos (Kichererbsensuppe): Eine nahrhafte Vorsuppe, die meist auch etwas Fleisch enthält und überall dort angeboten wird, wo man gute palmerische Küche genießen kann.

Sopa de berros (Brunnenkressesuppe): Diese deftige Suppe wird manchmal auch mit Fleisch und Kartoffeln zu einen Eintopf erweitert.

Sopa picadillo: Hühnerbrühe mit ein wenig Fleisch und Ei, dazu geröstete Weißbrotwürfel. Eine leichte Vorsuppe.

Ropa vieja: ›Alte Wäsche› heißt dieser beliebte Eintopf aus Kichererbsen, Suppenfleisch, Paprikawurst, Zwiebeln, Tomaten und Paprikaschoten.

Zarzuela: Kanarische Variante der Bouillabaisse mit mehreren Fischsorten, Kartoffeln, Tomaten und Zwiebeln.

Puchero Canario: Kräftiger Eintopf aus verschiedenen Gemüsen der Jahreszeit, wobei Kürbis, Bohnen und Kichererbsen nicht fehlen dürfen. Hinzu kommen bis zu sieben Sorten Fleisch.

Vieja (Papageifisch): Einer der begehrtesten Speisefische auf La Palma. Er wird gegrillt *(a la parilla)* oder auf einer Eisenplatte gebraten *(a la plancha)* angeboten. Andere beliebte Fischsorten sind Tunfisch *(atún),* Seehecht *(merluza),* Goldbrasse *(dorada),* Zackenbarsch *(mero)* und Makrele *(caballa).*

Conejo en salmorejo: Kaninchen ist ein beliebtes Jagdwild, aber im Restaurant erhält man meist Hauskaninchen. Es wird in einer Brühe gegart, die

GOFIO
NAHRUNG DER ALTKANARIER

Vor der Kneipe von Las Piedras parken eigentlich immer ein paar Autos. Palmeros, die beruflich von Los Llanos nach Santa Cruz unterwegs sind, stärken sich in der zugigen Bar mit einem Glas Wein, dazu gibt es deftige *tapas*. Hin und wieder verirren sich auch Touristen hierher. Vorsicht ist allerdings geboten, wenn man kanarische Spezialitäten probieren will. Was da zwischen den Süßigkeiten auf einem Teller liegt, sieht verlockend aus – wie gebrannte Mandeln, mit Puderzucker bestreut. Ein Biss, und die Enttäuschung ist groß. *Chicharrones* seien dies, meint der Junge hinter der Theke in seinem fast unverständlichen Inseldialekt. Keine Mandeln also, sondern bei kleiner Hitze goldgelb gebratene Schweinegrieben, recht kräftig gesalzen. Und der vermeintliche Puderzucker? Nein, der sei kein Mehl, sondern *gofio*.

Einheimische behaupten, es dauere Jahre, bis man Geschmack am *gofio* fände. Dann aber wolle man nicht mehr davon lassen. Fremden setzt man *gofio* nicht gern vor, denn die wissen ihn ja doch nicht zu schätzen. Auf Speisekarten ist er nicht zu finden. Hat man sich als Neuling dennoch durchgerungen und ihn ausdrücklich bestellt, so sitzt man meist recht ratlos vor einer Schüssel, in der sich so etwas ähnliches wie roher Brotteig befindet – *gofio*, mit Wasser verknetet. Die Einheimischen rollen ihn zu kleinen Kugeln und essen ihn zum Wein. In der ›Luxusversion‹ ist er mit Zwiebeln und Kräutern verfeinert. Man kann das Pulver oder den Teig auch in Suppen und Saucen mischen, die dadurch recht gehaltvoll werden. Kenner rühren puren *gofio* gern beim Frühstück in ihren Milchkaffee oder verwenden ihn für Süßspeisen. Übrigens darf er auf gar keinen Fall gekocht oder gebacken werden, sonst gibt es *cemento*.

Der vielseitige *gofio* war wichtigste Ernährungsgrundlage der Altkanarier, denn das Brotbacken war ihnen unbekannt. Um die Gerste nicht roh essen zu müssen, rösteten sie die Körner in einer Tonschale über dem offenen Feuer und mahlten sie anschließend per Hand in einer Steinmühle. Vor dem Verzehr wurde das Mehl mit Wasser oder Ziegenmilch angerührt. Auch nach der *conquista* blieb *gofio* ein wichtiges Nahrungsmittel der Palmeros. Allerdings ersetzte man die Gerste nun häufig durch Mais, Weizen oder gar Kichererbsen. In schlechten Zeiten mussten arme Leute auf Farnwurzelmehl zurückgreifen oder getrocknete Pilze untermischen.

Erst im 20. Jh. kam *gofio* ein wenig aus der Mode. Es galt als schick, statt dessen Brötchen und Kartoffeln zu essen. Mit der Rückbesinnung auf kanarische Traditionen erlebt der *gofio* in den letzten Jahren eine ›Renaissance‹. Sein hoher Nährwert wird wieder geschätzt. Ihre Manneskraft führen viele Palmeros sprichwörtlich gern auf den täglichen Genuss von *gofio* zurück.

kräftig mit Kräutern, Knoblauch, Safran und Chili gewürzt ist.

Cabrito en adobo: Das Fleisch junger Ziegen gibt es zur Schlachtzeit in den Wintermonaten. Es schmeckt hervorragend, wenn es vor dem Braten in Wein mit Kräutern, Knoblauch und Gewürzen eingelegt und dann langsam im Backofen gegart wird.

Papas arrugadas: ›Verschrumpelte‹ Pellkartoffeln mit einer Salzkruste, die traditionell als Beilage serviert werden. Man kocht sie in stark gesalzenem Wasser (ursprünglich verwendete man Meerwasser) und dämpft sie dann ab, damit das Wasser völlig verdunstet. Die Kartoffeln – die Pelle wird mitgegessen – werden mit den Fingern zerbrochen und dann in Saucen getunkt.

Mojo rojo: Milde, rote Sauce aus Knoblauch, Paprika, Olivenöl und Essig. Es gibt auch eine scharfe Variante *(mojo picón)*. Beide werden zu *papas arrugadas* serviert.

Mojo verde: Eine Sauce mit grünem Paprika und Kräutern (Petersilie, Koriander u. a.).

Gofio: Mischung aus gerösteten, dann gemahlenen Getreidekörnern, die schon die Ureinwohner kannten. *Gofio* ist sehr vielseitig verwendbar, etwa als Einlage in Suppen und Saucen.

Bienmesabe (›Schmeckt mir gut‹): Beliebte palmerische Nachspeise, die aus Eiern, Mandeln und Zucker hergestellt wird.

Plátanos flambé: Flambierte Bananen. Die Früchte werden in der Pfanne gebraten und mit Cointreau, Cognac und Orangensaft abgelöscht. Dazu schmeckt Vanilleeis.

Typische Lokale

Will man die bodenständige kanarische Küche kennen lernen, sollte man dort essen, wo viele Einheimische anzutreffen sind. In diesen Lokalen ist man um die Mittagszeit meist mit dem *Menu del Día* gut bedient. Dieses Tagesgericht besteht aus einer Suppe oder Vorspeise, Hauptgericht und Dessert. Ein Glas Wein oder Wasser und der Kaffee zum Abschluss sind im Preis eingeschlossen.

An Wochenenden fahren viele Palmeros zum ausgiebigen Mittagessen aufs Land. Überall auf der Insel gibt es Ausflugslokale, die sich meist **Parilla** (Grillstube) nennen. Sie sind bei Fleischfreunden bekannt für die riesigen Portionen an gegrilltem, kräftig mit Knoblauch gewürztem Fleisch (Hähnchen, Schwein, Zicklein).

An Stränden und Badeplätzen bieten **Kioscos** auf schattigen Veranden fangfrischen Fisch an. Es lohnt sich, in einem dieser einfachen Lokale auch einmal einen der pikanten Fischeintöpfe oder eine Paella zu probieren. Letztere wurde zwar vom spanischen Festland eingeführt und hat auf den Kanarischen Inseln keine lange Tradition, wird aber heute gern gegessen.

Für zwischendurch

Den kleinen Hunger kann man in einer Bar stillen. Damit sind auf La Palma einfache Kneipen gemeint, in denen man ohne großen Zeitaufwand einen Kaffee, ein Bier oder ein Glas Wein trinken kann, meist im Stehen oder auf ei-

Stilvolles Ambiente – Restaurant in Los Llanos

nem Barhocker am Tresen. Sie sind vom Vormittag bis spät in den Abend hinein geöffnet. Aus einer Kühltheke kann man *tapas* (kleine Portionen) auswählen – verschiedene Fleischsorten wie Kaninchen, Zicklein oder Rind in pikanter Sauce. Häufig bekommt man auch gegrillte Sardinen oder einen Fischeintopf. Diese Gerichte sind schon vorbereitet und werden kurz erwärmt.

Als kalte *tapas* beliebt sind Tunfisch- und Tintenfischsalat, Russischer Salat und in Knoblauch eingelegte Sardinenfilets *(boquerrones). Bocadillos* (belegte Brötchen) gibt es in den Bars in verschiedenen Variationen, und die *tortilla* (Kartoffelomelette) fehlt nicht einmal in der einfachsten Kneipe. In jüngerer Zeit kommen auch immer mehr Gemüsevariationen und Aufläufe in Mode. Dem Einfallsreichtum der Wirte sind keine Grenzen gesetzt.

Der Besuch einer Bar ist vielleicht die beste Art, die palmerische Küche kennen zu lernen. Das in der Regel hausgemachte Angebot ist oft vielseitiger als auf den Speisekarten der Restaurants.

Getränke zu jeder Gelegenheit

Traditionell trinken die Einheimischen zum Essen Wein und Tafelwasser ohne Kohlensäure *(agua sin gas)*, das aus der Caldera de Taburiente stammt. Möchte man stattdessen Mineralwasser mit Kohlensäure *(agua con gas)*, muss man es ausdrücklich verlangen. Neben dem sehr verbreiteten, aus Spanien importierten Flaschenwein gibt es seit einigen Jahren auch hochwertige Tischweine von La Palma (vgl. S.153).

Auch Bier ist heute weit verbreitet, zu den Mahlzeiten oder zwischendurch wird es gern genossen. Die Marke Dorada wird auf Teneriffa gebraut. Das Dorada especial ist etwas milder, das Dorada Pilsen etwas herber im Geschmack. Zum Abschluss der Mahlzeit gehört ein *café solo* (Espresso) oder *cortado* (Espresso mit viel Kondensmilch). Männer gönnen sich gern auch einen *carajillo* (Kaffee mit Cognac). Außerdem gibt es *café con leche* (Milchkaffee), der mitteleuropäischen Vorstellungen von Kaffee am ehesten entspricht. Die Palmeros trinken ihn eigentlich nur zum Frühstück. Tee ist nicht sehr verbreitet und wird immer mit Teebeuteln gebrüht.

Ron (Rum) wird in geringen Mengen auf der Insel hergestellt (s. S. 99). Man trinkt ihn pur oder mit Eis. Besonders gut schmeckt er mit Honig *(ron con miel)*.

Das Frühstück

In den Hotels lassen die Frühstücksbuffets kaum Wünsche offen. Je nach Kategorie des Hauses borden sie geradezu über vor unterschiedlichsten Brotsorten (auch Vollkornbrot), Müsli, Obst, Rührei und Tortilla sowie einer reichen Auswahl an Wurst, Schinken und Käse. Wie in ganz Spanien üblich, frühstücken die Einheimischen sehr bescheiden. Zu einem Kaffee wird vor der Arbeit rasch ein trockenes Stück Zwieback oder auch ein süßes Fettgebäck *(churro)* gegessen. Wenn sich am Vormittag dann Hunger einstellt, isst man gern ein *bocadillo* oder *tapas* (s. o.) in einer Bar.

Papas arrugadas – ›verschrumpelte Pellkartoffeln‹, eine traditionelle Beilage

Internationale Küche

Wer im Hotel Halbpension gebucht hat, den erwartet in der Regel zum Abendessen ein üppiges Buffet. Internationale Speisen sind dort ebenso zu finden wie spanische oder auch kanarische Spezialitäten. In den Ferienorten und den Städten Santa Cruz, Los Llanos und El Paso gibt es zahlreiche Restaurants mit unterschiedlichem Angebot, die oft von Ausländern geführt werden. Die Pizzeria ist von La Palma kaum mehr wegzudenken, aber auch China-Restaurants sind zu finden. Inzwischen typisch für die Insel ist eine kreative deutsch-palmerische Küche, in der auch vegetarische Gerichte angeboten werden.

Kulinarische Einkaufstipps

Selbstversorger haben es leicht auf La Palma. Die großen Supermärkte führen ein komplettes Sortiment. Besonders reichhaltig ist das Angebot an frischem Obst, Gemüse, Fisch und Fleisch in den Markthallen von Santa Cruz und Los Llanos sowie auf dem Wochenendmarkt von Mazo. Kleinere Läden, vor allem in ländlichen Gemeinden, führen allerdings meist nur Grundnahrungsmittel. Wer im Urlaub auf Vollwertkost nicht verzichten möchte, findet in El Paso, Los Llanos und Puntagorda Naturkostläden, die von Deutschen geführt werden.

Wer kulinarische Souvenirs mit nach Hause nehmen möchte, denkt vielleicht zunächst an Wein. Am günstigsten kauft man im Supermarkt. Eine bessere Auswahl – mit Probiermöglichkeit – findet man hingegen in den Bodegas in Los Canarios (Fuencaliente) und demnächst auch im Weinmuseum in Las Manchas. Den Rum aus San Andrés gibt es im Supermarkt. Kräuterschnäpse, die nach alten palmerischen Rezepten hergestellt sind, sucht man besser in Souvenirläden. Hervorzuheben sind auch die Liköre von Teneriffa und Gran Canaria. Sehr intensiv im Geschmack ist vor allem der Bananenlikör.

Auf den Märkten, aber auch in verschiedenen Andenkenläden und in Supermärkten wird die typische kanarische Würzsauce *(mojo)* in verschiedenen Varianten angeboten. Sie ist in Gläsern oder auch als Pulver erhältlich, das man dann zu Hause mit Olivenöl anrührt. Außerdem führen diese Läden auch Marmelade, die auf den Kanarischen Inseln produziert wird. Ausgefallene Sorten sind zum Beispiel Marmeladen aus Kaktusfeigen, Tomaten oder Maulbeeren.

Typisch für La Palma sind die mit sehr viel Zucker hergestellten Süßigkeiten, eine Tradition die auf den einst sehr bedeutenden Zuckerrohranbau zurückgeht. *Rapaduras,* eine Mischung aus Zuckersirup und *gofio,* sind eine in allen Farben erhältliche Miniaturausgabe von Zuckerhüten. Außerdem sind Kekse in allen Variationen erhältlich, die auf der Insel gebacken werden. Mandeln werden geröstet oder roh, gesalzen oder gezuckert angeboten. Diese Spezialitäten bekommt man auf dem Markt, im Souvenirladen oder auch in einer der zahlreichen Bars.

Tipps für Ihren Urlaub

Wanderer am Vulkan San Antonio

LA PALMA ALS REISEZIEL

Bekannt ist La Palma als klassisches Wanderreiseziel. Doch darüber hinaus hat die Insel noch einiges mehr zu bieten. Dank des ausgeglichenen Klimas sind das ganze Jahr über Aktivitäten in freier Natur möglich. Wer Sehenswürdigkeiten oder landschaftliche Highlights besichtigen möchte, kommt ebenso auf seine Kosten wie Badeurlauber, Freizeit- und Extremsportler. Unterkünfte in ländlicher Abgeschiedenheit für Ruhesuchende fehlen ebenso wenig wie Möglichkeiten zur Gestaltung des Nachtlebens – wenn auch in relativ bescheidenem Rahmen. Adressen und weitere Hinweise sind bei den jeweiligen Ortsbeschreibungen zu finden.

Wandern

Berge, Täler und Küsten eignen sich hervorragend zum Wandern. Das Wegenetz ist sehr gut ausgebaut und teilweise markiert. Wer zu Fuß auf eigene Faust die Insel erkunden möchte, dem seien Karten (s. S. 209f.) und weiterführende Literatur empfohlen (s. S. 210). Verschiedene Veranstalter bieten Wanderwochen an (Wikinger, Studiosus, Alpinschule Innsbruck u.a.).

Tageswanderungen in kleinen Gruppen können auch vor Ort gebucht werden. Anbieter gibt es in Los Cancajos und Puerto Naos. Beliebte und spektakuläre Wanderziele sind die Caldera de Taburiente sowie die sie umgebenden Gipfel. Schöne Touren lassen sich auch im Lorbeerwald bei Los Tilos unternehmen. Besonders reizvoll für Wanderer sind die alten Pflasterwege, die einst die Orten verbanden. Gut erhalten blieben der Nordküstenweg und der ›Königsweg‹ über die Cumbre Nueva.

Baden

Auf La Palma gibt es zwar nur wenige Strände und die meisten sind dunkelsandig bis kiesig. Doch sind sie selten überfüllt, und die Wasserqualität gilt als hervorragend. Nur wenige *playas* sind bewacht, so dass stets Vorsicht angebracht ist. Mit etwas Flexibilität und einem Mietwagen lassen sich jedoch auch auf La Palma Badefreuden erleben. Bei starkem Seegang oder Wind gilt es, auf die Flaggen zu achten. Grün bedeutet gefahrloses Schwimmen, die gelbe Fahne bedeutet Schwimmen nur für Geübte und mit Vorsicht. Bei roter Beflaggung ist das Baden verboten.

In Los Cancajos wurden in zwei Buchten künstliche Strände geschaffen, die sehr gepflegt sind. Vorgelagerte Wellenbrecher machen das Baden sicher. Vor allem für Familien mit Kindern ist diese Strandzone zu empfehlen. Den vielleicht schönsten Sandstrand besitzt Puerto Naos. Ebenso wie an der Playa de Los Cancajos gibt es dort Umkleidekabinen, sanitäre Anlagen und eine Erste-Hilfe-Station, außerdem werden Liegestühle und Sonnenschirme verliehen.

Wanderer werden mit spektakulären Ausblicken belohnt – die Ruta de los Volcanes

Playa de las Monjas südlich von Puerto Naos ist der der einzige FKK-Strand auf La Palma. Die Bucht ist durch Felsen einigermaßen geschützt. Der Strand ist offiziell nicht bewacht, jedoch hängen Warnflaggen aus. Großer Beliebtheit erfreut sich auch der nahe, etwas größere Strand von Charco Verde. Die recht lange Playa von Puerto de Tazacorte wurde durch den Bau einer Schutzmole und das Aufschütten von Sand aufgewertet.

Einige schöne Strände befinden sich an der Küste von Los Canarios (Fuencaliente). Die Playa Echentive beim Leuchtturm an der Südspitze ist mit grobem Kies bedeckt. Sandiger sind die Playa Nueva und der Doppelstrand Playas de la Zamora. Diese Strände sind nicht bewacht.

An der Nordküste badet man wegen der häufig starken Brandung nicht im offenen Meer. Barlovento besitzt mit La Fajana ein sehr schönes Naturschwimmbad. Felsbuchten und Becken aus Lavagestein wurden durch Mauern vom Meer abgetrennt, so dass bei ruhiger See gefahrloses Baden möglich ist. Eine ähnliche Anlage ist der Charco Azul bei San Andrés.

Tauchen

An der Steilküste von La Palma erschließt sich Tauchern eine reiche Meeresfauna. Außerdem locken bizarre Felsformationen. Das beste Revier liegt im Süden vor der Punta de Fuencaliente. Dort zeigen sich Barrakudas,

Wrackbarsche und Meeresschildkröten. Heiße Lavaströme ließen, als sie das Meer erreichten und dort rasch abkühlten, unzählige Höhlen und Grotten entstehen. Tauchbasen gibt es in Los Cancajos, Fuencaliente und Puerto Naos. Sie bieten Kurse, geführte Tauchgänge und Verleih von Ausrüstung an.

Gleitschirmfliegen

La Palma ist aufgrund der Windverhältnisse und der extremen Landschaft nicht unbedingt ein Fluggebiet für Anfänger. Erfahrene Flieger können sich an die Gleitschirmbasis Palmaclub in Puerto Naos wenden, die keine Schulung anbietet, aber Gerät verleiht und den Transport organisiert.

Ein beliebter Starthügel ist der Vulkankegel von Jedey, gelandet wird am Strand von Puerto Naos. Wer noch nie geflogen ist, aber die Südwestküste La Palmas einmal von oben betrachten möchte, kann beim Palmaclub einen Tandemflug buchen.

Radfahren

Radwanderer und Mountainbiker haben es auf La Palma aufgrund der Steigungen nicht leicht. Aber genau darin besteht ja für viele der Reiz. Die Straßen sind in gutem Zustand, der Verkehr hält sich im Rahmen. So wird grenzenloses Serpentinenfahren nicht zur Tortur. In Los Cancajos, Los Llanos und Puerto Naos gibt es Verleihstationen, die auch geführte Touren anbieten.

Besucherzentren und Museen

Einen guten Einblick in die Natur und Kultur von La Palma verschaffen die Besucherzentren, die sich über die Insel verteilen. In den archäologischen Parks von Belmaco und La Zarza sind Petroglyphen (Ritzzeichnungen der Ureinwohner) zu sehen.

Eine Übersicht über den Lorbeerwald mit Hilfe von Bildern, Schautafel und einem Film liefert das Besucherzentrum von Los Tilos (vgl. S. 94f.). Das Informationszentrum beim Vulkan San Antonio (vgl. S. 121) hat sich ganz der Erläuterung des Vulkanismus auf den Kanarischen Inseln verschrieben. Ein Videofilm wird in englischer und deutscher Sprache gezeigt. Umfassende Informationen über den Nationalpark Caldera de Taburiente gibt es im Besucherzentrum bei El Paso (vgl. S. 158).

Im Inselmuseum von Santa Cruz erfährt man viel Wissenswertes über die Geschichte und Kultur La Palmas. Kleine Museen in anderen Orten widmen sich dem Kunsthandwerk, der Landwirtschaft und dem bäuerlichen Leben auf La Palma. So kann man sich unter anderem in Las Manchas über den Weinbau, in El Paso über die Seidenherstellung und in Villa de Mazo über die Stickerei informieren.

Pflanzen- und Tiergärten

Zwischen Los Llanos und El Paso laden drei Gärten zum Besuch ein: der Kaktusgarten (vgl. S. 137), der Vogelpark (vgl. S. 158) und Pueblo Parque (vgl. S. 137). In Letzterem wird bei einer geführten Besichtigung ein guter Eindruck von verschiedenen Aspekten der Natur und Kultur La Palmas vermittelt. Mit dem Maroparque (vgl. S. 88) gibt es neuerdings einen richtigen Zoo auf La Palma, in dem über 100 – wenn auch meist kleinere – Tierarten vertreten sind. Der Besuch des Pueblo Parque und der beiden Tierparks lohnt auch für Familien mit Kindern.

La Palma mit Kindern

Gut für Kinder geeignet sind die beaufsichtigten Strände von Los Cancajos und Puerto Naos. Und wenn mal nicht Baden angesagt ist, kommen die Kleinen im Pueblo Parque (Kulturpark) bei Los Llanos auf ihre Kosten. Dort können sie auf Eseln reiten oder im Kinderkino Spaß haben. Auch der kleine Zoo Maroparque bei Santa Cruz steht bei Kindern hoch im Kurs. Etwas ganz Besonderes ist der Kamelritt beim Vulkan San Antonio.

Inseltouren

Tages-Rundfahrten durch die verschiedenen Inselteile unternehmen die meisten Urlauber per Mietwagen. Mit Linienbussen lassen sich die vorgeschlagenen Touren schlecht oder gar nicht durchführen, da diese zu selten und nicht auf allen Strecken verkehren.

Eine klassische Tagestour führt in den Süden La Palmas. In Las Manchas locken das Weinmuseum und die skur-

Ein Highlight unter den Inseltouren – Blick vom San Antonio auf die Westküste

Laubengang in Tazacorte

rile Platzanlage La Glorieta. Höhepunkt der Tour ist sicherlich ein Spaziergang am Kraterrand des Volcán San Antonio bei Los Canarios (Fuencaliente). Weitere Besichtigungspunkte sind die Cueva de Belmaco sowie Villa de Mazo mit dem Stickereimuseum, der Kunsthandwerksschule und der Keramikwerkstatt El Molino. Unterwegs gibt es zahlreiche Einkehrmöglichkeiten.

Ebenfalls nicht versäumen sollte man die Gipfelroute. Am besten startet man in Santa Cruz und fährt über die Degollada de Franceses und den Mirador de los Andenes zum Roque de los Muchachos, dem höchsten Gipfel La Palmas. Überall ergeben sich herrliche Ausblicke über die Bergwelt rings um die Caldera de Taburiente. Proviant und Getränke sollten im Gepäck nicht fehlen, denn es gibt keinerlei Einkehrmöglichkeiten. Für die Rückfahrt kann, wer im Westen der Insel wohnt, die Strecke Richtung Villa de Garafía und weiter über Puntagorda nach Los Llanos wählen. Wohnt man im Osten, fährt man besser wieder über Santa Cruz zurück.

Den Nordosten der Insel erkundet man am besten von Santa Cruz aus. Spaziergänge im Lorbeerwald bieten sich bei La Galga und Los Tilos an. Sehenswert sind die Casa Luján in Puntallana sowie das Gofiomuseum in Los Sauces. Ein besonders malerischer Küstenort ist San Andrés, von wo man am Nachmittag den Rückweg antritt. Zuvor kann ein Abstecher, falls genügend Zeit vorhanden ist, nach Barlovento und zum Drachenbaumwald von La Tosca führen.

Eine Tour durch den Nordwesten beginnt man am besten in Los Llanos. Der spektakuläre Mirador del Time, Tijarafe mit seinem ethnographischen Museum, der Drachenbaum von El Roque und Puntagorda sind Stationen auf dem Weg nach Las Tricias. Dort kann man einen Spaziergang zu den Cuevas de Buracas unternehmen. Dann schließt eine Runde über Santo Domingo (gut für eine Mittagspause geeignet) und den archäologischen Park von La Zarza an, bevor es wieder

über Puntagorda zurück nach Los Llanos geht.

Zu beachten ist, dass die meisten Straßen auf La Palma recht kurvenreich sind. Vor allem wenn Kinder mitfahren, sollte man häufigere Pausen einplanen, um der Reisekrankheit vorzubeugen.

Auch gestalten sich wegen der Kurven einige Touren erheblich länger, als es ein Blick auf die Karte zunächst vermuten ließe. Dies gilt vor allem für Fahrten in den Norden der Insel. Von einer kompletten Umrundung des Caldera-Gebirgszuges (Santa Cruz – Barlovento – Puntagorda – Los Llanos) an einem Tag ist daher entschieden abzuraten! Besonders kurvenreich sind die Gebirgsstrecken von Santa Cruz bzw. Villa de Garafía zum Roque de los Muchachos, die obere Straße von Las Tricias nach Santo Domingo (über Hoya Grande), die obere Straße von Roque Faro nach Barlovento sowie die alte Cumbre-Straße von Breña Alta über El Pilar nach El Paso. Ein Beispiel: Für die 35 km von Santa Cruz zum Roque de los Muchachos benötigt man je nach Fahrweise und Verfassung der Beifahrer zwischen 1 und 1,5 Stunden.

Sterngucker

Auf La Palma befindet sich eines der größten astronomischen Observatorien der Welt (vgl. S. 194). Allerdings gibt es dort keine Möglichkeit für Touristen, einen Blick auf den nächtlichen Sternenhimmel zu werfen. Daher haben einige Hotels eigene kleine Beobachtungsstationen eingerichtet. Im Hotel Sol Elite La Palma in Puerto Naos können Interessierte nach vorheriger Anmeldung zu Hobby-Astronomen werden. Auch das Hotel La Palma Romántica bei Barlovento verfügt über ein kleines Observatorium.

Bootsfahrten

Ausflugsfahrten übers Meer werden nur von Puerto de Tazacorte aus angeboten. Lohnend ist der Trip zur Cueva Bonita (vgl. S. 141). Fahrten zur Delphin- oder Walbeobachtung stehen ebenfalls auf dem Programm der Anbieter, deren Ticket- und Informationsschalter sich im Hafengelände befinden. Delphine und Grindwale sind recht häufig zu sehen, mit etwas Glück sieht man vielleicht auch Schwert- und Pottwale.

Pauschal oder individuell?

Die Mehrzahl der Urlauber bucht die Reise nach La Palma pauschal über einen Veranstalter, was vor allem bei Hotels und größeren Apartmentanlagen meist die preisgünstigere und zudem bequemere Alternative ist. Aber auch viele kleinere Anlagen und Ferienhäuser werden pauschal vermittelt, oft schon inklusive eines günstigen Mietwagens. Da alle Ausflugsziele auf La Palma auf Tagestouren zu erreichen sind, bietet sich ohnehin ein fester Standort an.

Auch wer lediglich einen Flug buchen und sich vor Ort auf eigene Faust ein Quartier suchen möchte, ist gut beraten, dieses zumindest für die ersten Tage von zu Hause aus zu reservieren. Vor allem in der Hochsaison kann sich die Suche nach einer Unterkunft als problematisch erweisen.

Nur wenige Urlauber bereisen La Palma und wechseln dabei mehrfach die Standorte, die sie mit Mietwagen oder Linienbus erreichen. Dabei kann eine solche Inselrundfahrt ein sehr schönes Vergnügen sein. Man lernt die verschiedenen Regionen intensiver kennen, als dies auf Tagestouren möglich ist, und erspart sich langwierige Anfahrten auf kurvenreichen Straßen. Allerdings sollte man nie ›ins Blaue‹ hinein fahren. Die Zahl der Unterkünfte ist in den meisten Orten begrenzt. Daher empfiehlt sich immer rechtzeitige telefonische Reservierung.

Agrotourismus

Mit Hilfe der Europäischen Union brachte die Inselregierung das Modellprojekt Turismo Rural auf den Weg. Leer stehende Bauernhäuser wurden und werden restauriert, um sie an Feriengäste zu vermieten. Zur Zeit sind etwa 150 Häuser im Angebot. Meist liegen sie in ländlicher Idylle und sind besonders für Reisende geeignet, die einen ruhigen Urlaub verbringen möchten. Aufgrund der abseitigen Lage der meisten Häuser ist ein Mietwagen von Vorteil. Solche Unterkünfte können von Deutschland oder vor Ort gebucht werden (vgl. S. 214).

Nachtleben

Richtig heiß zur Sache geht es nachts auf La Palma nicht. Von der Hauptstadt Santa Cruz und der heimlichen Kapitale Los Llanos sollte man sich nicht allzu viel versprechen. Hier ist eher gediegene Abendunterhaltung angesagt: Nach dem Abendessen trifft man sich noch auf einen Drink in einer Bar oder flaniert um die Plazas.

Richtiges Nachtleben spielt sich eher in den Touristenorten Los Cancajos südlich von Santa Cruz und Puerto Naos im Westen ab. An Wochenenden trifft sich dort auch die einheimische Jugend in den wenigen Diskos und Music Pubs. Das Abendprogramm der großen Hotels zieht auch Gäste an, die nicht dort wohnen.

In den Sommermonaten wenn viele Emigranten die Ferien auf ihrer Heimatinsel verbringen, finden häufig Dorf- oder Gemeindefeste statt. Diese Festivitäten ziehen sich meist über mehrere Tage hin und dauern bis spät in die Nacht. Das ganze Dorf macht mit. Die Bands treten selten vor Mitternacht auf, spielen dann aber bis in die frühen Morgenstunden. Zu solchen Anlässen wird viel getanzt, reichlich getrunken und heftig gefeiert.

Reisewetter und Kleidung

Dank der südlichen Lage mitten im Atlantik ist das Klima ganzjährig ausgeglichen. Extreme Temperaturschwankungen gibt es nicht. In den Wintermonaten sinkt das Thermometer in den Küstengebieten nur selten unter 18° C. Im Sommer ist es dort mit Durchschnittstemperaturen zwischen 21 und 24° C angenehm kühl.

Es ist jedoch zu bedenken, dass mit der Höhe die Temperatur abnimmt, so dass es im Winter in höheren Lagen schneien kann. Auch in den Sommermonaten ist in den Gipfelregionen mit kaltem Wind zu rechnen. Die Wassertemperaturen schwanken zwischen 18° C im Februar und 22° C im August.

Während im Sommerhalbjahr selten Niederschläge fallen, sind die Monate November bis Januar mit ausgiebigen Regenfällen gesegnet. Die Westseite der Insel ist allerdings relativ regenarm. Zu längeren Regenfällen kommt es hier selten.

Der Norden und Nordosten sind hingegen sehr feucht. In den Höhenlagen bei Barlovento werden im Jahresdurchschnitt etwa 1000 mm Niederschlag gemessen, während in Tazacorte nur 300 mm zu verzeichnen sind.

Einen Pullover oder eine Jacke sollte man zu allen Jahreszeiten mit nach La Palma nehmen. Im Winterhalbjahr gehört außerdem ein Anorak ins Gepäck. Wanderer sollten stets Pullover, Windjacke und Regenschutz mitführen, denn in der Zone der Passatbewölkung kann es auch im Sommer plötzlich feucht und klamm werden.

UNTERWEGS AUF LA PALMA

Ein Leitfaden für die Reise und viele Tipps für unterwegs.

Genaue Beschreibungen von Städten und Dörfern, Sehenswürdigkeiten und Stränden, Ausflugszielen und Reiserouten.

La Palma erleben: Ausgesuchte Hotels, Apartments und Pensionen, Restaurants und Tapas-Bars, Wanderungen und Inseltouren.

Wanderer auf der Ruta de los Volcanes

Santa Cruz und der Nordosten

Für Filmaufnahmen wurden die Balkonhäuser an der Avenida Marítima in Santa Cruz bunt angemalt

Atlas S. 233, 237

SANTA CRUZ UND UMGEBUNG

Ehrwürdige Kirchen und Klöster und ein prächtiges Ensemble alter Paläste, darunter die berühmten Balkonhäuser, machen Santa Cruz zur historisch interessantesten Stadt La Palmas. Lebendige Plätze, lauschige Winkel, bunte Märkte und viele Straßencafés sorgen für Flair. Größter Wallfahrtsort der Insel ist das stille Las Nieves, das nur alle fünf Jahre anlässlich der Bajada zu Leben erwacht.

Inselmetropole Santa Cruz

La Palma-Atlas: S. 237, D 2

In der Inselhauptstadt und deren Vororten leben etwa 20 000 Menschen. Seit 2001 wird Santa Cruz hinsichtlich der Einwohnerzahl von Los Llanos de Aridane auf der westlichen Inselseite übertroffen. Doch Santa Cruz ist Sitz des Inselrats *(Cabildo Insular)* und aller wichtigen Behörden. Die Rolle als Wirtschafts- und Dienstleistungszentrum von La Palma muss sich die Stadt allerdings mit Los Llanos teilen.

Santa Cruz wurde am 3. Mai 1493, nachdem La Palma vollständig von den Spaniern erobert worden war, von Alonso Fernández de Lugo an einer der wenigen als Naturhafen geeigneten Buchten der Insel gegründet. Am Strand der künftigen Hauptstadt ließ er, wie es während der spanischen *conquista* üblich war, zum Zeichen des Sieges ein Kreuz errichten und eine Messe lesen. Diesem Heiligen Kreuz (span. *santa cruz*) verdankt die heutige Inselhauptstadt denn auch ihren Namen.

Schon wenige Jahre später war aus Santa Cruz eine blühende Handelsmetropole geworden. Prunkvolle Bauten wurden errichtet, eng zusammengedrängt auf einem schmalen Küstensaum. Dahinter steigen die Hänge steil an, so dass eine Bebauung des Hinterlands schwierig ist. Daher bestand die Stadt praktisch nur aus einer parallel zur Küste verlaufenden Straße, an der sich Kirchen, Bürgerhäuser und Paläste reihten.

Im Jahre 1553 wurde Santa Cruz Ziel eines verheerenden Piratenüberfalls. Französische Korsaren plünderten die Stadt und brannten sie bis auf die Grundmauern nieder. Doch wurde sie in den folgenden Jahrzehnten noch schöner und prunkvoller wieder aufgebaut. Aus dieser Zeit stammen viele Baudenkmäler, die man noch heute in der reizvollen Altstadt von Santa Cruz besichtigen kann, weil die wirtschaftliche Blüte eigentlich schon um die Mitte des 17. Jh. beendet war.

Spaziergang durch die Innenstadt

Einen Stadtbummel beginnt man am besten in Hafennähe, an der Plaza de la Constitución. Dort ist die Endstation der Buslinien, die von Westen oder Süden kommen. Parkmöglichkeiten gibt es nördlich des Hafens am Meer (dieser Parkplatz ist meist recht voll) sowie südlich der Plaza an der zum Flughafen führenden Calle Bajamar.

Im Herzen der Stadt

Von der Plaza de la Constitución führt die Calle O'Daly, die Haupteinkaufsstraße von Santa Cruz, in die Innenstadt. Sie wird von sehenswerten alten Palästen gesäumt, in denen einst der Adel und das Geldbürgertum La Palmas residierten.

Im 17. Jh. ließ die Familie Salazar das Haus Nr. 22 errichten, den **Palacio Salazar** [1]. Ungewöhnlich ist die schlichte Fassade aus Behaustein, an der sowohl Elemente der Renaissance als auch des Barock zu erkennen sind. Solche Natursteinfassaden konnten sich nur sehr wohlhabende Leute leisten. Über dem mächtigen und von Pilastern gesäumten Eingangsportal ist das Familienwappen angebracht.

Das Innere des Palastes wurde Ende der 80er Jahre des 20. Jh. restauriert, wobei sowohl die hölzerne Galerie im Innenhof als auch die prachtvollen Mudéjar-Holzdecken erneuert werden mussten. Der Palacio Salazar beherbergt heute das **Fremdenverkehrsbüro** von Santa Cruz. Im Erdgeschoss finden in unregelmäßigen Abständen Kunstausstellungen und, vor allem um die Weihnachtszeit, Ausstellungen einheimischen Kunsthandwerks statt.

Im folgenden Abschnitt, den zahlreiche Geschäfte und Boutiquen säumen, wird die Calle O'Daly besonders lebendig. Straßenhändler haben ihre Stände in der Fußgängerzone errichtet und bieten Schmuck und Lederwaren an.

Die Calle O'Daly öffnet sich zur Plaza de España, die jahrhundertelang Mittelpunkt der Stadt war und auf der sich auch heute das Leben der Menschen in Santa Cruz abspielt. Viele halten sie für den schönsten Platz der Kanaren. Von der Straße durch eine Palmenreihe getrennt, verjüngt sich die beinahe dreieckige Plaza nach oben. An der Spitze tritt eine Quelle aus dem Hang, die man 1588 einfasste und zu einem öffentlichen Brunnen ausbaute. Bis vor wenigen Jahrzehnten holten die Bewohner der umliegenden Häuser hier ihr Trinkwasser.

La Pila (Wassertrog), wie der Brunnen im Volksmund genannt wird, ist eine bemerkenswerte Steinmetzarbeit aus der Renaissance. Der Brunnen trägt das Wappen La Palmas, auf dem der Inselheilige Michael abgebildet ist, und rechts daneben das Wappen des Gouverneurs Jerónimo de Salazar, in dessen Regierungszeit der Brunnen errichtet wurde.

Die Südwestseite der Plaza de España wird von einer Häuserzeile eingenommen. Besondere Beachtung verdient das linke Haus aus dem 18. Jh. Die **Casa Kábana** [2] wurde 1923 von dem aus Santa Cruz de La

Atlas: S. 237

Avenida de las Nieves
Bandama
Avenida de las Nieves
Avenida Rodriguez Lopez
San Francisco
El Marquito
Baltarsar Martin
Cruz Roja
Plaza de San Francisco
La Palmita
Hnos. Rguez. Mendez
Docto Santos Abreu
Jose Lopez
San Vincente Paul
Pérez de Brito
Multicines
Placeta de Echentive
Avenida del Puente
Placeta de Borrero
Teatro Chico
Anselmo
Vandale
Cabrera Pinto
P. Podigo
Montecristo
Plaza Dornajos
San Sebastian
Huertas
Plaza de España
(Norden)
Fernandez Ferraz
Nogales
Plaza de Santo Domingo
O'Daly
Alvarez de Abreu
Avenida Marítima
Apuron
Carretera de Timbucar
Vendaval
El Tanquito
Alamos
Tanquito
Bias
Simon
Virgen de la Luz
Pintado
Lenus
Taxi
San Telmo
Plaza de la Constitución
(Süden, Westen)
17 18 , Fuencaliente, Mazo

Sehenswürdigkeiten

1 Palacio Salazar
2 Casa Kábana
3 Iglesia El Salvador
4 Rathaus
5 Casa Pinto de Guisla
6 Markthalle (Mercado Municipal)
7 Casino
8 Balkonhäuser
9 Castillo de Santa Catalina
10 Franziskanerkloster (Convento de San Francisco de Asís)
11 Barco de la Virgen
12 Castillo de la Virgen
13 Iglesia de la Encarnación
14 Ermita de la Luz
15 Dominikanerkloster
16 Ermita de San Sebastián
17 Jachtklub
18 Playa de Bajamar

Übernachten

19 Hotel Marítimo
20 Hotel Castillete
21 Apartamentos La Fuente
22 Pension La Cubana
23 Pension Canarias
24 Pension Arrocha

Restaurants

25 La Placeta
26 La Azotea
27 La Lonja
28 Antica Trattoria
29 Canarias
30 Alameda
31 Negresco
32 Arepera El Encuentro
33 El Galeón
34 Tajurgo

HANDEL MIT AMERIKA

Stattliche Paläste zeugen in Santa Cruz vom Glanz vergangener Zeiten. 1492, ein Jahr vor der Eroberung La Palmas, hatte Christoph Kolumbus Amerika entdeckt. Und schon bald brach für Santa Cruz eine fast unvorstellbare Zeit des Reichtums an. Eine der größten Handelsflotten Spaniens war auf der Insel stationiert. Die königliche Handelskammer in Sevilla besaß allerdings das Monopol im Amerikahandel. Sie teilte den einzelnen Schiffen Warenkontingente zu, bestimmte die anzulaufenden Häfen und überwachte die Zollabfuhr. Die Einnahmen aus dem Warenverkehr mit den neuen Kolonien in Übersee sollten vor allem die Staatskasse füllen. Alle Schiffe hatten sich der königlichen Handelsflotte anzuschließen, die regelmäßig von Sevilla aus in See stach.

Doch die Kolonien mussten mit Lebensmitteln versorgt werden, und die Kanaren lagen nun einmal sehr viel näher am amerikanischen Kontinent als das spanische Festland. Daher erhielten die Inseln 1508 das Privileg freien Warenverkehrs. Allerdings gab es Einschränkungen. So durften Sklaven und Frauen nur mit königlicher Genehmigung an Bord genommen werden. Der Handel mit Gold und Silber, Pferden und Waffen war verboten.

La Palma erwies sich aufgrund der Lage als besonders verkehrsgünstig. Santa Cruz entwickelte sich innerhalb weniger Jahre nach Antwerpen und Sevilla zur drittgrößten Handelsmetropole des spanischen Weltreichs. Von ebenso großer Bedeutung wie der legale war hierbei der illegale Handel. Ausländische Kapitäne, denen die Teilnahme am Amerika-Handel verwehrt blieb, versuchten das Verbot von den Kanaren aus zu umgehen. Schmuggler, Piraten und Betrüger gaben sich ein Stelldichein. Der Handelskammer in Sevilla war dies ein Dorn im Auge. Im Jahre 1566 richtete die Krone auf Gran Canaria, Teneriffa und La Palma Registergerichte ein, um die Bestimmungen zu überwachen. Die Inselräte protestierten vergeblich.

›Offizielle‹ Waren, die mit den Kolonien ausgetauscht werden durften, waren Tierhäute, Wein, Getreide, Käse, Obst, Zucker, Vieh und Holz. Mit dem Schmuggel von Gold, Silber, Sklaven und Luxusgütern ließ sich allerdings viel mehr verdienen. Jeder auf La Palma war in den illegalen Handel verwickelt, und man sah wegen der nun beinahe lückenlosen Kontrollen die Pfründe dahin schwinden.

Nachdem 1604 auf Teneriffa ein neuer Hafen eingeweiht worden war, geriet La Palma ins Abseits. Sechs Jahre später führte die Handelskammer von Sevilla Exportbeschränkungen für kanarische Waren ein, wobei Teneriffa die größten Kontingente zugeteilt wurden. Der schlimmste Schlag traf La Palma 1657, als das Registergericht in Santa Cruz geschlossen wurde. Alle Schiffe auf dem Weg von und nach La Palma mussten von nun an Teneriffa anlaufen. In den vier Jahren nach Verlegung des Registergerichts sollen nur noch zwei Schiffe ihre Waren in Santa Cruz gelöscht haben.

Palma stammenden, weit über die Insel hinaus bekannten Architekten Pelayo López restauriert. Mit diesem Werk führte er auf den Kanarischen Inseln den auf dem spanischen Festland schon seit Ende des 19. Jh. verbreiteten Regionalismus ein. Diese Stilrichtung wurde als Alternative zum als zu international geltenden Jugendstil entwickelt, fußte auf traditionellen Vorbildern und manifestierte sich häufig in der Instandsetzung älterer Gebäude.

Die ursprünglich nur zweigeschossige Casa Kábana erhielt durch Pelayo López ihr heutiges oberes Stockwerk mit dem charakteristischen flachen Rundbogen, einer in der kanarischen Architektur selten verwendeten Form, mit der er dem Gebäude seinen persönlichen Stil verlieh.

Die Pfarrkirche El Salvador

Die **Iglesia El Salvador** 3 (Erlöserkirche) an der Nordseite der Plaza de España wurde 1553 von Piraten fast vollständig zerstört und anschließend in mehreren Bauphasen, die sich bis ins 18. Jh. hinzogen, neu errichtet.

Von der ansonsten schlichten Fassade hebt sich das der Plaza zugewandte Portal ab, das 1585 unter dem Baumeister Juan de Ezquerra fertig gestellt wurde. Abgesehen von dem im 18. Jh. hinzugefügten Barockgesims dürfte es sich um das stilreinste Renaissanceportal des Kanarischen Archipels handeln. Zwei Säulenpaare tragen einen dreieckigen Aufsatz (Fronton), der seinerseits von drei Pilastern gekrönt wird. Der mittlere trägt eine Statue des Heilands.

Durch eine schwere, hölzerne Kassettentür gelangt man ins Innere der dreischiffigen Pfarrkirche. Die prachtvolle, im Mudéjar-Stil geschnitzte Holzdecke gilt als eine der gelungensten ihrer Art auf den Kanaren. Erst Ende des 19. Jh. wurde das ursprünglich naturbelassene Holz farbig bemalt. Auffallend ist auch die klassizistische Altarrückwand mit einem Gemälde von Antonio María Esquivel (1806–57), das die Verklärung Christi auf dem Berge Tabor zeigt.

Um eine kunsthistorisch besonders wertvolle, zu Beginn des 16. Jh. aus Flandern importierte Arbeit handelt es sich bei der Kreuzigungsgruppe am zweiten Altar des südlichen Seitenschiffes. Sie wird El Cristo de los Mulatos (Christus der Mulatten) genannt, seit sich 1708 eine Zunft freigelassener Sklaven unter ihren Schutz begab.

Westafrikanische Sklaven setzte man auf La Palma im 16. Jh. in großer Zahl in den Zuckerplantagen als Arbeitskräfte ein. Nach dem Tod ihrer Besitzer wurden sie häufig freigelassen, oder es gelang ihnen sich freizukaufen. Sie gründeten eigene Wohnviertel und Zünfte, häufig ausgeübte Berufe waren Holzfäller und Ochsentreiber. Im Verlauf der Jahrhunderte vermischten sie sich mit der weißen Inselbevölkerung.

Von dem bekannten Bildhauer Fernando Estévez aus La Orotava (Teneriffa) stammen die Figuren des Gefesselten Christus (El Señor del Perdón; im linken Seitenschiff vorn) und der Virgen del Carmen (im rechten Seitenschiff vorn), Werke aus der Übergangszeit vom Barock zum Klassizismus. Das

Atlas: S. 237

Tipp

Auch wenn man im Urlaub – hoffentlich – keine Medikamente benötigt, sollte man einen Blick in die Farmacia de Puente de Doctor Argany werfen. Die sehenswerte Apotheke ist in einem Eckhaus an der Einmündung der Calle O'Daly in die Avenida del Puente untergebracht. Der Verkaufsraum wurde zur Blütezeit des Jugendstils reich mit Stuckarbeiten und Mosaiken verziert.

Taufbecken und die vier Weihwasserbecken sind italienische Arbeiten aus Marmor (18. Jh.).

Die Sakristei befindet sich im Untergeschoss des wehrhaft gebauten Glockenturms. Da sie ein gotisches Gewölbe besitzt, nimmt man an, dass es sich um den einzigen noch erhaltenen Teil des Vorgängerbaus handelt, der um 1503 errichtet wurde. Der Turm entstand zwischen 1567 und 1737 in mehreren Bauphasen.

Manuel Hernández Díaz

Im Zentrum der Plaza de España ehrt ein Denkmal Manuel Hernández Díaz. Hernández Díaz, zu Beginn des 19. Jh. Pfarrer in Santa Cruz, setzte sich in seinen Predigten für die liberale Verfassung Spaniens von 1820 ein. Er eröffnete auch eine Schule, die Kinder aller Bevölkerungsschichten kostenfrei besuchen konnten, eine für die damalige Zeit revolutionäre Neuerung.

Doch schon 1823 wurden seine Anstrengungen durch einen erneuten politischen Umschwung in Spanien zunichte gemacht. Hernández Díaz wurde vor das Kirchengericht auf Teneriffa zitiert und durfte erst Jahre später nach La Palma zurückkehren. 1895 gaben die Freimaurer, im 19. Jh. für die Intellektuellen von Santa Cruz ein wichtiges Forum für die Entwicklung fortschrittlichen Gedankenguts, die Bronzebüste bei dem katalanischen Künstler José Monserrat in Auftrag. Ubaldo Bordanova schuf den steinernen Sockel, an dessen Rückseite er das Relief eines Pelikans mit drei Jungen anbrachte.

Rathaus und Stadtpaläste

Das auffälligste Bauwerk an der Plaza de España ist das **Rathaus** [4] (Casas Consistoriales, Mo–Sa 8–13 Uhr) mit Rundbogenarkaden und einer schattigen Vorhalle, in der sich zur Siesta-Zeit die älteren Männer aus der Nachbarschaft zu einem Plausch treffen.

Nachdem der alte Bau 1553 niedergebrannt war, wurde das Rathaus zwischen 1559 und 1563 neu errichtet. Die reich mit Steinmetzarbeiten geschmückte Fassade gilt weit über La Palma hinaus als herausragendes Beispiel des Platerest-Stils, der verspielten spanischen Variante der Renaissance.

Im Obergeschoss wird die Fassade links durch zwei Bogenfenster aufgelockert, rechts durch zwei rechteckige Fenster. Dazwischen sieht man das Wappen der Habsburger mit dem doppelköpfigen Adler und den Säulen des

Herkules. Zwischen den Bogenfenstern ist auf einem Medaillon der aus dem Hause Habsburg stammende König Philipp II. abgebildet, unter dessen Herrschaft das Rathaus erbaut wurde. Den Platz zwischen den beiden rechteckigen Fenstern ziert das Inselwappen.

Im Erdgeschoss tagte früher das Gericht, gleich dahinter befand sich der Kerker. Die Ratsherren kamen im nobleren Obergeschoss zusammen. Zum Sitzungssaal (Sala Capitular), in dem sich noch heute Gemeinde- und Inselrat versammeln, führt eine kunstvoll aus dem Holz der Kanarischen Kiefer geschnitzte Treppe.

Das Treppenhaus und die normalerweise nicht zugängliche Sala Capitular sind zudem mit aufwändig gearbeiteten Kassettendecken aus Holz im Mudéjar-Stil geschmückt. Sehenswert sind die expressionistischen Wandgemälde im Treppenhaus. Mariano de Cossió (1892–1960) aus Teneriffa hielt hier Szenen aus dem Leben der einfachen Leute La Palmas um die Wende vom 19. zum 20. Jh. fest. Man sieht einen Bauern beim Pflügen des Feldes mit einem Ochsen, einen Winzer beim Keltern des Weins, einen Seefahrer beim Abschiednehmen von der Heimat, einen Schmied bei der Arbeit und Landbewohner beim Transport von Lasten.

Auch im angrenzenden Straßenabschnitt stehen einige sehenswerte Adelspaläste und Bürgerhäuser. Dieser Bereich der Altstadt wurde 1770 durch einen Brand stark zerstört. In den darauf folgenden Jahren wurden die Paläste neu errichtet. Die Casa Massieu Tello de Eslava nicht weit vom Rathaus ist meist nicht zugänglich. In ähnlichem Stil gehalten ist die **Casa Pinto de Guisla** 5, in der die Schiffsagentur Trasmediterránea ihren Sitz hat. Man kann den überdachten Patio mit der eleganten, holzgeschitzten Galerie besichtigen (Mo–Sa 9–13 Uhr).

Die Calle O'Daly trifft auf die Avenida del Puente, eine lebhafte Einkaufsstraße, die als moderne Schneise vom Meer her die Altstadt zerschneidet. Vor der Tür der **Markthalle** 6 – derzeit im Umbau und daher bis auf weiteres geschlossen – werden freitags und samstags Blumen verkauft.

Calle Pérez de Brito und Placeta de Borrero

Jenseits der Avenida del Puente geht die Calle O'Daly in die Calle Pérez de Brito mit einigen sehenswerten alten Palästen über. Der vordere Straßenteil war ebenso wie die angrenzenden Teile der Calle O'Daly von dem schweren

Tipp

Auf der Placeta de Borrero lädt ein Straßencafé zur Rast ein. Die Tische im Freien gehören zu dem gemütlichen Bistro La Placeta, seit Jahren ein beliebter Treffpunkt von Touristen und auf La Palma ansässigen Deutschen. Im Obergeschoss des mit einem dunklen kanarischen Holzbalkons verzierten Hauses befindet sich das gleichnamige Restaurant mit sehr guter internationaler und kanarischer Küche.

Brand 1770 betroffen. Die heutigen Gebäude wurden Ende 18./Anfang 19. Jh. errichtet.

Um 1809 wurde das Haus der Familie Massieu Sotomayor (Nr. 7) fertig gestellt, dessen Fassade mit vier marmornen Büsten klassizistische Anklänge verrät. Heute ist dort das **Casino Suculo de Instrucción y Recreo** 7 (kurz Casino genannt) untergebracht, ein Klub, in dem sich die wohlhabenden Bürger der Stadt treffen. Auf der Placeta de Borrero wenig weiter gruppieren sich Boutiquen um den idyllischen Platz.

Avenida Marítima

Die Avenida Marítima ist die von Straßencafés gesäumte Flaniermeile von Santa Cruz. Über ihre ganze Länge erstreckte sich früher eine Stadtmauer. Als keine Piratenüberfälle mehr zu erwarten waren, wurde die Mauer geschleift. Zur Meerseite hin, wo sich einst ein schmaler, kiesiger Strand befand, schuf man durch Aufschüttung die heutige, breite Uferstraße.

Die so genannten **Balkonhäuser** 8 aus dem 16. und 17. Jh. an der Avenida Marítima lassen jedoch erkennen, dass ihre Front einst dem Meer abgewandt war. Früher markierten die viel fotografierten, holzgeschnitzten Balkone, die teils über zwei Stockwerke hinwegreichten, die Rückseite der alten Bürgerhäuser, während sich der Eingang landwärts an der Calle Pérez de Brito befand.

Ursprünglich waren die Balkone durch ein feines, hölzernes Gitterwerk verschlossen, das luftdurchlässig war und zugleich Schatten spendete. Das Gitterwerk sollte nicht etwa vor Blicken schützen oder zur Zierde dienen, vielmehr verbargen sich dahinter die Wirtschaftsräume des Hauses, in denen Getreide luftig aufbewahrt wurde und der Wasservorrat vor Verdunstung sicher lagerte. Die schönsten Holzbalkone findet man zwischen der Calle Tedote und dem Durchgang zur Placeta de Borrero.

Am nordöstlichen Teil der Avenida erhebt sich das **Castillo de Santa Catalina** 9, eine Festung, die bis ins 18. Jh. hinein zur Abwehr von Seeräubern diente. Nach dem Piratenüberfall von 1553 errichtete man sie als Teil einer Befestigungsanlage, die Santa Cruz zur Seeseite hin schützte. Der heutige Bau wurde, nachdem das alte Fort Schaden erlitten hatte, zwischen 1676 und 1701 errichtet. Mit dem sternförmigen Grundriss folgte man den Ideen berühmter italienischer Festungsbaumeister. Heute steht das Castillo, das nicht besichtigt werden kann, unter Denkmalschutz.

Das Franziskanerkloster

Bedeutendstes Baudenkmal im nördlichen Teil der Innenstadt ist das ehemalige **Kloster San Francisco** 10 (Convento de San Francisco de Asís) an der gleichnamigen Plaza, die man über die Calle Baltasar Martín erreicht. Kinder aus den umliegenden Häusern kommen gern zum Spielen auf den recht großen Platz, der für den Straßenverkehr gesperrt ist. Das ganze Jahr über schmücken rot blühende Afrikanische Tulpenbäume die Plaza.

Franziskanerkloster

Die Calle Pérez de Brito

Die Franziskaner gründeten ihr Kloster 1508 zunächst an der Stelle, an der sich heute die Festung Santa Catalina befindet, errichteten aber den nach dem Piratenangriff von 1553 notwendig gewordenen Neubau aus Sicherheitsgründen etwas weiter landeinwärts. Damals entstand das Mittelschiff der Klosterkirche Nuestra Señora de la Inmaculada Concepción (Unsere Liebe Frau der Unbefleckten Empfängnis), gestiftet vom Plantagenbesitzer Jácomo de Monteverde. Die beiden Seitenschiffe, ebenfalls durch Stiftungen finanziert, wurden 1565 fertig gestellt, im 18. Jh. dann im klassizistischen Stil umgebaut.

Zur Plaza weist die hellgetünchte Seitenfront der Kirche mit dem schlichten, im Übergangsstil zwischen Renaissance und Barock gehaltenen Portal aus dunklem Naturstein. Im Innern verdient der barocke Hauptaltar mit der spätgotischen, aus Flandern stammenden Statue der Jungfrau der Unbefleckten Empfängnis (Anfang 16. Jh.) Beachtung. Besonders schön ist die holzgeschnitzte Mudéjar-Decke der Kuppel über dem Altarraum. Das Oktogon im Zentrum der Kuppelkonstruktion zeigt die Marienkrönung durch die Heilige Dreifaltigkeit.

In den Gebäuden des 1836 säkularisierten Klosters ist das **Museo Insular** (Inselmuseum, Okt.–Juni Mo–Fr 9.30–13, 16–18.30, Juli–Sept. Mo–Fr 9–14 Uhr) untergebracht. Durch den Glockenturm der Kirche gelangt man in den Innenhof der Anlage. Als das Kloster Mitte der 80er Jahre des 20. Jh. nach Restaurierungsarbeiten unter Vorsitz von König Juan Carlos und im Beisein mehrerer Staatsoberhäupter, darunter auch Richard von Weizsäcker,

Das Barco de la Virgen ist Kolumbus' »Santa María« nachempfunden

feierlich der Öffentlichkeit übergeben wurde, pflanzte man im Kreuzgang für jeden der prominenten Anwesenden einen Orangenbaum. Dort sind auch landwirtschaftliche Geräte ausgestellt, handbetriebene Getreidemühlen aus Stein, die früher zum Mahlen des *gofio* verwendet wurden, sowie ein ebenfalls steinerner Wasserfilter, der Zisternenwasser noch nach monatelanger Lagerung trinkfähig machte.

Rund um den Kreuzgang sind die Räume des Museums angeordnet. Im Erdgeschoss befindet sich die naturgeschichtliche Abteilung mit ausgestopften Tieren, Gesteinen und Fossilien aus aller Welt. Interessanter, da auf La Palma bezogen, ist der prähistorische Saal. Funde aus altkanarischer Zeit sind didaktisch gut aufbereitet, leider aber nur in spanischer Sprache beschriftet. Ausgestellt sind Werkzeuge, allerlei Gebrauchsgegenstände und Schmuck aus Holz, Knochen und Obsidian, Keramikerzeugnisse sowie Skelettreste.

Im Obergeschoss verdient vor allem die heimatkundliche Abteilung Beachtung. Hier wurden Geräte zusammengetragen, die im Haus und in der Landwirtschaft – von der Zeit nach der Eroberung bis in die jüngste Vergangenheit – Verwendung fanden. Das Flechten von Körben wird ebenso demonstriert wie die Stickerei, die Weberei und das Drehen von Zigarren. Auch traditionelle Musikinstrumente und alte Trachten sind zu sehen. Ein besonderer Raum ist der Seidenherstellung gewidmet, von sich Besucher anhand von Fotos, Geräten und Arbeitsproben ein Bild machen können.

Plaza de la Alameda und Barco de la Virgen

Den Nordrand der Innenstadt markiert die Plaza de la Alameda, ein lang gestreckter, von Indischem Lorbeer, Araukarien und Palmen gesäumter Platz. Zu allen Tageszeiten, vor allem aber abends, treffen sich hier die Einheimischen. An einem Kiosk in der Mitte der Plaza kann man im Schatten hoher Bäume ein kühles Bier genießen.

Am Südrand des Platzes erinnert ein einfaches Holzkreuz an den 3. Mai 1493, den Tag der Gründung von Santa Cruz. Man hat es 1893 anlässlich der 400-Jahr-Feier aufgestellt. Unter dem Kreuz steht zu lesen: »Gloria a los heroes españoles y los heroes guanches. Unos y otros derramaron su sangre por su patria.« (Ruhm den spanischen Helden und den Helden der Guanchen. Die einen wie die anderen vergossen ihr Blut für ihr Vaterland.) Den Brunnen am Nordrand der Plaza de la Alameda ziert die Figur eines Zwerges aus Bronze. In dieser Verkleidung treten Tänzer bei der Bajada auf (vgl. S. 90).

Jenseits der Plaza de la Alameda ist ein recht ungewöhnliches Schiff zu besichtigen. Es liegt an Land und wäre auch – aus Beton gegossen und bemalt, so dass der Eindruck entsteht, es bestünde aus Holzplanken – gar nicht seetüchtig. Das **Barco de la Virgen** 11 (Schiff der Jungfrau, Mo–Do 9.30 bis 14, 16–19, Fr 9.30–14 Uhr, im Sommer nur vormittags) ist der »Santa María« nachempfunden, dem Flaggschiff von Christoph Kolumbus, mit dem er 1492 Amerika ›entdeckte‹. Kolumbus hat La Palma allerdings nie besucht.

Das Boot wurde anlässlich der *bajada* 1940 erbaut. Alle fünf Jahre spielt das Barco de la Virgen eine wichtige Rolle beim »Dialog zwischen Schiff und Festung« (vgl. S. 90). Im Schiff ist das **Museo Naval** (Schifffahrtsmuseum) mit alten Seekarten, Navigationsgeräten, Schiffsmodellen und allerlei nautischen Gegenstände untergebracht.

Jenseits des Barranco de las Nieves

Den Gegenpart bei der *bajada* spielt das **Castillo de la Virgen** 12 in Sichtweite vom Schiff der Jungfrau. Der ausgetrocknete Barranco de las Nieves wird überquert, dann geht es die Cuesta de la Encarnación im Bogen bergauf. Ein schlichtes Portal gewährt Einlass in die kleine Festung. Einst wurde sie zur Abwehr von Piratenschiffen errichtet, die man von dort oben schon frühzeitig ausmachen konnte. Unterhalb des Forts sind Reste der Stadtmauer zu erkennen, die Santa Cruz gegen Angreifer von See her schützen sollte.

Die Plaza de la Encarnación oberhalb des Castillo ist als Aussichtsterrasse angelegt. Der Blick schweift über die Stadt. Reizvoll präsentiert sich die exotische Bepflanzung des Platzes. Rechter Hand erhebt sich die **Iglesia de la Encarnación** 13. Mit einem kleinen Holzbalkon über dem Portal und einem weiteren Balkon zur Plaza entspricht die Kirche einer typischen palmerischen *ermita*.

Vermutlich befand sich an dieser Stelle das älteste Gotteshaus der Insel. Auch die erste Siedlung der Eroberer

Atlas: S. 237

Das Castillo de la Virgen

scheint in der Umgebung gelegen zu haben. Erst einige Jahre später entstand das heutige Stadtzentrum um die Plaza de España. In jüngerer Zeit wurde mit dem Wachstum der Stadt die *ermita* wieder in die Bebauung einbezogen und zur Pfarrkirche erhoben.

Der heutige Bau stammt vorwiegend aus der ersten Hälfte des 18. Jh., doch ist mit dem Rundbogen zwischen Schiff und Altarraum, der von Pilastern mit verzierten Kapitellen getragen wird, noch ein Teil des Vorgängerbaus aus dem 16. Jh. erhalten. Kunsthistorisch wertvoll und sehenswert ist die spätgotische Figur der Virgen de la Encarnación.

Die Oberstadt

Folgt man von der Plaza de la Constitución der Carretera del Galion Richtung Südwesten, so gelangt man an eine breite Treppe, die steil aufwärts zur **Ermita de la Luz** 14 führt. Die kleine, meist verschlossene Kirche lag früher außerhalb der Stadt und wurde erst in jüngerer Zeit in die bebaute Fläche einbezogen. Sie stammt aus dem Jahre 1574 und ist dem hl. Erasmus (San Telmo), dem Patron der Seefahrer, geweiht.

Die Genossenschaft der Schiffer von Santa Cruz stiftete 1% des Ertrags jeder Fahrt, um das Gotteshaus zu erhalten und zu verschönern. Des weiteren spendete im 18. Jh. eine wohlhabende Bürgerin der Stadt Geld für Restaurierungsarbeiten. Damals erhielt die Kirche eine zweite Widmung, die der Nuestra Señora de la Luz (Maria Lichtmess) galt. Schön ist der Blick vom Vorplatz der *ermita* auf den Hafen. Hier treffen sich um die Mittagszeit und am frühen Abend die Männer des Stadtviertels, um Neuigkeiten auszu-

KORSAREN
DIE FREIBEUTER DES KÖNIGS

Mit Gold und Silber beladene Schiffe ankerten in der Glanzzeit La Palmas im Hafen von Santa Cruz. In den Handelshäusern der Hauptstadt lagerten Zucker und Wein im Überfluss. So viel Reichtum erweckte Neid. Mit königlichen Kaperbriefen ausgestattet, befuhren im 16. Jh. französische Korsaren die Meere, um den Spaniern einen Teil des, wie sie meinten, zu Unrecht erworbenen Reichtums abzujagen.

La Palma wurde 1537 erstmals Ziel französischer Angriffe. Doch man war vorgewarnt. Als sich die Korsaren näherten, läuteten die Kirchenglocken Sturm. Kanonenschüsse schlugen die überraschten Angreifer in die Flucht.

Im Jahre 1553 wandte sich der Korsar François Le Clerc mit einer Flotte von acht Schiffen auf der Rückfahrt von den Antillen den Kanarischen Inseln zu. Unter Seinesgleichen soll »Pata de palo« (Holzbein), wie man ihn ehrfurchtsvoll nannte, hohes Ansehen genossen haben. Der Schlag traf Santa Cruz völlig unvorbereitet. Man hatte sich in Sicherheit gewiegt und wenig unternommen, die Verteidigungsanlagen zu verstärken. Um die Mittagszeit des 21. Juli 1553 tauchte die Flotte von »Pata de palo« am Horizont auf. Ohne auch nur einen Moment zu zögern, gingen die Franzosen vor den Augen der überrumpelten Palmeros mit 500 Mann an Land und besetzten in Santa Cruz sofort die strategisch wichtigen Punkte. Ein französischer Händler, dessen Besitz man in Santa Cruz beschlagnahmt hatte, soll den Piraten den Weg gewiesen haben. Gegen die unbewaffnete Bevölkerung hatten die Angreifer leichtes Spiel. Tagelang plünderten sie Häuser, Kirchen und Klöster. Den Abzug ließ sich Le Clerc auch noch durch ein Lösegeld erkaufen. Mit Beute im Wert von mehr als 500 000 Golddukaten – einer für die damalige Zeit unvorstellbar hohen Summe – stachen die Korsaren nach neun Tagen in See.

Aus Schaden klug geworden, ging man endlich daran, die Verteidigung La Palmas zu verbessern. Zumal sich seit der Thronbesteigung König Philipp II. 1556 die Beziehungen zu England, das Ansprüche auf die spanische Krone erhob, merklich verschlechtert hatten. Königin Elizabeth I. förderte die Piraterie und sah sie als willkommene Geldquelle an, um eine Seestreitmacht aufzubauen. Angriffe englischer Korsaren begannen sich nun zu häufen. Eine vorhandene Festung am Hafen von Santa Cruz wurde modernisiert, das Fort Santa Catalina errichtet. Neue Bollwerke im Süden und Norden der Stadt kamen hinzu. Rund um die Insel entstanden Batterien und Geschützstellungen. Wachtposten hielten Tag und Nacht nach Piratenflotten Ausschau. Im Jahre 1585 musste der berüchtigte englische Korsar Francis Drake angesichts der Kanonen vor Santa Cruz unverrichteter Dinge davonsegeln. Ähnlich erging es nach ihm auch holländischen und algerischen Piraten.

Atlas: S. 237

Tipp

Eine namenlose, absolut authentische Bar befindet sich etwa an der Ecke Calle Peréz Volcán/Calle Pedro Poggio. Das fast nur von Einheimischen – bevorzugt um die Mittagszeit – aufgesuchte Lokal bietet eine gute Auswahl an *tapas* (ab 2 €) und Fischgerichten (um 6 €).

tauschen. Im Volksmund heißt die Stelle daher auch *mentidero* (Lügenecke).

Hält man sich durch die schmale Calle Virgen de la Luz Richtung Innenstadt, gelangt man an die Plaza de Santo Domingo, einen autofreien, schattigen Platz, auf dem sich nach Schulschluss die Jugendlichen von Santa Cruz treffen. In den Sommermonaten finden hier abends hin und wieder Popkonzerte oder Folkloreveranstaltungen statt.

Am oberen Rand der Plaza erhebt sich das ehemalige **Dominikanerkloster** 15 (Convento de Santo Domingo de Guzmán), das nach der Säkularisierung 1836 als Kaserne diente und heute eines der beiden städtischen Gymnasien beherbergen.

Die Klosterkirche San Miguel de las Victorias geht auf eine Kapelle zurück, die Alonso Fernández de Lugo kurz nach der Eroberung La Palmas zu Ehren des Inselheiligen Michael hatte erbauen lassen. Um 1530 gründeten Dominikanermönche das Kloster, das ebenso wie die Kirche in den Jahren nach der Brandschatzung durch französische Piraten 1553 neu errichtet wurde. Damals entstand das sehenswerte, eigenartig verzierte Hauptportal der Klosterkirche an der Seitenwand, die der Plaza zugewandt ist. Vermutlich wurde es, wie das Hauptportal der Iglesia El Salvador, unter dem Baumeister Juan de Ezquerra geschaffen. Durch die Rottönung des Natursteins hebt es sich von der weiß getünchten Fassade ab.

Das Innere ist mit vergoldeten Barockaltären und kunstfertig im Mudéjar-Stil geschnitzten Kassettendecken ausgestattet. Der größte Schatz, den die Kirche beherbergt, dürfte die Sammlung von flämischen Tafelbildern sein, die der aus Flandern stammende Händler Luis van de Walle im 16. Jh. zur Ausschmückung seines Privathauses nach La Palma verschiffen ließ. Die Tafelbilder werden dem Maler Pieter Pourbus (1523–84) aus Brügge zugeschrieben. Außerdem besitzt die Kirche eine Darstellung des Abendmahls von Ambrosius Francken (1544–1618).

Die schlichte, meist verschlossene **Ermita de San Sebastián** 16 zwei Straßenzüge weiter birgt eine Statue der hl. Katharina, eine flämische Arbeit, die vermutlich aus dem Umfeld Rogier van der Weydens aus Antwerpen stammt. Nur wenige Schritte sind es von dort ins lebhafte Stadtzentrum, doch kann man auf der Plaza de San Sebastián lange im Schatten blühender Bäume verweilen und die erholsame Stille genießen.

Hafen und Strand

Gegenüber der Plaza de la Constitución erstreckt sich das Hafengelände.

Fährschiffe, Frachter und Kreuzfahrtschiffe legen an der großen Ostmole an. Im Hafenbereich steht das Gebäude des **Jachtklubs** 17 (Club Náutico).

Fischerboote und Jachten liegen an einer neuen Mole am Südrand des Hafens. Außerhalb des Hafens dehnt sich der einzige nennenswerte Strand von Santa Cruz aus, die künstlich angelegte **Playa de Bajamar** 18. Eine Fußgängerpromenade säumt den dunkelsandigen, etwa 500 m langen und sehr gepflegten Strand. Leider beeinträchtigt die unmittelbar dahinter verlaufende Küstenstraße die Ruhe.

Oficina de Turismo: Calle O'Daly 22 (Palacio Salazar), Tel. 922 41 21 06, Mo–Fr 9–13,17–19, Sa 10.30–13 Uhr.
Unidad de Medio Ambiente, Avenida Bajamar 20, Mo–Fr 9–13 Uhr. Wanderkarte der Inselregierung, Campingerlaubnis für verschiedene Zeltgelände.

******Hotel Marítimo*** 19: Avenida Marítima 80, Tel. 922 42 02 22, Fax 922 41 43 02. Modernes Haus mit Dachterrasse an der lebhaften Küstenstraße, relativ zentral. Hier steigen vorwiegend Geschäftsleute ab. DZ 90–100 €. Pauschal buchbar.
*****Hotel Castillete** 20: Avenida Marítima 75, Tel. 922 42 08 40, Fax 922 42 00 67. Aparthotel mit ähnlichem Ambiente wie das benachbarte Marítimo, aber etwas einfacher. Dachterrasse und Pool. Im hauseigenen Restaurant authentische kanarische Küche. DZ 45–50 €.
***Apartamentos La Fuente** 21: Calle Pérez de Brito 49, Tel. 922 41 56 36. Ansprechend restauriertes Stadthaus mit schönem kanarischem Balkon. Zentrale und doch recht ruhige Lage. DZ 30–45 €.
***Pension La Cubana** 22: Calle O'Daly 24.

An der Avenida Marítima

Neben dem Palacio Salazar. Einfache Zimmer in einem hübschen Stadthaus. Zentral in der Fußgängerzone. DZ ca. 30 €.

****Pension Canarias** 23: Calle Cabrera Pinto 27, Tel. 922 41 31 82. Schlichtes Äußeres, aber die ruhige Lage und saubere Zimmer sprechen für das Haus. DZ 25–30 €.

***Pension Arrocha** 24: Calle Pérez de Brito 77. Schlicht, aber praktisch in einem einfachen Stadthaus. Relativ zentral. Für Reisende mit kleinem Geldbeutel ohne große Ansprüche. DZ 20–30 €

La Placeta 25: s. Einkehrtipp S. 77. Hauptgerichte um 10 €.

La Azotea 26: Avenida Marítima s/n (nördl. der Balkonhäuser). In einem restaurierten kanarischen Haus. Tische und Stühle an der Promenade. Das Restaurant befindet sich im ersten Obergeschoss. Gute spanische und internationale Küche. Hauptspeisen um 8 €.

La Lonja 27: Avenida Marítima s/n (nördl. der Balkonhäuser). Der große Innenhof ist im Stil einer Bodega hergerichtet. Einfallsreiche Vorspeisen und Hauptgerichte, etwa die verschiedenen iberischen Bratwurstzubereitungen. Hauptgerichte um 8 €.

Antica Trattoria 28: Calle Pérez de Brito 34. Italienisch speisen in gemütlichem Rahmen. Hauptgerichte ab 7 €.

Canarias 29: Avenida Marítima/Ecke Avenida El Puente. Alteingesessenes kanarisches Restaurant. Großes Angebot an kanarischen und spanischen Gerichten. Gerichte um 7 €.

Alameda 30: An der Plaza de la Alameda. Internationale Küche mit italienischem Touch, gute Pizza. Sitzgelegenheiten an der Plaza. Gerichte 6–10 €.

Negresco 31: Calle Pérez de Brito 47. Gute *tapas* und andere Kleinigkeiten. Für den größeren Hunger auch einige Tellergerichte. Hauptmahlzeiten 6–7 €.

Arepera El Encuentro 32: Calle Pérez de Brito 87/Ecke Plaza de la Alameda. Spezialisiert auf *arepas,* südamerikanische Teigtaschen mit süßer oder deftiger Füllung. Es gibt auch *tapas* und andere kleine Gerichte. Kleinigkeiten ab 2 €.

El Galeón 33: Avenida Marítima 36. Reichhaltiges Angebot an *tapas* und *bocadillos* (belegte Brötchen). Snacks ab 2 €.

Tajurgo 34: Gegenüber der (zurzeit geschlossenen) Markthalle. Viel besuchte Tapas-Bar und **der** Treff in der Innenstadt. *Tapas* ab 2 €.

Artesanía Sanlupe: Calle Pérez de Brito 9. Bunte Auswahl an Souvenirs. Von La Palma stammen u.a. Zigarren und Kulinarisches wie *rapaduras* oder diverse Sorten *mojo*.

Artesanía Chandy: Calle Pérez de Brito 28. Spezialisiert auf Stickerei, nicht alles stammt von La Palma.

Artesanía Fayalina: Calle Pérez de Brito 25. Modeschmuck, Taschen, Schals und viel Tand.

Cosas: Placeta de Borero 2 (mit zweitem Eingang in der Avenida Marítima 40). Geschmackvolle Dekorationsgegenstände, Kerzen, bunte Taschen. Interessante Keramik, darunter sehr viele maritime Formen wie Fische u.a. Ein Highlight unter den Souvenirläden von Santa Cruz.

Chayota: Calle Pérez de Brito 36. Biologische und Naturprodukte, auch Souvenirs wie handgezogene Kerzen in bunt bemalten Gläsern.

Diseno natural: Calle Pérez de Brito. Mode aus Seide und Leinen, geschmackvoller Silberschmuck.

Estanco Vargas: Avenida Marítima 54. In einer nett restaurierten Häuserzeile, die nördlich an die berühmten Balkonhäuser grenzt, befindet sich die alteingesessene Zigarrenwerkstatt. Manuel Vargas, der Firmengründer, stammte aus einer Fischerfamilie. Er drehte Zigarren zunächst nur in

seiner Freizeit, um sich dann 1925 selbstständig zu machen. Inzwischen befindet sich die Firma in der dritten Generation in Familienbesitz. In dem schick eingerichteten Laden werden die Zigarren zum Verkauf präsentiert, doch gearbeitet wird hier meist nicht.
Markt: Während des Umbaus der Markthalle in der Avenida del Puente ist der Markt von Santa Cruz in einem Gebäude in der Avenida de las Nieves 4 (nahe der Barco de la Virgen) untergebracht. Dort gibt es Obst, Gemüse und Käse, Fisch und Fleisch. Das Angebot ist frischer und vielfältiger als sonst auf der Insel, Mo–Do 6–14, Fr 6–14,15.30–18, Sa 6–13 Uhr.

In der Inselhauptstadt spielt sich nicht viel ab. Einheimische und die wenigen Touristen flanieren abends an der Avenida Marítima. Dort trifft man sich in einer der Bars. Für Nachtschwärmer hat Santa Cruz wenig zu bieten. Spätestens bis Mitternacht ist alles vorbei. Nur in den Karnevalstagen und während der Sommerferien steigt die Stimmung.

Das Teatro Chico, Calle Díaz Pimienta 1, beschäftigt zwar kein eigenes Ensemble, aber neben durchreisenden Schauspiel- und Ballettgruppen treten regelmäßig Gruppen der städtischen Theaterschule von Santa Cruz auf und einheimische Orchester geben klassische Konzerte (Karten an der Abendkasse ab 19 Uhr). An Sommerabenden erlebt man **Live-Pop** und **Salsa-Rhythmen,** z. B. von palmerischen Gruppen wie Taburiente oder Eso Es auf der Plaza de Santo Domingo.

Fiesta de la Cruz am 3. Mai: Die Eroberung La Palmas durch die Spanier im Jahre 1493 wird gefeiert. Überall in der Stadt sieht man blumengeschmückte Kreuze.

Fiesta de la Virgen de las Nieves mit der berühmten Bajada, alle fünf Jahre (2005, 2010 usw.) 28. Juni bis 5. August (vgl. S. 90).

Fahrradverleih: Bici Tour La Palma, Camino del Castillo 7, Tel. 922 41 73 51. Verleih von Mountainbikes und geführte Touren.

Busse: Es gibt keine Stadtbusse. Den aktuellen Fahrplan *(horario)* der Überlandlinien erhält man im Büro der Busgesellschaft Transporte del Norte in der Calle Pedro J. de las Casas 3 (nahe Castillo de Santa Catalina), im Fremdenverkehrsamt oder in Reisebüros. Die Endstation für die Busse Richtung Westen und Süden befindet sich an der Plaza de la Constitución. Richtung Norden steigt man an der Avenida Marítima, schräg gegenüber von den Balkonhäusern, zu.
Taxis: Avenida del Puente (gegenüber der alten Markthalle), Tel. 922 41 12 02; Plaza de la Alameda, Tel. 922 41 10 07; Plaza de la Constitución, Tel. 922 41 12 91.

Mirador de la Concepción

La Palma-Atlas: S. 237, D 2
Auf dem Rand des Vulkankegels La Caldereta, der Santa Cruz im Südosten beherrscht, liegt dieser phantastische Aussichtspunkt. Er ist über die Straße nach Los Llanos zu erreichen, von der man in Buenavista rechts Richtung »Maroparque« und gleich darauf wiederum rechts in eine Nebenstraße einbiegt.

Der Blick schweift weit über Santa Cruz, Breña Alta und Breña Baja. Zum Meer hin öffnet sich der Vulkankrater,

Blick vom Mirador de la Concepción auf Santa Cruz

von der Erosion schon halb zerstört. Im Kratergrund entstand eine Neubausiedlung, dahinter sieht man die Hafenanlagen von Santa Cruz. Unweit vom Mirador steht die kleine **Ermita de Nuestra Señora de la Concepción** aus dem 17. Jh.

Las Tres Chimeneas: Buenavista de Arriba 82, oberhalb des alten Flughafens an der Straße nach Los Llanos. Beliebtes Ausflugslokal mit guter kanarischer Küche. Hauptgerichte 7–10 €

Busse: Linien 1, 15 ab Santa Cruz etwa ein- bis zweimal stündl., Linie 1 ab Los Llanos etwa stündl.

Maroparque

La Palma-Atlas: S. 237, D 2

Der kleine Zoo (tägl. 10–18 Uhr, Eintritt ca. 10 €) liegt oberhalb von Santa Cruz, von der Cumbre-Straße aus beschildert. Warum sich der Eingang in einer künstlich geschaffenen Höhle befindet, wird deutlich, wenn man gleich nach Entrichtung des Eintrittspreises Fledermäusen Auge in Auge gegenübersteht.

An der hauseigenen Cafeteria mit schönem Blick auf Santa Cruz vorbei geht es auf gewundenen Pfaden bergab durch die kühn in den Steilhang eines Barrancos gebauten Anlage. Vielfach mussten die Wege über abenteuerliche Holzbrücken geführt werden, um einen Zugang zu den eher in die Höhe als in die Breite gebauten Käfigen zu ermöglichen.

Eine für La Palma erstaunliche Vielzahl von – meist eher kleinen – Tieren wird gezeigt: Kängurus, winzige Affen, Krokodile, Schlangen, Gürteltiere, Präriehunde. Insgesamt sind über 100 Arten vertreten. Besondere Attraktionen sind mehrere Freiflughallen, in denen die unterschiedlichsten tropischen Vogelarten aus der Nähe bewundert werden können.

Maroparque wird auch als Botanischer Garten bezeichnet. In der Tat ist die Anlage in einen tropischen Garten eingebettet, wenn auch eine Beschilderung der Pflanzen fehlt – im Gegensatz zu den Tieren, zu denen auch in deutscher Sprache ausführliche Erläuterungen an den Käfigen angebracht sind.

Las Nieves

La Palma-Atlas: S. 237, D 1
Las Nieves, ein Dorf oberhalb von Santa Cruz mit nur 40 Einwohnern, ist durch das **Real Santuario de Nuestra Señora de las Nieves** (tägl. 8.30 bis 20 Uhr) berühmt, in dem die Schutzpatronin der Insel, die Jungfrau vom Schnee, verehrt wird.

Erste urkundliche Erwähnung fand das Heiligtum, das am Ort einer Marienerscheinung errichtet wurde, schon 1517. Die heutige Wallfahrtskapelle geht auf einen Vorgängerbau von 1525 zurück, der allerdings seither mehrfach erweitert und verschönert wurde. Ab 1649, als sich Dominikanermönche in Las Nieves niederließen und ein Kloster errichteten, hat man die alte, einfache *ermita* als Sakristei und Hauptaltarraum in einen größeren Neubau einbezogen, der 1740 vollendet wurde.

Die Fassade mit einem Glockengiebel von 1672 ist schlicht und fast schmucklos gehalten. Dagegen präsentiert sich das barocke Seitenportal (18. Jh.), eine Stiftung des Grundbesitzers Diego de Guisla y Castilla, als prunkvolle Steinmetzarbeit. Es weist zur Plaza de las Nieves, die von Palisanderbäumen und Araukarien beschattet wird.

Wertvollster Schatz der Wallfahrtskapelle ist die Statue der Jungfrau vom Schnee, die Ende des 14. Jh. in Flandern im Übergangsstil zwischen Romanik und Gotik gefertigt wurde. Vermutlich hat Fernández de Lugo die Terrakottafigur persönlich von Gran Canaria nach La Palma gebracht. Scherzhaft bezeichnen die Einheimischen die Jungfrau als ›reichste Frau der Insel‹, denn sie besitzt zahlreiche Gewänder und ist üppig mit Gold und Edelsteinen behängt – Schenkungen von Gläubigen, denen die Madonna aus Not und Gefahr geholfen haben soll. Die Figur thront auf einem vierstufigen Barockaltar aus massivem Silber. Die erste Stufe wurde 1672 gestiftet, die letzte kam erst 1967 hinzu.

An den Wänden des Gotteshauses zeugen Ölgemälde von den Wundertaten der Jungfrau. Gläubige stifteten sie der Kirche. Von größerem kunsthistorischen Wert sind die Seitenaltäre. Zur Linken steht neben der Taufkapelle der Altar des hl. Michael. Die Heiligenstatue stammt vermutlich aus dem Umfeld des flämischen Künstlers Rogier van der Weydens. Daneben befindet sich eine der bedeutendsten Kreuzigungsgruppen Spaniens (Mitte 16. Jh.), ebenfalls eine Arbeit aus Flandern.

An der rechten Seitenwand stehen der Barockaltar der Nuestra Señora del Buen Viaje (Madonna der guten Reise)

DIE JUNGFRAU VOM SCHNEE

Irgendwann im 4. Jh., in der Nacht vom 4. auf den 5. August, hatte Papst Liberius einen Traum: Die Muttergottes trug ihm auf, dort eine Kirche zu bauen, wo am Morgen frischer Schnee gefallen sei. Und siehe da, mitten im Sommer schneite es auf dem Esquilin, einem der sieben Hügel Roms. Liberius eilte herbei und vollzog selbst den ersten Spatenstich für die Kirche Santa Maria Maggiore, in der man von nun an die Jungfrau vom Schnee anbetete.

Im Spätmittelalter wurde die Legende von der Jungfrau vom Schnee in alle christlichen Länder getragen. So kam sie schon bald nach der Eroberung nach La Palma. Man weihte auf La Palma der Virgen de las Nieves eine Kapelle in der Nähe von Santa Cruz und rief sie bei allerlei Sorgen und Nöten an. 1676 drohte durch eine große Dürreperiode eine Missernte. Um das Unglück abzuwenden, kam der Bischof von Gran Canaria persönlich herbei und ließ in einer Prozession die Jungfrau in die Hauptstadt tragen. In der Tat regnete es kurz darauf.

Um künftigen Dürrezeiten vorzubeugen, ordnete der Bischof an, die *bajada (bajar* – hinabtragen) regelmäßig zu wiederholen. Seit 1680 findet das Fest alle fünf Jahre statt. Aus der schlichten Bittprozession wurde mit der Zeit ein großes Spektakel, das heute Tausende von Besuchern anzieht. Die Feierlichkeiten beginnen Ende Juni mit einem Feuerwerk, Sportwettkämpfen, der Wahl der Festkönigin, Preisverleihungen und viel Musik. Berühmt ist die Danza de Enanos (Zwergentanz), bei der Männer – mit riesigen Pappmachéköpfen als Zwerge verkleidet – durch die Straßen tanzen.

Höhepunkt der Feier ist die eigentliche *bajada* geblieben. Mitte Juli wird die Madonna nach Santa Cruz getragen und in die Iglesia de la Encarnación gebracht. Am nächsten Tag zelebriert man den »Dialog zwischen Schiff und Festung«. Das Schiff mit der Jungfrau (Barco de la Virgen) nähert sich der Festung (Castillo de la Virgen). Diese will die vermeintlichen Angreifer zurückschlagen. Doch das Schiff, so stellt sich heraus, gehört der siegreichen Himmelsgöttin. Die Festung gibt den Widerstand auf und salutiert der Madonna mit Kanonenschüssen. Die Prozession endet an der Iglesia El Salvador, wo die Jungfrau bis Maria Schnee (5. August) verweilt. Dann wird sie nach Las Nieves zurückgebracht.

Schon Monate vor dem Fest sind Flüge und Unterkünfte ausgebucht. Emigrierte Palmeros nehmen das Ereignis zum Anlass, ihre Familien zu besuchen. Unter der Hand wird die *bajada* immer noch als Heiratsmarkt betrachtet. Es war früher üblich, dass junge Auswanderer aus Übersee anreisten, um hier die Frau fürs Leben zu finden. Für die Mädchen von der Insel gab es nichts Erstrebenswerteres, als einen ›reichen‹ Emigranten zu angeln. Zwar putzen Eltern ihre heiratsfähigen Töchter noch immer für den großen Blumenkorso zum Abschluss der *bajada* heraus, doch hat sich vieles geändert: Mit dem Heiraten haben es die jungen Frauen heute nicht mehr so eilig.

– die Madonnenfigur hält ein Schiff in der Hand – und der Altar der Virgen de la Rosa (Jungfrau der Rose). Die holzgeschnitzte Mudéjar-Decke im Kirchenschiff ist mit Ornamenten bemalt (Mitte 17. Jh.).

Rund um die Plaza de las Nieves gruppieren sich die ehemaligen Klostergebäude. Die **Casa de Romeros** gegenüber der *ermita* diente früher als Pilgerherberge und beherbergte die Casa de Ejercicios (Exerzitiengebäude). In einem Nebentrakt zur Rechten war die Casa Rectoral (Rektoratsgebäude) untergebracht.

Apartamentos Chipi-Chipi: Im Ortsteil Velhoco, an der Straße zwischen Las Nieves und der Cumbre-Straße, Tel. 922 41 10 24, Fax 922 41 66 55. Einsam gelegene Apartments, schöner Blick. Ein Mietwagen ist empfehlenswert. DZ ca. 25 €.

Chipi-Chipi: Bei den gleichnamigen Apartments (s. o.). Beliebtes Ausflugslokal mit Gartenterrasse. Grillspezialitäten. Hier treten regelmäßig Folkloregruppen auf. Speisen ab 7 €.
Las Nieves: Plaza de las Nieves. Typisch palmerisches Ausflugslokal. Hauptgerichte ab 7 €.

Fiesta de la Virgen de las Nieves mit Bajada de la Virgen, um den 5. Aug., alle fünf Jahre (vgl. S. 90).

Busse: Linie 15 ab Santa Cruz etwa alle 1–2 Std.

Im Real Santuario de las Nieves wird die Schutzpatronin der Insel verehrt

Tipp

Nördlich von Puntallana liegt mit der **Playa Nogales** einer der schönsten Strände La Palmas. Man sollte ihn vormittags besuchen, denn schon am frühen Nachmittag wirft die hohe Felswand hinter dem Strand Schatten auf den besonders feinen Sand. Die Anfahrt ist von der Bar Halley im Ortszentrum von Puntallana an ausgeschildert. Vom Straßenende muss man noch gute 15 Minuten zu Fuß auf einem steilen Treppenweg hinab zur Playa zurücklegen. Achtung: Bei heftigem Seegang kann das Baden hier gefährlich sein!

Urwald hinein. Unablässig tropft Wasser von den steilen Felswänden. Den Talgrund beschatten verschiedene, von Lianen umschlungene Lorbeerbaumarten und die riesigen Wedel des Wurzelnden Kettenfarns, des größten wild lebenden Farns der Kanarischen Inseln.

Nach etwa 40 Minuten gabelt sich der Weg. Links gelangt man nach weiteren 5 Minuten zum **Cubo de la Galga,** einem Talschluss, in den sich ein Wasserfall ergießt – ein seltener Anblick auf La Palma. Hier feiern die Bewohner des Ortes am 24. August das Fest des hl. Bartholomäus. Den ganzen Tag verbringen sie beim Picknick in dem schattigen Talkessel.

La Casona: Lomo Piñero 29, am Naturpark La Galga. 16 Plätze für Gruppen; Buchung über Turismo Rural, s. S. 214.

Casa Asterio: An der Hauptstraße. Typisches Lokal mit solider einheimischer Küche. Hauptmahlzeiten um 6 €.

Busse: Linie 16 ab Santa Cruz drei- bis neunmal tägl.

Los Tilos

La Palma-Atlas: S. 233, C 2

Die größten Bestände des ursprünglichen Lorbeerwaldes der Insel befinden sich oberhalb von Los Sauces im Gebiet von Los Tilos (auch: Los Tiles). Schluchten und Bergrücken sind von urwaldartiger, beinahe undurchdringlicher Vegetation überzogen. Überall rieselt Wasser aus kleinen Quellen in den Felswänden oder es tropft von den Bäumen. Im Sommer, wenn es an der Küste recht heiß werden kann, spendet der Lorbeerwald angenehme Kühle.

Los Tilos ist Ausgangspunkt für mehrere schöne Wanderungen (s. u.), die vor allem botanisch Interessierte begeistern werden. Festes Schuhwerk und Regenschutz sind unbedingt erforderlich!

Um nach Los Tilos zu kommen, zweigt man im Barranco del Agua, etwa 1 km südlich von Los Sauces, von der Hauptstraße nach Santa Cruz ab. Man passiert zunächst das Wasserkraftwerk El Mulato, das den Nordosten der Insel mit Strom versorgt. Dann kommt man an einem Parkplatz vorbei, an dem die Wanderung zum **Mirador Espigón Atravesado** beginnt (s. u.).

Die Straße quert den Talgrund des Barranco del Agua und endet am Centro de Visitantes Los Tiles, wo es nochmals Parkmöglichkeiten gibt. Das **Besucherzentrum des Biosphären-**

STINKLORBEER & CO.

Linde (span. *tilo)* – so nannten die *conquistadores* den Stinklorbeer aufgrund seines weichen Holzes. Er war namengebend für das Waldgebiet von Los Tilos im Nordosten der Insel. Dort ist der stattliche Baum noch recht häufig zu sehen. Seine deutsche Bezeichnung verdankt er der Tatsache, dass dem frisch geschlagenen Holz ein unangenehmer Geruch entströmt. Der Stinklorbeer ist der Charakterbaum von Los Tilos.

Der Lorbeerwald ist ein vom Aussterben bedrohtes Relikt aus der Tertiärzeit, das Biologen gern unter vollständigen Schutz stellen würden. Vor einigen Millionen Jahren war dieser Waldtypus in Süd- und Westeuropa noch weit verbreitet. Während der Eiszeiten starb er dort bis auf geringfügige Reste – die man im Süden der Iberischen Halbinsel findet – aus. Auf den Inseln im angrenzenden Atlantik blieb das Klima mild. So konnte der Lorbeerwald auf den Kanarischen Inseln, Madeira und den Azoren überleben.

Heute befindet sich der Lorbeerwald nirgendwo in so gutem Zustand wie im Nordosten La Palmas. Aus diesem Grund wies die UNESCO 1983 im Rahmen des Programms Man and Biosphere das Biosphärenreservat El Canal y Los Tilos aus. 1998 wurde das ursprünglich 511 ha große Gebiet auf 13 000 ha erweitert, auf denen man die Auswirkungen menschlicher Eingriffe in die Natur wissenschaftlich untersuchen will. Schwierigkeiten gibt es zur Genüge.

Zwar stellte die kanarische Regierung ausgedehnte Waldflächen im Nordosten La Palmas einschließlich des UNESCO-Reservats im **Naturpark Monte de Los Sauces y Puntallana** unter Schutz. Dies bedeutet allerdings keine absolute Sicherheit vor schädlichen Eingriffen. Holzeinschlag und Ziegenhaltung, die bis zum Ende der 70er Jahre des 20. Jh. der Vegetation schwer zusetzten, sind zwar im Naturpark verboten. Doch die Grenzen des Parks sind im Gelände nicht gekennzeichnet.

Das Hauptproblem dürfte aber die fortschreitende Austrocknung sein. Oberhalb von Los Tilos, im Gebiet Marcos y Cordero, sprudeln zahlreiche Quellen. Erst zu Beginn des 20. Jh. wurde diese Reserve zu Bewässerungszwecken angezapft. Ein zweiter Kanal kam in den 50er Jahren des 20. Jh. hinzu. Seither führt der Barranco del Agua, der Kernbereich von Los Tilos, nur noch nach starken winterlichen Regenfällen Wasser.

Vor allem jedoch musste man feststellen, dass die Quellen von Marcos y Cordero allmählich versiegen. Das Kraftwerk El Mulato, dessen Turbinen mit dem Wasser des Kanals angetrieben werden, liefert kaum noch Strom. Von 1955 bis heute ging der Wasserdurchfluss am Kraftwerk von 5 Mio. m^3 auf weniger als 1,5 Mio m^3 zurück. Welche Folgen die Erschöpfung der Grundwasserreserven für den Lorbeerwald haben wird, vermag die Wissenschaft bislang noch nicht abzuschätzen.

Atlas: S. 233

reservats (Nov.–Juni tägl. 8.30–14, 14.30–17, Juli–Okt. tägl. 8.30–14, 14.30–18.30 Uhr) informiert anhand von Schautafeln über Flora, Fauna und Geologie des Gebietes von Los Tilos sowie über die Auswirkungen menschlicher Eingriffe in das Biotop Lorbeerwald. Die Beschriftung erfolgte ausschließlich auf Spanisch. Doch wird an der Rezeption eine englische Fassung der Texte ausgehändigt.

Wanderung zum Mirador de las Babandas

Ausgangspunkt ist die Wendeschleife hinter dem Besucherzentrum. Ein schmaler Pfad führt in steilen Serpentinen durch dichten Lorbeerwald bergauf. Nach etwa 50 Minuten ist der Mirador de las Babandas erklommen, von dem sich ein sehr schöner Blick über das Waldgebiet von Los Tilos und bis nach Los Sauces bietet. Dort kann man umkehren oder in etwa anderthalb Stunden auf einer Piste nach Los Sauces hinunterwandern.

Tipp

Der Hauptweg führt vom Mirador Espigón Atravesado talaufwärts zur Cordero-Quelle und weiter an einem Wasserkanal entlang zur Marcos-Quelle. Hin und zurück sind für diese sehr anstrengende Tour ab Los Tilos etwa 7,5 Stunden Gehzeit zu rechnen, wobei knapp 1000 m Höhenunterschied überwunden werden.

Abenteuerwanderung in den Barranco del Agua

In der Kurve vor dem Restaurant Casa Demetrio in Los Sauces steigt man an einem Wasserbehälter vorbei in den Barranco del Agua hinunter und hält sich dann, dem dicht bewachsenen Bachbett folgend, bergauf. Drei niedrige Felsstufen und eine höhere müssen kletternd überwunden werden, der Weg ist daher ein wenig abenteuerlich. In einem halbrunden Talkessel ist vor einer etwa 20 m hohen Steilstufe nach rund 45 Minuten die Tour zu Ende, man muss zum Ausgangspunkt zurückkehren.

Wanderung zum Mirador Espigón Atravesado

Rund 500 m vor dem Besucherzentrum, dort, wo die Straße ihren höchsten Punkt erreicht, zweigt bei einem Holzschild, das auf die Reserva de la Biosfera hinweist, ein breiter, durch eine Kette abgesperrter Forstweg ab. Er führt am Rand des Barranco del Agua langsam, aber stetig bergan.

Nach 5 Minuten wird ein Tunnel passiert, kurz darauf kommt man an einer kleinen Baumschule der Forstverwaltung vorbei. Dan verläuft der Weg durch kleine Gruppen des imposanten Stinklorbeers. In Serpentinen geht es weiter bergauf. Nach etwa einer Stunde Gehzeit zweigt links im spitzen Winkel ein Treppenweg ab, der auf einem schmalen Felsgrat (durch Geländer gesichert) nach weiteren 5 Minuten zu dem kühn erbauten **Mirador Espigón Atravesado** führt. Am Aussichtspunkt befindet sich eine kleine Wettermessstation. Bei gutem Wetter überblickt man einen großen Teil des Lorbeerwalds von Los Tilos.

Casa Demetrio: Unterhalb des Besucherzentrums. An heißen Tagen schattige Terrasse. Wenn es kühl und feucht ist, wird der große Kamin befeuert. Kanarische Küche. Gerichte ab 7 €.

Busse: Linie 16 ab Santa Cruz drei- bis neunmal tägl. bis zur Abzweigung im Barranco del Agua, dann etwa 3 km zu Fuß.

Los Sauces

La Palma-Atlas: S. 233, D 2
Los Sauces ist wirtschaftlicher Mittelpunkt des Nordostens und Nordens. Wie kaum ein anderer Ort auf La Palma vermittelt Los Sauces Besuchern den Eindruck einer ›typischen spanischen‹ Kleinstadt. Touristen kommen nur selten hierher. Die belebte Durchgangsstraße, an der sich Geschäfte und Kneipen reihen, teilt nicht nur das Ortszentrum in zwei Hälften, sondern führt auch mitten durch die weitläufige **Plaza del Ayuntamiento** (Rathausplatz). Während die untere Hälfte des Platzes recht nüchtern gestaltet ist, schmücken Blumen und Bäume den oberen, ruhigeren Teil.

Wie die Namensgebung bereits verrät, müssen bei Los Sauces zur Zeit der Conquista viele Weiden (span. *sauces*) gestanden zu haben. Alonso Fernández de Lugo (vgl. S. 30) erkannte sogleich den Wert des wasserreichen Gebiets und sicherte sich die Rechte auf

Tipp

In der Bar Roma an der Hauptstraße, zwischen den beiden Teilen der zentralen Plaza von Los Sauces trifft man sich. Man sitzt im Freien unter Magnolien, genießt den Blick auf die imposante Kirche und schaut dem Kommen und Gehen zu. Zu essen gibt es zwar nur einfache Snacks, aber für einen Kaffee oder ein kühles Bier ist das Lokal allemal gut.

die Ländereien und das Wasser. Er ließ ein erstes Bewässerungssystem anlegen und eine Zuckermühle errichten. Zuckerrohr wird heute nur noch in geringem Umfang angebaut. Stattdessen dehnen sich rund um Los Sauces Bananenplantagen aus.

Die Pfarrkirche

Die Pfarrkirche **Nuestra Señora de Montserrat** an der Plaza wurde schon wenige Jahre nach der Eroberung von dem aus Katalonien stammenden Grundbesitzer Marcos de Montserrat gestiftet, der sie der Jungfrau von Montserrat (Montserrat ist eine bedeutende Wallfahrtsstätte bei Barcelona) weihen ließ. Der heutige, über die Jahrhunderte immer wieder veränderte Bau ist eine der größten Kirchen La Palmas. Der eckige, von einer kupfergedeckten Kuppel gekrönte Turm wurde seitlich an die drei Schiffe angebaut.

Den Innenraum hat man 1960 renoviert. Schön ist die schlichte Kiefern-

Atlas: S. 233

Die Pfarrkirche Nuestra Señora de Monserrat in Los Sauces

holzdecke. Rund um den Innenraum läuft ein gemaltes Spruchband mit einem Verszitat, das sich auf die Schutzpatronin bezieht. Sehenswert ist die Statue der Jungfrau von Montserrat im Hauptaltar, eine spanische Arbeit aus dem 16. Jh., die flämischen Vorbildern folgt. Der linke Seitenaltar birgt eine recht wertvolle Skulptur der Virgen de la Piedad (Jungfrau der Barmherzigkeit, Mitte 16. Jh.) aus Flandern.

Rechts neben dem Eingang, in der Taufkapelle, befindet sich die kunsthistorisch bedeutende »Katalonische Tafel«, ein großes Ölgemälde, das die Jungfrau auf dem Berg Montserrat darstellt. Das Bild, das dem flämischen Meister Pieter Pourbus (1523–84) zugeschrieben wird, wurde offenbar von dem Flamen Tomás Van de Walle de Cervellón nach La Palma gebracht, dem ab 1588 die Zuckermühle von Los Sauces gehörte. Da die Taufkapelle meist verschlossen ist, kann man das Gemälde nur durch ein Gitter betrachten.

El Regente

El Regente ist eine ehemalige **Wassermühle** (Molino Hidráulico), die zu einem kleinen Museum ausgebaut wurde (Mo–Fr 12–17 Uhr). Man hält sich am Nordrand der Plaza, am Rathaus vorbei, die Calle Los Molinos aufwärts. Ein Schild Richtung El Molino Regente ist etwas verwirrend am Südrand der Plaza angebracht. Es lohnt sich hinaufzufahren, denn zu Fuß erweist sich der Weg durch die steil aufwärts führende schmale Straße als recht anstrengend.

Die Wassermühle wurde 1873 errichtet, um Getreide zu mahlen. Heute beherbergt sie eine völkerkundliche, der Produktion von *gofio* (vgl. S. 51) gewidmete Sammlung. Zugleich ist sie ein Zentrum für Touristeninformation und den Verkauf von Kunsthandwerk.

Oberhalb des alten, restaurierten Mühlengebäudes befindet sich eine kleine Plaza mit Bänken, von wo man auf einer Metalltreppe den Aquädukt besteigen kann, der früher Wasser zur Mühle führte. Von oben hat man einen weiten Blick über Los Sauces und das umliegende Bananenanbaugebiet.

Aussichtsbalkons

Ein **Mirador** mit Blick in den tiefen Barranco del Agua liegt an der Hauptstraße in Richtung Santa Cruz. Einen zweiten Aussichtspunkt findet man am nördlichen Ortsrand, etwas oberhalb der Durchgangsstraße. Man blickt bis zum Leuchtturm an der Punta Cumplida, der Nordostspitze La Palmas.

El Molino Regente (s. o.): Calle Los Molinos 33, Tel. 922 45 15 54 oder 922 45 17 27, Mo–Fr 12–17 Uhr.

***Pension El Drago:** An der Hauptstraße Haus Nr. 36, am Ortseingang von Santa Cruz kommend, Tel. 922 45 03 50. Recht großes, gepflegtes Haus. Alle Zimmer ohne Balkon. Im Erdgeschoss gibt es eine Bar, in der man frühstücken kann. DZ etwa 30 €.

El Canal: An der Hauptstraße Richtung Barlovento. Kanarische Küche, aber auch Pizza. Angenehmes, gemütliches Ambiente. Pizza ab 5 €, Hauptgerichte 5-9 €.

Kunsthandwerk: In der Artesanía Sanlupe am Südrand der oberen Plaza findet man bunt gemischte Souvenirs. Es gibt auch eine recht gut sortierte Weinecke. Dort darf man auch probieren.

Busse: Linie 16 ab Santa Cruz drei- bis neunmal tägl.
Taxi: Parque Antonio Herrera, Südrand der oberen Plaza, Tel. 922 45 09 28.

Puerto Espíndola

La Palma-Atlas: S. 233, D/E 2
Unterhalb von Los Sauces am Meer liegt der kleine Fischerhafen Puerto Espíndola. Neben Santa Cruz und Puerto de Tazacorte ist er der einzige nennenswerte Hafen der Insel. Weil die große Mole nie fertig gestellt wurde, gilt er nicht als sturmsicher. Bei rauer See hebt man die Boote mit einem Kran an Land. Der kleine Strand nahebei ist steinig und zum Baden kaum geeignet.

Es gibt am Puerto Espíndola keinen eigentlichen Ort, wohl aber eine Kneipe, ein paar Bananenpackereien und eine Rumbrennerei, die das wenige Zuckerrohr verarbeitet, das noch bei Los Sauces und Barlovento angebaut wird. Die Fabrik steht an der Straße Richtung San Andrés noch vor der Abzweigung zum Charco Azul (s. u.). Produziert wird nur in den zwei bis drei Monaten nach der im März erfolgenden Ernte. Dann kann man die Destillerie besichtigen, den Rum probieren und auch kaufen (So geschl.).

Mesón del Mar: Am Hafen. Inselweit bekannt für fangfrischen Fisch.

BANANENEXPORT

Besuch in einer Bananenpackerei: Vier kräftige Männer packen unentwegt *plátanos* – wie man die Bananen auf den Kanaren nennt – in große Kartons. Ein Lächeln, ein freundlicher Wink bedeuten, man möge näher treten. Nur selten verirren sich Fremde hierher, obwohl das Fischlokal unten am Puerto de Espíndola und der nahe Charco Azul viel besuchte Attraktionen sind. Mit ein paar Brocken Spanisch kommt man leicht ins Gespräch. Nein, verschifft wird von Puerto de Espíndola schon lange nicht mehr. Heute werden die Kisten in Lastwagen zum Hafen von Santa Cruz gefahren. Probleme gäbe es, sagen die Männer, man stehe kurz vor dem Ruin. Ende des 19. Jh., als die Inselwirtschaft in einer tiefen Krise steckte, ja, da waren Bananen die Rettung.

Im Jahre 1896 legte Antonio Herrera Rodríguez in Los Sauces die erste, nur 100 m^2 große Bananenplantage an. Noch im selben Jahr folgten andere seinem Beispiel. Englische Firmen, allen voran Elder & Fyffes, pachteten riesige Ländereien im Nordosten sowie im Aridane-Tal, terrassierten die Hänge, verbesserten das Bewässerungssystem und pflanzten Bananen. Auch für den Absatz sorgten englische Firmen, die ihr Mutterland belieferten.

Doch schon bald gab es Rückschläge. Die beiden Weltkriege, Weltwirtschaftskrise und der spanische Bürgerkrieg brachten enorme Einbußen. In den 50er Jahren des 20. Jh. eroberten dann innerhalb weniger Jahre billige lateinamerikanische ›Dollarbananen‹ die europäischen Märkte. Die Engländer verloren das Interesse. Palmeros, die in Venezuela Geld verdient hatten, traten an ihre Stelle, ohne zu merken, dass der Zug schon abgefahren war. Der Bananenanbau wurde immer unrentabler, doch Subventionen sicherten noch den spanischen Markt. 1972 erließ die Franco-Regierung ein Importverbot für ausländische Bananen.

Schuld an der heutigen Absatzkrise sei die Europäische Union, meinen die Bananenpacker. Seitdem es den Binnenmarkt gibt, können die ›Dollarbananen‹ über andere EU-Staaten ungehindert nach Spanien gelangen. Der kanarische Bananenanbau überlebt heute nur noch dank großzügiger Subventionen aus Brüssel. Die dünnschalige, fleckige Zwergbanane, die traditionell hier angebaut wird, ist allerdings nur schwer zu vermarkten. Viele Plantagenbesitzer gehen dazu über, sie durch die größere, festere Sorte Giant Cavendish zu ersetzen. Letztere gedeiht jedoch nur unter Plastikplanen.

Auch neue Sorten werden nichts daran ändern, dass ein kanarischer Arbeiter wesentlich mehr Lohn verlangt als sein Kollege in Lateinamerika. Lange Zeit war es erklärtes Ziel der Politiker, die palmerische Wirtschaft nicht allein vom Tourismus abhängig zu machen. Doch setzt sich immer mehr die Erkenntnis durch, dass der Bananenexport keine Zukunft hat. Die Bananenpacker von Puerto de Espíndola allerdings wollen nichts davon wissen. Gut gelaunt reichen sie Besuchern zum Abschied einige goldgelbe *plátanos*.

Im kanarischen Stil eingerichtet. Hauptspeisen 6–9 €.

Busse: Linie 18, ab Los Sauces, drei- bis fünfmal tägl.

San Andrés

La Palma-Atlas: S. 233, E 2
San Andrés ist eine beschauliche Kleinstadt mit viel Atmosphäre. Hierher kommen Touristen gern, um auf der Plaza zu speisen oder einen Drink zu nehmen. Am Wochenende gesellen sich einheimische Familien hinzu. Eine Attraktion für Badefreunde sind die nahen **Naturschwimmbecken des Charco Azul.** Wer mag, kann sich in San Andrés in einfachen Pensionen einquartieren und hat dann den malerischen Ort nach Sonnenuntergang fast für sich.

Schon 1507 erhielt San Andrés die Stadtrechte. Es war neben Santa Cruz der einzige Ort, der Stadtschreiber beschäftigen durfte. Doch sollte sich die Lage am Meer für San Andrés bald als Nachteil erweisen. Der höher gelegene Nachbarort Los Sauces, mit dem San Andrés eine Gemeinde bildet, errang schon nach wenigen Jahrzehnten die wirtschaftliche Vormachtstellung im Nordosten. Los Sauces verfügte über Wasser aus den angrenzenden Bergen, das es ermöglichte, das lukrative Zuckerrohr anzubauen. In San Andrés musste man sich lange Zeit mit dem weniger lohnenden Getreideanbau begnügen. Erst mit einem verbesserten Bewässerungssystem konnte man im 20. Jh. Bananen in den küstennahen Regionen anbauen. Doch nach wie vor führt San Andrés abseits der Hauptstraße ein ruhiges Dasein.

Plaza und Kirche

Mittelpunkt des Ortes ist die weitläufige, palmenbestandene **Plaza de San Andrés.** Den sorgfältig mit Blumenrabatten bepflanzten Platz ziert ein Brunnen. Typische kanarische Häuser – einige schmücken schöne Holzbalkone – säumen die Plaza. Ein Straßencafé lädt zur Rast ein. Die **Pfarrkirche San Andrés Apóstol** aus dem 16./17. Jh. wurde zum Schutz gegen Piratenüberfälle als Wehrkirche angelegt. Von außen wirkt der Bau mit dem wuchtigen, seitlich angebrachten Turm und den naturbelassenen Kantensteinen sehr schlicht.

Die Kirche wurde auf dem Grundriss eines lateinischen Kreuzes erbaut. Seitenkapellen rechts und links des Altarraums täuschen ein Querschiff vor. Im Chor erhebt sich der barocke Hauptaltar von 1790 mit der Figur des Schutzheiligen. Die Altäre der Seitenkapellen bergen Figuren der Virgen de la Victoria und der Virgen del Rosario, beides flämische Arbeiten aus dem 17. Jh. Sehr kunstvoll gearbeitet ist die hölzerne Mudéjar-Decke.

Am Meer

Von der Plaza ist es nicht weit zum Meer: Dort steht ein gut erhaltener Kalkofen. Da La Palma keine eigenen Kalkvorkommen besitzt, wurde bis vor wenigen Jahrzehnten Kalk aus Fuerteventura per Schiff nach San Andrés ge-

bracht und dort gebrannt, um als Mörtel und Dünger Verwendung zu finden. Im winzigen Hafen setzte man früher bei ruhiger See die Fischerboote mit Hilfe eines Krans zu Wasser. Heute begegnet man hier Sportfischern und einigen sonnenhungrigen Badegästen, die über eine Treppe ins Meer gelangen können. Doch ist wegen der bisweilen starken Brandung Vorsicht geboten.

Charco Azul

Ein Fußweg führt am Meer entlang von San Andrés zum Charco Azul. Im Winter kommt es bei Flut häufig vor, dass der Weg nicht begehbar ist. Leichter ist der Badeplatz über die Straße nach Puerto de Espíndola zu erreichen, von der hinter der Ruine eines Kalkofens, an einer Bananenpackerei, rechter Hand Stufen zur Küste hinunterführen.

Am Charco Azul gibt es mehrere von der Brandung in den Fels genagte Naturschwimmbecken, die zu einem Badeplatz mit Liegeflächen, Umkleidekabinen und Duschen ausgebaut wurden. Im Sommer erfreut sich der Platz großer Beliebtheit, denn er bietet eine der wenigen Bademöglichkeiten im

Blick auf San Andrés

Nordosten. Wenn hohe Wellen in die Becken hineinbrechen, was vor allem im Winter manchmal der Fall ist, sollte man auf das Badevergnügen aus Sicherheitsgründen verzichten.

Apartamentos San Andrés: Plaza de San Andrés 12, Tel. 922 45 16 24. An der Plaza vor der Kirche. Große Apartments, ruhig. DZ 30 €.
***Martín:** Calle San Sebastían 4, an der Hauptstraße. Nette, schlichte Zimmer. Teils mit Balkon. DZ ca. 25 €.
Las Lonjas: An der Hauptstraße. Einfache, kleine Zimmer. Wenn man im Erdgeschoss wohnt, hockt man eigentlich auf der Straße. Nichts Tolles, aber praktisch für den kleinen Geldbeutel. DZ ca. 20 €.

San Andrés: Am Kirchplatz. Bei Einheimischen wie Touristen beliebtes Lokal mit Tischen auf der Plaza. Fisch- und Hauptgerichte ab 7 €.
Miami: An der Durchgangsstraße. Schöne Terrasse mit Blick auf die Plaza vor der Kirche. Große Auswahl an sehr guten *tapas*, auch andere kleine Gerichte. Kleinigkeiten ab 3 €.

Busse: Linie 18 ab Los Sauces drei- bis fünfmal tägl.

Der Südosten und der Süden

Llano del Jable

Atlas S. 237, 239

DER SÜDOSTEN

Auf der ›grünen‹ Seite La Palmas liegt mit Los Cancajos der größte Ferienort. Die Bauernorte Breña Alta und Breña Baja mit prächtigen Gärten und den berühmten Zwillingsdrachenbäumen sind einen Besuch wert. In Villa de Mazo kan man eine Töpferwerkstatt, eine Kunsthandwerksschule und ein Stickereimuseum besichtigen. Eine der bedeutendsten prähistorischen Stätten La Palmas ist die rätselhafte Wohnhöhle Cueva de Belmaco.

Los Cancajos

La Palma-Atlas: S. 237, E 2
Mit etwa 2000 Gästebetten, die sich auf mehrere große Hotel- und Apartmentanlagen verteilen, ist Los Cancajos das größte Ferienzentrum La Palmas. Es wurde auf dem Reißbrett entworfen, einen alten Ortskern gibt es nicht. Daher mangelt es dem Urlaubsort ein wenig an Atmosphäre. Doch hat Los Cancajos durchaus auch seine guten Seiten. Eine autofreie Uferpromenade lädt zum Spaziergang ein. Ort und Strand gelten als familienfreundlich.

So etwas wie der Mittelpunkt von Los Cancajos ist das moderne Einkaufszentrum **Centrocancajos.** Dort endet die in den Ort führende Hauptstraße an einem großen Parkplatz. Im Centrocancajos gibt es mehrere Geschäfte, auch wenn viele Ladenlokale nach wie vor leer stehen. Vor allem aber befinden sich in dem Komplex die meisten Kneipen und Restaurants des Ortes.

Gleich angrenzend, am Nordrand von Los Cancajos, liegen zwei sandige künstlich geschaffene **Badebuchten,** was man ihnen aber nicht ansieht. Über jede Bucht wacht auf einem originellen, hölzernen Turm ein Posten. Die Strandzone ist sehr gepflegt, mit Duschen, Abfallkörben, Liegestuhlverleih und einem kleinen Spielplatz. Beide Strandbuchten sind durch einen Treppenweg miteinander verbunden.

Der Weg setzt sich bis zu einer hoch über der Küste verlaufenden, wenig befahrenen Straße hin fort, an der eine Aussichtspromenade für Fußgänger entlanggeführt wurde. Auf dieser gelangt man bald zu einem schönen **Mirador** (etwa 10 Min. ab Los Cancajos) mit Blick über Los Cancajos und die angrenzende Strandzone. Folgt man hingegen dem Treppenweg über die Straße hinweg weiter aufwärts, so erreicht man wenig später die Hauptstraße, die Santa Cruz mit dem Flughafen verbindet. Dort befindet sich eine Bushaltestelle.

Eine breite Fußgängerpromenade zieht sich vom Centrocancajos Richtung Süden, vor dem Ferienort entlang. Man passiert ein ehemaliges Salinengelände, wo man früher Salz aus Meerwasser gewann. Vor ein paar Jahren wurden die Salinenbecken restauriert. Das Gelände, das nicht betreten werden darf, verwildert allmählich wieder. Man kann links daneben einen breiten Treppenweg hinaufgehen und von dort hineinschauen, sollte aber nicht der Versuchung erliegen, über die Mauer zu steigen, da es sich um Privatgelände handelt.

******Hotel H10 Taburiente Playa:** Tel. 922 18 12 77, Fax 922 18 12 85, www.h10.es. Modernes Komforthotel am Meer. Die Eingangshalle ist mit exotischen Pflanzen und einem Wasserfall dekoriert. Große Aufenthaltsräume und Speisesaal. Das Frühstücks- und Abendbuffet ist reichhaltig. Fitness-Raum, Sauna, Tennis, Massage. Pauschal buchbar. DZ 110–150 €.

*****Apartamentos H10 Costa Salinas:** Tel. 922 43 43 48, Fax 922 43 45 10, www.h10.es. Gehobener Standard. Gut geeignet für Familien mit Kindern. Die Sporteinrichtungen des Hotels H10 Taburiente Playa können mitbenutzt werden. Pauschal buchbar. DZ 80–120 €.

*****Aparthotel Hacienda San Jorge:** Playa de los Cancajos 22, Tel. 922 18 10 66, Fax 922 43 45 28. Architektonisch sehr gelungene Anlage. Pastellfarbene Häuser im kanarischen Stil gruppieren sich um einen großen Garten mit Pool. Die Apartments sind groß und ansprechend eingerichtet. Einige haben eine große Terrasse mit Blick auf Meer und Garten. Sauna und Fitnessraum. Pauschal buchbar. DZ 80–120 €.

Die geschützte Badebucht von Los Cancajos

Tipp

Bei **La Palma Aktiv** in der Apartmentanlage Lago Azul gibt es zahlreiche Informationsangebote in deutscher Sprache. Dort werden auch Reise- und Wanderführer sowie Souvenirs wie moderne Keramik verkauft. Strelitzien kann man zum Mitnehmen im Fluggepäck für den Abflugtag vorbestellen. Große Auswahl an Naturkosmetik.

****Apartamentos Lago Azul:** Tel. 922 43 51 28, Fax 922 18 10 67. An der Küstenpromenade, vom Strand allerdings recht weit entfernt. Die Apartments reihen sich um einen großzügigen künstlichen Badesee. Freundlich eingerichtet. Pauschal buchbar. Unter der selben Leitung steht die angrenzende, nicht am Meer gelegene, ansonsten aber vergleichbare Apartmentanlage La Cascada. Pauschal buchbar. DZ ca. 50 €.

La Habaña: Bei der Apartmentanlage La Cascada. Sehr gute internationale Küche. Mahlzeiten ab 8 €.
Las Salinas: Beim Apartmentkomplex Lago Azul. Sehr gute spanische Küche in angenehmem Ambiente. Gerichte 7-10 €.
Sadi: An der Straße zu den Apartments Lago Azul: Einfallsreiche Speisen, mediterran angehaucht, gehobenes Niveau. Hauptspeisen um 7–8 €.
La Fontana: In einer Seitenstraße hinter dem Aparthotel Hacienda San Jorge. Sehr gute spanische Gerichte, aber auch Pizza. Gute Mischung aus internationaler, spanischer und italienischer Küche. Die große Terrasse ist wie ein Wintergarten angelegt. Hauptgerichte 7–10 €, Pizza ab 5 €.
Mesón Canario: Im Centrocancajos. Spanische und kanarische Küche international angehaucht. Hauptmahlzeiten ab 7 €.
Tiuna: Unterhalb des Centrocancajos, an der Uferpromenade. Die Bar ist allgemeiner Treffpunkt. Der Speiseraum des Restaurants hat Panoramafenster, so dass man auch bei kühlerem Wetter gemütlich sitzt, als wäre man im Freien. Gute spanische und kanarische Küche. Gerichte um 7 €.
El Lagar: Unterhalb des Centrocancajos. Fleisch vom Grill, frischer Fisch und kanarische Schmorgerichte wie Kaninchen. Mahlzeiten um 7 €.
La Fregata: Unterhalb des Centrocancajos. Internationale und spanische Küche. Hauptgerichte um 6–9 €.
El Pulpo: Am Strand. Komfortable Bretterbude mit Hausmannskost. Frischer Fisch. Gerichte ab 6 €.
El Lagar: Unterhalb des Centrocancajos. Fleisch vom Grill, frischer Fisch und kanarische Schmorgerichte wie Kaninchen.
La Fregata: Unterhalb des Centrocancajos. Internationale und spanische Küche.
La Fuentecita: Im Centrocancajos. ›Typisch spanische‹ Bar mit einer guten Auswahl an *tapas* ab 2 €.
Lambada: Unterhalb des Centrocancajos an der Uferpromenade. Touristen treffen sich gern an der gemütlichen Theke. *Tapas,* Eis und andere Kleinigkeiten. Snacks ab 2 €.

Artesanía Nambroque: Centrocancajos. Geschmackvolle Souvenirs, alles Handarbeit von La Palma (Stickerei mit den für La Palma charakteristischen Blüten, Flechtarbeiten aus Palmstroh, Wein und Rum, Mandeln, frisch geröstet oder gesalzen). Der Laden hat eigene Kunsthandwerker unter Vertrag.
Alma Turist: Untergeschoss des Centrocancajos. Typisch palmerische kulinari-

sche Produkte *(mojo, rapaduras*, Honig, Marmeladen usw.) und Kunsthandwerk, unter anderem die selten zu findenden Einlegearbeiten aus Holz (Zigarrenkisten, Aschenbecher). Gute Auswahl an Zigarren sowie an Keramik, sowohl nach altkanarischer Art als auch modern. Viele CDs von palmerischen Musikern und Bücher über die Kanaren in deutscher Sprache.

Max'Art: Centrocancajos (außerhalb unten). Bunte Bademode, T-Shirts, Batiktücher und Häkeltaschen, außerdem allerlei Nippes.

Bazar-Artesanía Las Nieves: Centrocancajos (außerhalb unten). Esoterisch angehauchter Laden mit Aloe-vera-Produkten von Fuerteventura, Kaktusmarmelade, ausgefallenem Schmuck, Batikmode und viel Keramik.

Backaria: An der Straße zu den Apartments Lago Azul: Deutsche Bäckerei und Caféstube. Hier gibt es Vollkornbrot sowie Kuchen und Torten aus eigener Herstellung.

H2O: In der Anlage Lago Azul. Vor allem bei der einheimischen Jugend sehr beliebte Diskothek. In den Sommermonaten und am Wochenende gut besucht, vor Mitternacht ist allerdings nichts los.

Pepes Disco-Pub: Centrocancajos (außerhalb unten). Vor allem von Jugendlichen frequentiert.

Bar Europa: Centrocancajos (außerhalb unten). Gelegentlich Live-Musik.

Fahrradverleih: La Palma Diving Center, Centrocancajos, Mountainbikes; Bici-Tour La Palma, Centrocancajos, Tel./Fax 922 43 45 31, bicitour@ctv.es, Verleih und geführte Touren mit maximal fünf Personen.

Apartmentanlage im kanarischen Stil in Los Cancajos

Tauchen: La Palma Diving Center, Centrocancajos, Tel./Fax 922 18 13 93, divela-palma@jet.es. Hier besteht auch die Möglichkeit, für etwa 3 € pro halbe Stunde im Internet zu surfen.
Ausflüge: La Palma Aktiv (s. o.), Tel./Fax 922 43 45 31, kanaren@la-palma-aktiv.de, www.la-palma-aktiv.com. Vermittelt Wanderungen (etwa durch die Caldera de Taburiente oder zu den Quellen von Marcos y Cordero für je 40 € pro Person). Auch Mountainbike- und Jeeptouren.
Wandern: NATouR trekking, Apartamentos Valentina 4, Tel. 922 43 30 01, Fax 922 43 30 11, POLLMATO@teleline.es, www.natour-trekking.com. Geführte Wanderungen aller Schwierigkeitsgrade, tägl. wechselndes Programm. Informationsveranstaltung im Hotel H10 Taburiente Playa Di, Mi, Do 20 Uhr.

Busse: Linie 9 ab Santa Cruz etwa halbstündlich.
Taxi: Tel. 922 18 11 21.

Tipp

Am Südrand des Gemeindebezirks von Breña Alta erhebt sich der 565 m hohe Vulkankegel und **Aussichtsberg Monte Breña** an der Straße nach Villa de Mazo. Die schmale, nicht beschilderte Zufahrtsstraße beginnt etwa 700 m nördlich der Gabelung, wo die von Breña Baja kommende Straße herauffführt. Im Bogen geht es gegen den Uhrzeigersinn zum Gipfel hinauf (unterwegs stets links abbiegen). Oben befindet sich eine Aussichtsterrasse mit weitem Blick über die Ostküste La Palmas.

Breña Baja

La Palma-Atlas: S. 237, D 3
Breñal bezeichnet ein felsiges, mit Gestrüpp bedecktes Gelände. Davon ist heute nicht mehr viel zu sehen. Vielmehr liegt Breña Baja inmitten einer blühenden Gartenlandschaft. Palmen, Obstgärten und Gemüsefelder prägen das Bild. Im Gemeindegebiet von Breña Baja oberhalb der Küste von Los Cancajos stehen prächtige Villen. Die wohlhabende Oberschicht von Santa Cruz nutzte diese früher als Sommerhäuser. Viele sind seit Jahrzehnten dem Verfall preisgegeben, weil das Geld für die Instandhaltung fehlt.

Doch in den 70er Jahren des 20. Jh. wurde Breña Baja sozusagen neu entdeckt. Seither haben viele ›Aussteiger auf Zeit‹, meist Deutsche, hier ihre komfortablen Zweitwohnsitze errichtet. Wohlhabende Palmeros taten es ihnen gleich. Es gilt als schick, in Breña Baja zu wohnen und täglich zum Arbeitsplatz nach Santa Cruz zu pendeln.

Sitz der Gemeindeverwaltung ist der Ortsteil **San José.** Zum wirtschaftlichen Zentrum von Breña Baja hat sich hingegen das küstennähere **San Antonio** entwickelt. Die Grenzen zwischen den Ortsteilen sind allerdings nicht immer klar ersichtlich.

Die Pyramide von San Antonio

Zwischen San Antonio und Los Cancajos erhebt sich neben der Zubringerstraße zum Flughafen eine stufenförmige Steinpyramide. Von Los Can-

AUCH CHURCHILL LIEBTE DIE PUROS

Der ehemalige britische Premierminister Winston Churchill soll regelmäßig Zigarren von La Palma geraucht haben. Angeblich hat er gesagt, die *puros* (Reinen) stünden einer echten Havanna in nichts nach. Dafür waren sie aber weitaus preiswerter zu haben. Einen echten Palmero konnte man sich früher kaum ohne Zigarre zwischen den Zähnen vorstellen. Nach wie vor werden die *puros* auf der Insel in den Bars stückweise verkauft.

Ende des 19. Jh., als Spanien nach dem Krieg gegen die USA mit Kuba seine letzte Kolonie auf amerikanischem Boden verlor, kehrten viele dorthin emigrierte Palmeros in die Heimat zurück und brachten ihr Wissen über die Zigarrenherstellung mit. Bald stellten zahlreiche kleine Werkstätten auf der Insel die *puros* her.

Seit einigen Jahren läuft das Geschäft nicht mehr gut. Viele Betriebe mussten wegen mangelnder Nachfrage schließen. Noch gibt es aber ein paar Werkstätten, die meisten davon in Breña Alta. Am Flughafen kann man mit etwas Glück in der dortigen Filiale des Familienbetriebs Vargas aus Santa Cruz den Chef persönlich bei der Arbeit beobachten.

cajos aus betrachtet dominiert sie die Steilwand oberhalb der Küste.

In der Wissenschaft gehen die Meinungen auseinander, ob es sich bei diesem seltsamen Bauwerk um eine Anhäufung von Steinen der nahen Äcker handelt oder aber um eine Kultstätte der Altkanarier, an der diese ihre oberste Gottheit oder vielleicht auch die Sonne anbeteten. Von den heutigen Bewohnern wurde die Pyramide bis vor wenigen Jahrzehnten benutzt, um Feigen in der Sonne zu trocknen.

****Parador de La Palma:** El Zumacal (ab Cumbre-Straße zwischen Santa Cruz und Breña Alta Beschilderung »Parador« folgen), Tel. 922 43 58 28, Fax 922 43 59 99, lapalma@parador.es, www.parador.es. Ein wenig streng, aber äußerst edel wirkende Anlage, wie alle spanischen Paradores. Toller Ausblick Richtung Santa Cruz und auf die Ostküste. Recht einsam, man wohnt absolut ruhig. Zimmer mit kanarischen Holzbalkonen, schön bepflanzter Innenhof im andalusischen Stil. Pauschal buchbar. DZ ca. 105 €.

****Apartamentos Miranda:** San José, nahe dem Einkaufszentrum San Martín, Tel./Fax 922 43 42 95, www.apartmentsmiranda.com. Gemütliche und große Wohneinheiten. Schöner Garten und Pool. Unter deutscher Leitung. Pauschal buchbar. DZ 40–60 €.

Apartamentos Vista Bella: San José, Tel./Fax 922 43 49 75, www.la-palma.de/vistabella. Neun gut ausgestattete Ferienwohnungen und Studios in zwei Häusern, alle mit Balkon oder Terrasse. Herrlicher Garten mit Pool und Liegemöglichkeit. Unter deutscher Leitung. Pauschal buchbar. DZ 40–60 €.

Apartamentos Madoyber: San José, Tel./Fax 922 43 41 85. Anlage mit 15 Einheiten, zusätzlich werden zwei Zimmer vermietet. Pool und überdachte Veranda. DZ 20–40 €.

El Pino: Las Ledas, an der Straße von San Pedro nach San José. Schweizer Küche und sehr gute Fischgerichte. Hauptmahlzeiten 6–10 €.
La Mocanera: San Antonio, an der Straße nach San Pedro. In einem restaurierten Haus mit Laube und Terrasse. Einheimische Küche mit Fisch und Fleisch vom Holzkohlegrill, aber auch Pizza. Gerichte ab 6 €.

La Carnicería: am Ortsrand von San José, an der Straße nach Breña Alta, Di–So 16–20 Uhr. In einem Gebäude, das bis in die 30er Jahre des 20. Jh. als Metzgerei genutzt wurde und heute Sitz des Ausstellungs- und Verkaufszentrums für traditionelles Kunsthandwerk ist. Dort werden ausschließlich kunsthandwerkliche und landwirtschaftliche Erzeugnisse aus Breña Baja vermarktet – Körbe aus Pflanzenfasern und Palmstroh, Webarbeiten, Stickerei, aber auch moderne Arbeiten wie Makramee oder Häkeleien.

Busse: Linie 7 ab Santa Cruz zwei- bis dreimal tägl. außer sonn- und feiertags (nach San Antonio), Linie 8 ab Santa Cruz zwei- bis sechsmal tägl.
Taxi: San Antonio, Tel. 922434046.

Breña Alta

La Palma-Atlas: S. 237, D 2
Breña Alta wird häufig mit dem Gemeindesitz **San Pedro** gleichgesetzt, obwohl es auch hier mehrere Ortsteile gibt. San Pedro trägt städtische Züge und ist mit dicht gedrängten, weiß gekalkten Häusern schon von weitem auszumachen. Traditionell ist der Ort eines der Zentren der palmerischen Zigarrenherstellung, und noch heute findet man hier mehrere Werkstätten, in denen die *puros* von Hand gedreht werden.

Ein Großteil der Häuser von San Pedro reiht sich entlang der Hauptstraße. Sie erweitert sich im südlichen Ortsbereich zu einer großzügig gestalteten, mit modernen Skulpturen geschmückten Plaza, an der man Geschäfte und Kneipen findet.

Ruhig geht es noch unterhalb der Hauptstraße zu. Dort steht die **Pfarrkirche San Pedro Apóstol,** die, 1539 erstmals erwähnt, seither jedoch mehrfach umgebaut wurde. Das Gotteshaus birgt einige interessante Heiligenfiguren, darunter eine Statue des hl. Josef mit dem Jesukind (Anfang 18. Jh.) von dem flämisch beeinflussten, palmerischen Künstler Marcos Guillén. Von dem Taufbecken aus grüner Keramik (15. Jh.) heißt es, die zum Christentum bekehrten altkanarischen Herrscher La Palmas seien darin getauft worden. Sehr idyllisch ist der kleine, dreieckige Platz mit Springbrunnen und hübschem Garten an der Rückseite der Kirche.

Die Zwillingsdrachenbäume

Im Ortsteil **San Isidro,** südlich von San Pedro, stehen die berühmten *dragos gemelos* (Zwillingsdrachenbäume), denen man ein Alter von mehreren hundert Jahren nachsagt. Mit 12–15 m Höhe sind sie die größten Drachenbäume La Palmas.

An der Straße zur Cumbre Nueva, etwa 400 m nach der Abzweigung, liegt links in einer Kurve die Zoohandlung

Mandelblüte in Breña Alta

Casa Chicho. Rechts daneben führen Treppenstufen zu den Bäumen hinab, die in einen kleinen Garten mit Sitzbänken einbezogen wurden. Um die *dragos gemelos* rankt sich eine traurige Legende aus vorspanischer Zeit. Zwei Brüder, beide in dasselbe Mädchen verliebt, töteten sich im Kampf. Die junge Frau beschloss, nie zu heiraten, und pflanzte an der Stelle, an der die beiden ihr Leben ließen, zwei Drachenbäume.

Zigarren: Estanco Flor de Lis, San Pedro, Carretera General 10.

Busse: Linie 6 ab Santa Cruz drei- bis fünfmal tägl. außer sonn- und feiertags über San Pedro und Las Ledas nach San Isidro.
Taxi: Calle Estéban Pérez González 1, Tel. 922 43 72 28.

Villa de Mazo

La Palma-Atlas: S. 237, D 4
Villa de Mazo (auch einfach Mazo genannt) ist heute das vielleicht wichtigste Zentrum für Kunsthandwerk auf La Palma. Der Stickerei hat man sogar ein Museum im Ort gewidmet. Außerdem wird die Keramikherstellung nach altkanarischer Tradition gepflegt. Darüber hinaus wird im Gemeindegebiet intensiv Weinbau betrieben. Der herbe Rotwein von Villa de Mazo ist unter dem Markennamen Bodegas El Hoyo im Handel.

Zentrum der Gemeinde ist der Ortsteil **El Pueblo** an der Straße von Breña Alta nach Los Canarios. Das Herz des Dorfes schlägt unterhalb der Hauptstraße. Das Auto parkt man am besten gegenüber vom Postgebäude, wo eine

Atlas: S. 237

Pflasterstraße, die Calle M. Pérez Díaz, steil bergab führt.

Zur Rechten öffnet sich sogleich die **Plaza de Pedro Pérez Díaz** mit einem runden Musikpavillon, in dem bei Volksfesten eine Kapelle aufspielt. Am Platz steht das Rathaus der Gemeinde. Daneben erhebt sich die stilvoll restaurierte **Casa Pérez Díaz** (heute Stadtbücherei) mit einem kleinen Terrassengarten.

Iglesia San Blás

Die Pflasterstraße verlässt das Dorfzentrum und wird nun von Palmen und blühenden Büschen gesäumt. Ganz unten erreicht man den **Friedhof** und die Iglesia San Blás, wohl eine der schönsten Kirchen La Palmas. Hier stand schon 1495, nur zwei Jahre nach der Eroberung, eine Kapelle. Die zunächst einschiffige Kirche wurde 1512 geweiht, bei Verschönerungsarbeiten Anfang des 19. Jh. entstanden die Seitenschiffe. Das linke wurde 1802, das rechte 1804 vollendet. Bemerkenswert sind die modernen, abstrakten Bleiverglasungen über den beiden Portalen. Im rechten Fenster ist eine Weintraube dargestellt.

Das Innere birgt einige reich verzierte, holzgeschnitzte Barockaltäre. Neben dem Hauptaltar sind vor allem der Altar der Rosenkranzmadonna im linken Seitenschiff und im rechten Seitenschiff seitlich vorn der Altar des Jesukindes von 1778, der schon verspielte Rokoko-Elemente aufweist, zu erwähnen. Die Holzdecke im Mudéjar-Stil trägt im Altarraum eine ornamentale Bemalung in weißer Farbe.

Kunsthandwerksschule und Mercadillo

Einen Besuch lohnt die **Escuela de Artesanía** (Kunsthandwerksschule, Mo bis Fr 9–16.30 Uhr, Aug. geschl.) in der Enlace Dr. Morera Bravo, die unterhalb der Plaza von der Calle M. Pérez Díaz abzweigt. Man kann den Handwerksschülern über die Schulter schauen. Die Schule bemüht sich um Authentizität der Produkte.

Berühmt ist der **Wochenmarkt** (Mercadillo) von El Pueblo (Sa 15–20, So 8–13 Uhr). Ein Besuch lohnt sich vor allem samstags, möglichst frühzeitig kommen!). Der Markt wird auf Initiative einer Genossenschaft betrieben, die sich die Förderung der palmerischen Landwirtschaft durch Ausschaltung des Zwischenhandels zum Ziel gesetzt hat. Zu diesem Zweck wurde eigens eine große Markthalle in der Enlace Dr. Morera Bravo neben der Kunsthandwerksschule errichtet.

Das Angebot ist sehr umfassend. Alle landwirtschaftlichen Erzeugnisse La Palmas sind vertreten. Neben dem üblichen Marktsortiment werden selbst gemachte Liköre und Saucen, Honig, deutsches Brot und in der Herbstsaison sogar Pilze aus den Wäldern La Palmas angeboten. Außerdem gibt es einen Verkaufsstand der Bodegas El Hoyo, wo der örtliche Qualitätswein angeboten wird.

Casa Roja

Das **Museo Casa Roja** (Mo–Fr 10.30 bis 14, 15–18, Sa 11–19, So 10–14 Uhr) in El Pueblo ist in einer restaurierten,

FRONLEICHNAM
BILDER AUS BLÜTEN UND FRÜCHTEN

Kaum irgendwo wird Fronleichnam so phantasievoll und farbenprächtig begangen wie in Villa de Mazo. Bis zu den heutigen Blumenteppichen und Triumphbögen war es allerdings ein langer Weg. Die Spanier nennen das Fest einfach Corpus. Gefeiert wurde ursprünglich in sehr schlichter Form die leibliche Gegenwart Christi beim Abendmahl (Eucharistie).

Kurz nach der Eroberung der Kanaren wandelte sich die Bedeutung des Fronleichnamsfestes, das nun auch auf La Palma begangen wurde. Es musste jetzt für politische Zwecke herhalten. Spanien wurde in der frühen Neuzeit zum Zentrum der Gegenreformation. Die Vormachtstellung der katholischen Kirche durfte auf keinen Fall in Frage gestellt werden. Geistliche und weltliche Macht waren untrennbar miteinander verbunden. Spanische Maler und Bildhauer verliehen den Heiligenfiguren sogar die Gesichtszüge der Herrschenden. Unter Königin Isabella hatte man diesen Brauch eingeführt – sie ließ sich oft als Jungfrau Maria darstellen.

Schon im Spätmittelalter war es üblich, der Fronleichnamsprozession Kostümgruppen einzufügen, die Szenen aus der Bibel oder aus Heiligenlegenden nachstellten. Im Zeitalter der Gegenreformation wurden daraus regelrechte Theaterspiele *(autos sacramentales)*, die den Zweck hatten, die Gläubigen zu beeindrucken. Ihren Höhepunkt erreichten sie im 17. Jh., als spanische Dichter wie Calderón oder Lope de Vega die berühmten »Loas« schrieben – Lobgesänge, die vor dem Fronleichnamsspiel rezitiert wurden.

Unter dem Einfluss aufgeklärter Strömungen kam 1765 das Verbot der *autos sacramentales* durch den Reformkönig Carlos III., der auch das Auftreten von Riesen, ›Dickköpfen‹ und Drachen untersagte – bis dahin sehr populäre Formen der Verkleidung. Das Fronleichnamsfest wandelte seinen Charakter. Die *alfombras* kamen in Mode – Blumenteppiche, die in stunden-, ja tagelanger Arbeit auf Straßen und Plätzen zu Bildern und Ornamenten gefügt werden. Da Blüten im Juni auf den Kanaren schon etwas knapp sind, verwendet man auch Blätter, Moose und Flechten, Muschelschalen, Schneckenhäuser, Samenkapseln, Sand in allen Farben und sogar Salz.

Auch in Villa de Mazo werden solche Blumenteppiche an Fronleichnam ausgelegt. Die spätmittelalterliche Sitte der Kostümgruppen blieb hier jedoch erhalten und erlebte seit 1954 in abgewandelter Form eine ›Renaissance‹. Hohe, hölzerne Triumphbögen *(arcos)*, schmücken den Prozessionsweg. Darin sind Figuren und Motive zu sehen, die mit der Eucharistie in Zusammenhang stehen. Der aufwändige Schmuck ist noch bis zum Sonntag nach Fronleichnam zu bestaunen. Den Rest des Jahres muss man sich mit den aufschlussreichen Exponaten in der Casa Roja begnügen.

Atlas: S. 237

Die Casa Roja in Villa de Mazo beherbergt ein Museum zur Stickerei

herrschaftlichen Villa mit stuckverzierten Ballustraden und schmiedeeisernen Balkonen untergebracht. Das Haus wurde 1996 mit Hilfe der EU restauriert. Im Erdgeschoss sind zwei Räume dem Fronleichnamsfest gewidmet. Man sieht Fotos der ›Bögen‹, Proben der für Blumenteppiche verwendeten pflanzlichen Materialien sowie Beispiele für Pflanzenornamentik.

Ein großzügiger, holzgeschnitzter Treppenaufgang führt ins Obergeschoss. Dort kann man sich über die verschiedenen Formen der auf La Palma üblichen Stickerei informieren. Vor allem sieht man die typischen, bunten Blütenmuster *(bordado indefinido)* auf Tischdecken, Läufern und Sets.

Eine gute Stickerin erkenne man, heißt es, daran, dass man auch die Rückseite anschauen mag. Meist werden Blüten von innen nach außen gestickt. Könnerinnen behaupten jedoch, der charakteristische Schattenwurf käme beim Sticken von außen nach innen besser zur Geltung. Auch Kreuzstich und Richelieu (ganz in weiß oder beige gehalten) werden bis heute praktiziert.

Der Ursprung der Stickerei wird im Orient vermutet. Die Byzantiner sollen die Stickerei in Europa eingeführt haben. Mit portugiesischen Einwanderern kam die Kunstfertigkeit nach La Palma. Seit den 20er Jahren des 20. Jh. kurbelte die Casa Americana als bedeutendste Stickereifirma, die das Material und die aktuellen Vorlagen, aus New York kommend, an die Stickerinnen verteilte und für den Export arbeiten ließ, die Produktion stark an.

Weiterhin wird im Obergeschoss die Seidenherstellung auf La Palma dokumentiert – Webarbeiten aus Leinen, eine alte Küche in Originaleinrichtung, lebensgroße Trachtenpuppen.

Im Anschluss an die Besichtigung kann man durch den Garten schlendern, die sich hinter dem Haus terrassenförmig über mehrere Ebenen am Hang erstreckt.

***Apartamentos Alfa-Alfa:** Tel. 928 44 04 04. Studios unter schweizerischer Leitung in einem zweistöckigen, recht zentral gelegenen Haus. Kleiner Garten mit Liegemöglichkeiten. Pauschal buchbar. DZ ca. 45 €.

Las Toscas: El Pueblo, an der Durchgangsstraße. Gehobene kanarische und internationale Küche. Stilvolle Einrichtung. Hauptgerichte um 8 €.
Las Brisas: Hoyo de Mazo, Calle Lodero 34. Gutes vom Grill und hauseigener Wein. Gerichte ab 7 €.
Las Costoneras: San Simón, an der Landstraße. Grillgerichte, gut sind auch die Fondues sowie die einfallsreichen Vorspeisen. Terrasse mit Meerblick. Mahlzeiten 6–10 €.

Kunsthandwerk: Im Verkaufsraum der Escuela de Artesanía (s. o.) gibt es eine hervorragende Auswahl an Stickereien, Spitzen, Flickendecken *(traperas)* und Holzarbeiten. Alles stammt von La Palma.
Keramik: El Molino, im küstennäher gelegenen Ortsteil Hoyo de Mazo, an der Straße von Breña Baja nach Los Canarios. Die Keramikwerkstatt von Ramón und Vina (vgl. S. 44) ist in einer ehemaligen Gofio-Mühle untergebracht, die liebevoll restauriert wurde. Man kann bei der Reproduktion altkanarischer Töpferwaren zuschauen und diese auch kaufen (Mo bis Sa 9–13,15–19 Uhr).

Busse: Linie 7 ab Santa Cruz (über Hoyo de Mazo) zwei- bis dreimal tägl. außer sonn- und feiertags; Linie 8 ab Santa Cruz zwei- bis sechsmal tägl.
Taxi: Carretera General, Tel. 922 44 00 78.

Cueva de Belmaco

La Palma-Atlas: S. 239, E 1
Die bekannte prähistorische Stätte im südlichen Gemeindegebiet von Villa de Mazo ist heute Teil des **Parque Arqueológico de Belmaco** (Mo–Sa 10 bis 18, So 11–14 Uhr). Man erreicht den Park über die (untere) Straße von Hoyo de Mazo nach Los Canarios.

Zehn Wohnhöhlen wurden in dem Tal von Belmaco gefunden. Der Überlieferung nach hatten hier Juguiro und Garehagua, die beiden letzten Häuptlinge des Stammesgebietes Tedote (heute Tigalate-Mazo), ihren Sitz. Teile des bei den Höhlen gefundenen Hausmülls hat man mit Hilfe der Radiokarbonmethode auf das 10. Jh. datiert.

In einem kleinen Ausstellungsraum wird die archäologische Stätte anhand von Modellen, Fotografien und Multimedia-Stationen erläutert. Den Park kann man auf einem Lehrpfad mit Schautafeln (auch mit deutschem Text) erkunden.

Unter einer überhängenden Felswand öffnet sich die Cueva de Belmaco, die den Ureinwohnern als Wohnstätte diente. Vor der Höhle stehen Felsblöcke mit eingravierten spiral- und labyrinthförmigen Zeichen (Petroglyphen). Sie wurden 1752 erstmals beschrieben. Es waren die ersten Funde dieser Art auf den Kanaren.

Oberhalb der Cueva de Belmaco gibt es einige kleinere Höhlen, die wohl ebenfalls bewohnt waren. Manche Forscher interpretieren sie jedoch als Sterbekammern. Wenn die Altkanarier spürten, dass der Tod nahte, riefen sie angeblich aus: »Vacaguaré« (ich möchte sterben) und ließen sich mit einem Krug Milch in eine Höhle einmauern, um einsam und in Würde zu sterben.

Die Weiler des Südostens

Südlich von Belmaco überquert die Straße nach Los Canarios zwei relativ junge Lavaströme, die, da ihre Oberfläche für die Landwirtschaft weitgehend unbrauchbar ist, *malpaís* (schlechtes Land) genannt werden.

Südlich des Weilers Malpaises – der seinen Namen einem prähistorischen Lavafluss verdankt, auf dem man heute Wein anbaut – ergoss sich 1949 ein Strom flüssigen Gesteins, vom Duraznero-Krater auf der Cumbre Vieja aus durch ein ausgetrocknetes Flusstal, das seither Barranco de la Lava heißt.

Hinter Tiguerorte und Tigalate treffen die beiden Straßen, die von Villa de Mazo zur Südspitze La Palmas führen, zusammen. Dort liegt der Weiler **Monte de Luna,** wo sich 1646 der Lavastrom des Vulkans Martín bis ins Meer schob und die so genannten Mondberge schuf.

An der Küste des äußersten Südostens gibt es einsame Strände, die auf abenteuerlichen Pisten oder zu Fuß erreichbar sind. Zum Baden eignet sich am besten die schmale Playa del Pozo – von den Einheimischen auch Playa del Sueco (Schwedenstrand) genannt –, da sich hier in den 80er Jahren des 20. Jh. einige Schweden niedergelassen haben.

Die Wohnhöhle Cueva de Belmaco wird auf das 10. Jh. datiert

SÜDSPITZE UND VULKANROUTE

Der Besuch der windgepeitschten Südspitze La Palmas mit weiten Weinfeldern, mächtigen Vulkanen und dunklen Lavaströmen lässt sich mit einer Wanderung verbinden. In Fuencaliente kann man den örtlichen Wein probieren. An der Küste locken stille Strände und eine Saline mit schachbrettförmigen Terrassenbecken. Erwandern kann man die ›Vulkanroute‹ mit den Kratern der San-Juan-Eruption und die schwarzen Aschefelder im Llano del Jable.

Los Canarios (Fuencaliente)

La Palma-Atlas: S. 238, C 4

Fuencaliente, der Hauptort der Gemeinde Los Canarios, liegt rund 700 m über dem Meer. Oberhalb der letzten Häuser beginnt bereits die Wolkenzone mit ausgedehnten Kiefernwäldern. Hier ist es oft neblig und kühl, während in der Küstenregion die Sonne scheint. Mit einigen recht preisgünstigen Unterkünften, in die sich Individualtouristen für ein paar Tage einquartieren, gibt es dennoch bescheidene Ansätze von Fremdenverkehr.

Fuencaliente ist Ausgangs- bzw. Endpunkt von zwei klassischen Wanderrouten: der Ruta de los Volcanes (vgl. S. 129) und der Tour zu den Vulkanen des Südens (vgl. S. 125).

Die meisten der weiß getünchten Häuser reihen sich entlang der Hauptstraße **Carretera General**. Dort gibt es Geschäfte, Kneipen und Restaurants. Schlendert man die Calle San Antonio hinauf, gelangt man zur **Pfarrkirche San Antonio Abad** (um 1730). Das schlichte, einschiffige Gotteshaus mit der grauen Glockenwand aus Naturstein geht auf einen Vorgängerbau aus dem 16. Jh. zurück.

Vulkanismus und Weinbau

Der Ortsname Fuencaliente stammt von einer heißen Quelle, *fuente caliente,* deren schwefelhaltiges Wasser Leprakranke geheilt haben soll. 1646 wurde die Quelle unter den Aschen und Lapilli begraben, die der Vulkan Martín auswarf. Bis heute gibt es allerdings heiße untermeerische Quellen vor der Küste, die von Tauchern gespürt werden können.

Eine weitere Eruption erschütterte das Dorf, als 1677/78 der San Antonio ausbrach. Wiederum wurden große Weideflächen durch vulkanische Auswurfmassen unbrauchbar gemacht. Doch was den Bewohnern zunächst wie ein Fluch erschien, erwies sich

Atlas: S. 238

später als Segen. Im 18. Jh. entdeckte man, dass der mit Lapilli bestreute Boden sich hervorragend für den Weinanbau eignete. Nachts speichern die porösen Lavabrocken Tauwasser, das sie tagsüber an die Pflanzen abgeben. So konnte man den Boden, der wegen seiner Trockenheit kaum für andere Kulturen geeignet war, erstmals ackerbaulich nutzen.

Noch heute spielt der Weinbau für Fuencaliente eine wichtige Rolle. Man verarbeitet hier die Weintrauben, die aus den tiefer gelegenen, sonnigeren Ortsteilen Las Indias, Los Quemados und Las Caletas angeliefert werden, um die sich weitläufige Weinberge erstrecken. In zwei Weinkellereien kann man Wein probieren und auch kaufen (s. u.).

Finca Colón: Los Quemados. Vermietung über das Reisebüro Viajes Insular in Santa Cruz, Tel. 928 41 19 72, www.apartamentoscolon.com. Komfortable, in Flachbauweise errichtete Apartmentanlage mit schönem Panoramablick. Blühender Garten rund um die Häuser. Pauschal buchbar. DZ etwa 32 €.

****Pension und *Apartamentos Los Volcanes:** Carretera General 86, Tel./Fax 922 44 41 64. Informationen gibt es auch in der Bar Parada. Schön eingerichtete Zimmer, was man von außen nicht unbedingt vermutet. Meiden sollte man die Zimmer zur Hauptstraße, denn da kann es recht laut werden. Am schönsten wohnt man im hinten angrenzenden ›Hotel‹. DZ 15–20 €.

Pension/Apartamentos Imperial: Calle San Antonio 1, zur Kirche führende Straße, die in der Kurve gegenüber eines Supermarkts von der Hauptstraße abzweigt, Tel. 922 44 44 28. Einfaches Haus, Zimmer ohne Balkon. Nach hinten, zur angrenzenden Plaza hin, wohnt man am ruhigsten. DZ 15–20 €.

Camping: Beim Sportplatz oberhalb des Ortes, höchstens eine Nacht, Anmeldung s. S. 215.

Llanovid: Los Canarios 8, hinter der Wein-Bodega. Exzellente traditionelle und moderne kanarische Küche. Gute Auswahl an Weinen der Bodega. Hauptmahlzeiten etwa 7–10 €.

Tasca la Era: Calle Antonio Paz 6. Gute Grill- und Fischgerichte. Auf der Terrasse sitzt man auf schmiedeeisernen Stühlen. An kühleren Tagen kann man auf einer wintergartenähnlichen Veranda speisen. Hof und Garten sind im Stil des lanzarotinischen Künstlers Manrique angelegt. Gerichte um 8 €.

Centaurea: Carretera General 36 nahe dem Ortsausgang Richtung Santa Cruz. Die ebenerdige Bar ist ein beliebter Treffpunkt von Wanderern und Individualreisenden. Große Auswahl an sehr guten, z.T. vegetarischen *tapas*. Im Obergeschoss Restaurant mit solider kanarischer Küche. *Tapas* ab 2 €, Hauptspeisen ab 6 €.

Bar Imperial: Carretera General s/n. Vorne ist die Bar, hinten ein kleines Restaurant. Typisch kanarische Küche. Gerichte ab 6 €.

Arepera Yajaira: Carretera General, nahe dem Ortsausgang Richtung Santa Cruz. Kleine Snackbar. Spezialität sind *arepas* (südamerikanische Teigtaschen). Snacks ab 3 €.

Centro Cultural: Carretera General, nahe der Bodega Teneguía. Treffpunkt der Einheimischen. *Tapas*, Pizza und andere Snacks. Kleinigkeiten ab 2 €.

Bar Parada: Carretera General s/n. Bar mit kleinem Ladem. Eine Institution in Fuencaliente. Kleinigkeiten ab 2 €.

Kunsthandwerk: Centro Artesano Fuencaliente, Carretera General 86, gegenüber der Einfahrt zum Restaurant Llanovid. Kunsthandwerkszentrum, in dem man Stickerinnen bei der Arbeit beobachten, Webstühle besichtigen und Stickerei- und Flechtarbeiten kaufen kann, Mo–Sa 10–18.30 Uhr.
Arte Cuadrado, Carretera General 2 am Ortsausgang Richtung Santa Cruz. Handgearbeitete Zementkacheln mit traditionellen und modernen Motiven, Mo–Fr 14–17, Sa 11–17 Uhr.
Kulinarisches: Im Supermercado in der Carretera General 51 und auch in der Bar Parada kann man palmerischen Süßigkeiten kaufen: *rapaduras* und verschiedene Kekse. Außerdem findet man eine gute Auswahl an Mandeln, geröstet und ungeröstet, gesalzen und ungesalzen.
Souvenirs: Artesanía Los Faros, Carretera General 82. Schöne Sachen, wenn auch nicht alles von La Palma stammt: Batiken, Tücher, Stofftiere, moderne Keramik, Naturkosmetik.
Wein: Bodegas Teneguía (Llanovid), am südwestl. Ortsrand etwas unterhalb der Hauptstraße, ausgeschildert. Kooperative, in der rund 200 Winzer organisiert sind; in dem modernen Betrieb werden im Jahr etwa 1,5 Mio. l Wein gekeltert, Mo–Fr 8–14, 15–17 Uhr. Bodegas Carballo, an der Straße nach Las Indias, kurz hinter der Abzweigung zum Vulkan San Antonio. Kleinere Privatkellerei, Mo–Sa 9–13, 16–19 Uhr

Fiesta de la Vendímia, Fest der Weinlese, Ende Aug. Auf Pferden aus Pappmaché reiten die Männer durch den Ort, während schwarz gekleidete junge Frauen einen ›Hexentanz‹ aufführen. Natürlich fließt reichlich Wein.

Tauchen: Atlantic 28°, Carretera General 106, Tel./Fax 922 44 40 47, www.atlantic28.de

Tipp

Westlich von Fuencaliente, an der Straße nach Los Llanos, liegt vor dem winzigen Weiler El Charco der **Mirador de Las Indias**. Von diesem Aussichtspunkt blickt man über den gleichnamigen Ort hinweg auf weite Teile der West- und Südwestküste La Palmas.

Busse: Linie 3 ab Los Llanos bzw. Santa Cruz zwei- bis achtmal tägl.
Taxi: Carretera General, Tel. 922 44 40 43.

Volcán de San Antonio

Der wohl imposanteste Vulkan des Südens, der San Antonio (657 m), brach um die Jahreswende 1677/78 aus. Der Krater, der mit dem Auto erreichbar ist, befindet sich unterhalb von Fuencaliente. Ein Spazierweg, der ohne besondere Ausrüstung begehbar ist, führt über den Kraterrand.

Der gebührenpflichtige Parkplatz am San Antonio ist mit der Straße nach Las Indias durch eine kurze, gut befahrbare Piste verbunden. Am Parkplatz befindet sich ein **Informationszentrum** (Vulkanmuseum) mit Cafeteria, halb in den Hang hineingebaut. Es wurde 2001 zum 30. Jahrestag des Teneguía-Ausbruchs eröffnet. Schaubilder informieren dort über den Vulkanismus auf La Palma, allerdings nur in spanischer Sprache. Originell sind die beiden Seismographen. Einer zeigt die tatsächlichen Erdbeben an, die sich fast täglich – für Menschen meist unmerklich – er-

eignen. Der andere reagiert auf die Schritte der Besucher des Vulkanmuseums.

Die volle Größe des San Antonio kommt zwar erst zur Geltung, wenn man ihn aus Küstennähe betrachtet, doch auch der Spaziergang auf dem Kraterrand ist sehr beeindruckend. Aufpassen sollte man bei starkem Wind, denn dann ist der Weg vor allem für Kinder nicht ungefährlich, da sie vom Wind erfasst und umgeweht werden können. Man umrundet den Krater gegen den Uhrzeigersinn etwa zu einem Drittel. Dann trifft man auf ein Durchgangsverbotsschild und muss umkehren, denn der größte Teil des Kraterrands wurde für Besucher gesperrt.

Der San Antonio bietet eine hervorragende Panoramasicht auf Fuencaliente, die Südwestküste, den Leucht-

Der Vulkan San Antonio

turm im Süden und auf den Vulkan Teneguía unterhalb des San Antonio. Bei klarer Luft sind die Nachbarinseln Teneriffa, Gomera und Hierro auszumachen. Schön ist auch der Blick in den Kratergrund, auf dem Kiefern gedeihen.

Vom Parkplatz besteht Gelegenheit zu einem Kamelritt durch die Umgebung des Kraters, Dauer: etwa 15 Min., etwa 6 € pro Person.

Volcán de Teneguía

Um die zweite große Attraktion des Südens, den erst 1971 ausgebrochenen Vulkan Teneguía, kennen zu lernen, fährt man zunächst von Fuencaliente Richtung Las Indias. Dann zweigt man links nach Los Quemados ab, einem malerischen, inmitten von Weinbergen gelegenen Dorf. Vor dem Ort befindet sich an der Fuente de Los Quemados ein kleiner, liebevoll mit Palmen, Kakteen und Agaven bepflanzter Park. Steinbänke und Tische laden zur Rast ein. Die Quelle führt nur recht spärlich Wasser, doch oberhalb der Straße befindet sich in einer verschlossenen Grotte ein stets gefülltes kleines Wasserbecken.

In der Rechtskehre, gegenüber vom Park, zweigt eine gut befahrbare Piste Richtung Teneguía ab. Sie passiert zunächst den **Roque Teneguía,** einen ockergelben Felsen, der unterhalb des Fahrwegs aus dem dunklen Gestein der Umgebung hervorschaut. Es handelt sich um den Rest eines alten Vulkanschlots, der von den Asche- und Lapillimassen späterer Eruptionen teilweise verschüttet wurde. Zahlreiche prähistorische Ritzzeichnungen, die auf dem Felsen gefunden wurden, deuten darauf hin, dass die Altkanarier den Stein als heilig verehrt haben. Zu Fuß kann man in wenigen Minuten auf einem eigens angelegten Weg zum Roque Teneguía hinabsteigen und nach den spiralförmigen Petroglyphen suchen, die sich sich an der flach abfal-

DAS GESCHÄFT MIT DEM VULKAN

Ein Hauch von Abenteuer haftet dem ›Vulkantourismus‹ an. Auf der Suche nach Nervenkitzel strömen Neugierige in Scharen herbei, wenn sich mal wieder irgendwo auf der Welt ein Feuer spuckender Schlund öffnet. Je spektakulärer der Ausbruch, um so besser. Und schon gar, wenn sich das Ereignis in einer Gegend abspielt, die relativ leicht für jedermann zugänglich ist, und keine ernsthafte Gefahr für Leib und Leben besteht.

So geschah es auf La Palma, als am 24. Juni 1949, dem Tag des hl. Johannes (San Juan), plötzlich eine gigantische Rauchwolke über der Cumbre Vieja stand. Aus mehreren Schlünden ergoss sich ein rotglühender Gesteinsfluss, zerstörte fruchtbares Ackerland und floss weiter zur Küste, wo die heiße Lava das Meerwasser zischend verdampfen ließ. Am 12. Juli spie der Hoyo Negro schwarze Asche. Erdbeben brachten Häuser zum Einsturz und lösten Erdrutsche aus. Erst am 29. Juli, nach über vier Wochen, fanden die Ereignisse, die La Palmas Bewohner in Angst und Schrecken versetzten, mit einem letzten Ausbruch des Duraznero ein Ende. Das Zeitalter des Massentourismus war zwar noch nicht hereingebrochen. Dennoch fanden sich zahlreiche Schaulustige auf der Insel ein. Zimmervermieter, Kneipiers und Taxifahrer hatten Hochkonjunktur.

Aber selbst diese Ereignisse wurden noch von dem Spektakel in den Schatten gestellt, das der Teneguía-Ausbruch 1971 in Gang setzte. Am 26. Oktober floss Lava aus vier Schlünden. Dampf- und Rauchwolken stiegen empor. Als nach zwei Tagen ein Lavastrom in der Nähe des Leuchtturms das Meer erreichte, waren schon zahlreiche Wissenschaftler, Journalisten und Neugierige zur Stelle, um Lavafontänen zu bestaunen, die Hunderte von Metern hoch waren. Zwei Tage später startete der erste Rundflug über das Ausbruchsgebiet.

Nach einer Woche wurden schon 15 000 Besucher gezählt, und das zu einer Zeit, als es auf La Palma noch kaum Tourismus gab. Pausenlos trafen Schaulustige mit Sonderflügen oder gecharterten Maschinen ein. Unterkünfte und Verkehrsmittel waren hoffnungslos überlastet. So etwas hatte man auf der Insel noch nicht erlebt. Als der Teneguía dann nach 25 Tagen seine Aktivität einstellte, war eines klar: Der Vulkan hatte La Palma eine gigantische Geldsumme eingebracht, und viele hofften damals, ein neuerlicher Ausbruch möge nicht lange auf sich warten lassen.

Heute ist man nachdenklicher geworden. Seit dem Jahr 2000 macht – geschürt durch Presseberichte – das Gerücht die Runde, La Palma könne durch eine vulkanische Explosion in zwei Hälften zerfallen. Ausgelöst würde dieses Ereignis durch einen gigantischen Erdrutsch im Bereich der Cumbre Vieja. Auch wenn seriöse Wissenschaftler eine solche Katastrophe nicht unbedingt schon für morgen voraussagen, so mag doch in diesem Zusammenhang niemand mehr an Geschäftemacherei denken.

lenden, dem San Antonio zugewandten Ostseite des Felsens befinden.

Bald sieht man unterhalb der Piste eine abgedeckte Wasserleitung. An einer Gabelung geht es rechts, die Leitung querend, zum Parkplatz am **Volcán de Teneguía.** Von dort sind es noch etwa 10 Minuten zu Fuß bis zum Gipfel. Der Pfad ist schmal und steinig, festes Schuhwerk ist unbedingt erforderlich.

Der 439 m hohe Teneguía ist kein Bilderbuchvulkan wie der San Antonio. Nur Teile des 1971 entstandenen Kraters sind erhalten. Es war der bisher letzte Ausbruch auf den Kanarischen Inseln. Lava und Asche drangen aus 26 Spalten. Ein breiter Lavastrom ergoss sich wie ein dunkler Teppich zur Südspitze hinunter. Auf diesem Strom konnte, ebenso wie auf dem Vulkan selbst, die Vegetation bisher kaum Fuß fassen.

Besonders eindrucksvoll ist die Erdwärme, die man auf dem Kraterrand spürt. Ihre Intensität schwankt. An manchen Tagen ist die Erde so heiß, dass man sie kaum mit der Hand berühren kann. In Oberflächennähe werden bis zu 200° C erreicht. Immer wieder dringen auch heiße und schwefelhaltige Dämpfe aus dem Boden. Schwefelausfällungen haben an vielen Stellen das Gestein weißlich-gelb gefärbt.

Wanderung um die Vulkane im Süden

Den San Antonio und den Teneguía kann man während einer interessanten, etwa zweieinhalbstündigen Rundwanderung erkunden. Die Tour beginnt am großen, autofreien Platz vor dem Kraterrand des San Antonio. Dort führt hinter dem Vulkanmuseum Richtung Westen ein von Kantensteinen eingefasster, schmaler Weg durch lockere Vulkanasche bergab, beschildert mit »GR 131 Faro de Fuencaliente«.

Achtung: Nicht dem irreführenden Schild den Parkplatz hinab folgen, bei der an dessen unterem Rand weiterführenden Piste handelt es sich nicht um den Wanderweg. Der Pfad verläuft vielmehr südlich vom Parkplatz und ist von dort nur über Trittspuren zu erreichen.

Die Route quert eine alte Bewässerungsleitung und erreicht nach etwa 20 Minuten einen Fahrweg, dem man nach links folgt. Nach weiteren 10 Minuten liegt der **Roque Teneguía** (s. o.) rechts unterhalb der Piste. In Serpentinen steigt man auf schmalem Weg zum Roque hinunter. Weiter geht es dort links auf einem Trampelpfad zu einer Wasserleitung hinab, an der links entlang nach insgesamt rund einer Stunde Gehzeit wieder eine Piste erreicht wird. Rechts geht es zum Teneguía-Vulkan (s. o.).

Nach der Besteigung des Teneguía wendet man sich auf dem Fahrweg wieder bergauf, bis eine hangparallel verlaufende, breitere Piste erreicht ist (1.30 Std.). Auf dieser geht es rechts weiter, einen Sattel zwischen der Montaña del Mago und dem imposanten Volcán de San Antonio passierend. An einer Gabelung hält man sich links und 5 Minuten später, an einer Kreuzung, wieder links.

Durch Weinberge führt der Weg, später als schmaler Pfad, nun immer steiler bergan. Alte Weinstöcke, die am Boden gezogen und durch Astgabeln gestützt werden, ducken die sich hinter die als Windschutz aufgeschichteten Mauern. Der Pfad trifft nach etwa 2.15 Std. wieder auf einen breiten Fahrweg. Links geht es zum Parkplatz am San Antonio zurück.

Die Küste von Los Canarios

La Palma-Atlas: S. 238, B 3/C 4
Über **Las Indias** geht es zur Südwestküste, wo ins Meer geflossene Lavaströme eine schmale Ebene geschaffen haben. Hier befinden sich einige der schönsten Strände La Palmas. Die Vulkanberge im Hintergrund halten die starken Nordostwinde weitgehend von der Küste fern, so dass Baden relativ gefahrlos möglich ist.

Hinter den Stränden dehnen sich in dem früher für die Landwirtschaft wertlosen Gebiet große Bananenplantagen aus. Der Boden musste herbeigeschafft werden. Man fuhr Lehm aus El Paso an, der dort in Gruben oberhalb des Ortes abgebaut wurde.

Unterhalb von Las Indias gabelt sich die Straße. Ein Abstecher nach rechts führt zu dem Doppelstrand **Playas de la Zamora.** Nach etwa 1 km weist ein Schild zur **Playa Chica,** dem mit kaum 50 m Länge kleineren der sandigen bis kiesigen Zamora-Strände. Der zweite, nördliche Strand ist nur durch einen Felsvorsprung getrennt. An der Playa Chica stehen einige Ferienhäuser, ansonsten ist es hier außerhalb der Saison recht einsam.

Die Punta de Fuencaliente

Richtung Süden führt die Küstenstraße nach etwa 3 km zur **Playa Punta Larga,** einem grobkiesigen, zum Baden nicht sonderlich geeigneten Strand. Einheimische haben hier ihre schlichten Sommerhäuser errichtet, am Ufer liegen einige Fischerboote. Ein sehr einfaches Restaurant, in dem man auf Holzbänken an langen Tischen am Meer sitzt, offeriert fangfrischen Fisch. Pläne, das Gebiet von Punta Larga touristisch zu erschließen, wurden inzwischen aufgegeben.

Nach weiteren 2 km endet das Bananenanbaugebiet. Dahinter gelangt man zur völlig unbebauten **Playa Nueva,** einem sandigen bis kiesigen, etwa 250 m langen Strand, der erst nach 1971 zwischen zwei ins Meer geflossenen Lavaströmen des Teneguía-Ausbruchs entstand. Über eine Steintreppe steigt man hinunter. Meist ist es hier sehr ruhig.

Die Straße führt weiter zum Faro (Leuchtturm) an der Südspitze La Palmas, der **Punta de Fuencaliente**. Neben dem 1984 errichteten, rot und weiß gestreiften Leuchtturm, der als erster in Spanien mit Solarenergie betrieben wurde, steht ein kleinerer, heute nicht mehr genutzter Turm. Dieser war 1971 durch einen Lavastrom des Teneguía bedroht. Kurz vor dem Leuchtturm kam die glutheiße Lava zum Stillstand. Die Fischer von Fuencaliente stifteten daraufhin eine Kapelle für ihre Schutzpatronin, die Virgen del Carmen.

Neben dem Faro de Fuencaliente liegt die einzige noch in Betrieb befindliche **Saline** von La Palma. Die Produktion wird von der EU subventioniert. Man gewinnt das Salz nur noch als Speisesalz. Früher waren die Fischer wichtige Abnehmer. Doch die Fische werden heute eingefroren und nicht mehr in Salz konserviert. Das Salz von Fuencaliente wird wegen seiner Reinheit und des hohen Jodgehalts in der Naturkost geschätzt.

Tipp

Östlich des Teneguía, am Rande eines Lavastroms, führt ein gut ausgebauter Weg in etwa einer Stunde bergab zur **Punta de Fuencaliente**.

Westlich der beiden Leuchttürme gelangt man zur **Playa Echentive**, einem kleinen Sandstrand mit einigen Sommerhäusern und einer Strandkneipe. Wegen der starken Strömung ist das Baden nicht ungefährlich.

Kiosco Punta Larga: Playa Punta Larga. Einfache Strandkneipe mit Fischgerichten. Beliebt und meist gut besucht. Fisch ab 5 €.

Kiosco El Faro: Playa Echentive. Schlichtes Lokal am Strand. Auf der Terrasse werden frischer Fisch und Meeresfrüchte serviert. Spezialität: Tunfischkroketten. Kleinigkeiten ab 2 €, Fischgerichte ab 5 €.

Die Cumbre Vieja

La Palma-Atlas: S. 236, B/C 4 und S. 238, C 1–3

Für Wanderer und geologisch Interessierte ist der Gebirgszug der Cumbre Vieja von besonderem Reiz. Die meisten Naturschönheiten der Cumbre Vieja lassen sich nur zu Fuß, auf der recht anstrengenden Ruta de los Volcanes (Vulkanroute) erkunden (s. u.). An einigen Stellen können sich aber auch all jene, die nicht wandern, einen Eindruck von dem jungvulkanischen Gebiet verschaffen.

Die Cumbre Vieja teilt La Palmas Südhälfte in zwei klimatisch sehr unterschiedliche Gebiete. An der Ostflanke des bis zu 1949 m aufragenden Bergrückens erstrecken sich beinahe undurchdringliche Laubwälder (Fayal-Brezal, vgl. S. 17), die ihre lebensnotwendige Feuchtigkeit aus dem Nebel der fast täglich um die Mittagszeit aufziehenden Passatwolken beziehen. Recht trocken und von der Sonne verwöhnt sind dagegen die Westflanke und auch der sanft auf Meeresniveau abfallende Südhang der Cumbre Vieja. Hier dehnen sich lichte Kiefernwälder aus.

Vulkanausbrüche

Die Cumbre Vieja ist bis heute geologisch aktiv. Wiederholt kam es in historischer Zeit zu Vulkanausbrüchen. Lavamassen wälzten sich die Gebirgsflanken hinunter und begruben Häuser und Ackerland unter sich. Bei einem nur mündlich überlieferten Ausbruch entstand Ende des 15. Jh. die 1376 m hohe **Montaña Quemada** (Verbrannter Berg), aus der sich ein Lavastrom Richtung El Paso ergoss.

Im selben Gebiet ereignete sich 1585 die Tahuya-Eruption. 1646 brach der 1602 m hohe Volcán Martín aus. Bei den Charco-Eruptionen von 1712 strömte Lava aus zwölf Spalten und ergoss sich über weite Gebiete im Südwesten der Insel. Schließlich kam es 1949 zur so genannten San-Juan-Eruption. Innerhalb von 38 Tagen brachen wiederholt die Krater Llano del Banco (1250 m), Duraznero (1902 m) und Hoyo Negro (1742 m) aus.

San-Juan-Eruption und Llano del Jable

Eine landschaftlich sehr schöne, wenn auch kurvenreiche Straße, die Santa Cruz über Breña Alta mit El Paso verbindet, erschließt den Nordrand der Cumbre Vieja. Die Passhöhe ist kurz vor dem Waldparkplatz am Refugio El Pilar in rund 1470 m Höhe erreicht. Hier befindet sich der Ausgangspunkt für die Wanderung auf der Vulkanroute (s. u.).

Rund 2 km geht es bergab Richtung El Paso, bis in einer deutlichen Rechtskurve am Waldrand eine Piste Richtung Süden abzweigt, die mit dem Auto befahrbar ist. Reizvoller ist es, den Wagen in der Kurve abzustellen und zu Fuß auf dem sanft abfallenden Weg durch den Kiefernwald zu wandern, bis sich nach etwa 20 Minuten zur Rechten der Cráter Llano del Banco auftut, eine dunkle Spalte, aus der 1949 die Lavamassen der San-Juan-Eruption strömten und sich ihren Weg Richtung Westküste bahnten.

Wer einen ausgedehnteren Spaziergang unternehmen möchte, kann nun auf der Forstpiste weitere 45 Min. bis zum Hoyo de la Sima laufen. Dazu geht man zunächst in einer Serpentine sanft bergab und hält sich dann an einer Gabelung links aufwärts (rechts ist dort Jedey ausgeschildert). Dann ist es nicht mehr weit bis zum Hoyo de la Sima.

Bei diesem Naturwunder handelt es sich um den Schlot eines Vulkans, der – was sehr ungewöhnlich ist – nach dem Ausbruch nicht verstopfte, sondern als tiefer Schlund erhalten blieb. Stufen führen zu einem Aussichtsbalkon über dem mit Holzgeländern gesicherten Schlund. Als ob die bösen Mächte des Erdinnern besänftigt werden sollen, hat man, nicht weit von dem Schlund, eine Nische im Stamm einer Kiefer ausgehöhlt und eine kleine Madonnenfigur hineingestellt. Die selbe Piste führt zurück zur Straße, für den Rückweg muss man mit weiteren 1,5 Stunden rechnen.

Wieder zurück auf der Straße von El Pilar Richtung El Paso geht es weiter abwärts durch das Lava-Aschenfeld **Llano del Jable.** *Llano* bedeutet Ebene, *jable* ist ein kanarischer Ausdruck für Sand (eine Hispanisierung des französischen Wortes *sable*). Tatsächlich erinnert die bizarre Landschaft ein wenig an eine Sandwüste.

In der nächsten deutlichen Rechtskurve, nahe dem Vulkan Montaña Quemada, befindet sich ein Parkplatz, von dem man den Llano del Jable zu Fuß durchstreifen kann. Kaum ein Baum oder Strauch konnte bisher in den schwarzen Aschen und Lapilli Fuß fassen, die beim Ausbruch der Montaña Quemada im 16. Jh. ausgeworfen wurden und das Land bedeckten.

Wanderung auf der Ruta de los Volcanes

Einer der schönsten, wenn auch recht anstrengenden Wanderwege La Palmas führt über den Kamm der Cumbre Vieja. Man sollte einen klaren Tag abwarten und frühzeitig aufbrechen, um die **Vulkanroute** bei Sonnenschein genießen zu können. Ausgangspunkt ist der Parkplatz am Refugio El Pilar, wohin keine Busverbindung besteht. Wenn man sich mit dem Taxi hinauffahren lässt, kann man die gesamte Ruta de los Volcanes bis nach Fuencaliente laufen (ca. 6 Std. Gehzeit).

Ein Trost für Selbstfahrer: Besonders lohnend ist der erste, obere Teil des Weges bis zum Doppelgipfel des Deseada-Vulkans (vom Refugio El Pilar hin und zurück ca. 5 Std. Gehzeit).

Vom Parkplatz am Refugio El Pilar hält man auf der gegenüberliegenden Straßenseite quer über das Picknickgelände auf das im hinteren Teil stehende Gebäude zu. An der Hütte vorbei führt ein Pfad in ein kleines Tal hinein, der schon nach wenigen Metern vor einer Felsgruppe rechts abbiegt.

Tipp

Viele Wanderer begnügen sich mit der Besteigung des 1808 m hohen Pico Birigoyo. Mehrere Trampelpfade führen von der Ruta de los Volcanes zu dem links des Hauptwegs aufragenden, kahlen Aussichtsberg hinauf. Am Rand seines Kraters läuft man dann bis zur weithin sichtbaren Gipfelsäule. Von El Pilar muss man für diese Tour hin und zurück insgesamt 2,5 Stunden Gehzeit rechnen. Lohn der Mühe ist bei sonnigem Wetter ein überwältigender Ausblick.

Atlas: S. 238

Rasch gewinnt der Weg an Höhe, passiert einen kleinen **Mirador** mit herrlichem Ausblick auf die Westflanke der Cumbre Nueva und umrundet den kahlen, 1808 m hohen Pico Birigoyo. Nach etwa 30 Minuten trifft der Pfad auf eine Forstpiste, der man etwa 10 Minuten bergauf folgt, bis rechts wiederum ein schmaler Fußweg abzweigt. Auf diesem geht es durch lichten Kiefernwald weiter. Ein Barranco wird auf einer Brücke überquert, danach führt der Weg steiler bergauf und tritt aus dem Wald heraus. Der Kamm der Cumbre Vieja ist erreicht, bei guter Sicht kann man weit über die Ostküste La Palmas und bis nach Teneriffa blicken.

An einer Gabelung hält man sich rechts, auf dem Kamm entlang, und steigt dann ein paar Schritte hinunter zur ersten Hauptattraktion der Route (1.30 Std.), zum **Krater Hoyo Negro** von 1949. Wenn man vorsichtig in die Spalte hinabschaut, sieht man, dass sie ihren Namen (schwarze Grube) zu Recht trägt. Hin und wieder steigen heiße Dämpfe aus Rissen im Kraterrand, ein Beweis dafür, dass die vulkanische Tätigkeit noch nicht restlos erloschen ist.

Den Schlund des Hoyo Negro lässt man rechts liegen. Zur Linken erhebt sich der 1925 m hohe **Nambroque**. Dazwischen überquert der Weg einen Sattel und steigt, von knorrigen Kiefern

gesäumt, allmählich ab. Voraus erkennt man nach ca. 2 Stunden Gehzeit den rötlichen Kraterrand des **Duraznero,** zu dem von einer Gabelung ein schmaler Pfad hinaufführt. Auch der Duraznero war 1949 aktiv. Daran erinnern schwefelhaltige, warme Dämpfe, die ständig aus Spalten an seinem Rand dringen. Die Umgebung der Austrittstellen ist gelblich bis weiß gefärbt.

Auf dem Hauptpfad sind es nun noch etwa 30 Minuten Gehzeit bis zum **Doppelgipfel der Deseada.** Man kann die Wanderung nach dem relativ anstrengenden Aufstieg zur Gipfelsäule auf der 1937 m hohen Deseada II unterbrechen oder am Kraterrand entlang noch zur

Auf dem Gipfel des Pico Birigoyo

gegenüberliegenden, 1949 m hohen Deseada I gehen. In beiden Fällen genießt man den Ausblick nach Süden auf die nun allmählich an Höhe verlierende Vulkanlandschaft der Cumbre Vieja. Selbstfahrer sollten hier umkehren.

Wer ohne Auto angereist ist, kann auf der Ruta de los Volcanes über Aschefelder und durch Kiefernwälder bis Fuencaliente weiterlaufen (noch etwa 3.30 Stunden Gehzeit).

Camping: Zeltgelände beim Refugio El Pilar. Benutzung nur mit Genehmigung der Umweltbehörde Medio Ambiente, Santa Cruz, Plazoleta del Muelle, Tel. 922 41 15 83, Mo–Fr 9–20 Uhr.

Der Westen und die Caldera

Blick auf die Caldera de Taburiente

Atlas S. 230, 231, 234, 235

SONNENVERWÖHNTER WESTEN

Von der Sonne verwöhnt ist der Westteil der Insel. Weithin erstrecken sich Bananenplantagen. Einen Hauch von Großstadtleben bietet Los Llanos. Flair, Fischerkneipen und schöne Strände besitzen die Küstenorte Puerto de Tazacorte und Puerto Naos. El Paso liegt malerisch im oberen Teil des Aridane-Tals. Hier wird auch heute noch Seide hergestellt. Einen ersten Eindruck von der Caldera de Taburiente gewinnt man auf der Cumbrecita.

Los Llanos de Aridane

La Palma-Atlas: S. 235, D 2

Los Llanos ist heute die größte Stadt La Palmas. Seit 2001 hat der Ort mehr Einwohner als die Hauptstadt Santa Cruz. Als wirtschaftliches und kulturelles Zentrum des wohlhabenden Aridane-Tals steht Los Llanos in Konkurrenz zu Santa Cruz und wird daher auch als ›heimliche Hauptstadt‹ bezeichnet. Ein Großteil der Bewohner ist erst in den vergangenen vier Jahrzehnten zugezogen, um im Bananenanbau, im Dienstleistungsbereich oder in der bescheidenen Industrie (Molkerei, Keramikherstellung) zu arbeiten. Breite Geschäftsstraßen und moderne Häuserzeilen prägen ebenso das Stadtbild wie zahlreiche Restaurants und Kneipen das Nachtleben.

Markthalle und Villenviertel

Die kleine **Markthalle** [1] (Mo–Fr 6–14, Sa 6–16 Uhr) von Los Llanos mit buntem, vielseitigen Angebot liegt am unteren Ortsrand, eingebettet in einen Park. Typische Produkte von La Palma sind getrocknete Chilischoten sowie der so genannte Safran. Hierbei handelt es sich um den – weniger hochwertigen und daher preisgünstigeren – Falschen Safran, der aus den Blüten der Färberdistel gewonnen wird. Mandeln und Backwaren – Kuchen, Kekse, Süßigkeiten – stammen aus örtlicher Produktion. Auch der einheimische Wein fehlt nicht. Darüber hinaus gibt es eine Vielfalt von Obst, Gemüse und anderen Lebensmitteln des täglichen Bedarfs.

Um vom Mercado in die Innenstadt zu gelangen, lohnt es sich, durch die Avenida Tanausú zu schlendern. In der stillen Allee reihen sich prächtige Jugendstilvillen mit üppigen Gärten, stuckverzierten Fassaden und Fliesenbildern an den Wänden. Die Häuser stammen aus der Blütezeit des Aridane-Tals, als mit dem Export von Bananen noch viel Geld zu verdienen war.

Geschäftiges Zentrum

Hauptgeschäftsstraße ist die Avenida Dr. Fleming, eine breite Allee mit gefliestem Fußgängerbereich in der Mitte. Die Bänke im Schatten der ausladenden Indischen Lorbeerbäume sind allerdings selten besetzt, denn es fehlt der Straße an Flair.

Flair besitzt hingegen das oberhalb angrenzende Stadtviertel um die **Plaza de España.** Eine Fußgängerzone führt zum autofreien Platz, der so etwas wie das pulsierende Herz der Stadt ist. In den angrenzenden Gassen häufen sich die Geschäfte. Von der Plaza de España südwärts führt die Calle Almirante Diaz Pimienta als großzügiger Fußgängerbereich, ebenfalls mit zahlreichen Boutiquen. Hier kaufen die Einheimischen Bekleidung und Schuhe.

Der Plaza de España spenden einige riesige Indische Lorbeerbäume Schatten. Zentraler Treffpunkt auf dem Platz ist ein Kiosk, der ebenso wie das benachbarte Straßencafé Tische ins Freie stellt. Dort kann man beim *café con leche* das Leben und Treiben ringsum beobachten. Das tun auch die älteren Herren, die sich vor dem angrenzenden Casino (kein Spielkasino, sondern eine Art Bürgerklub) auf Stühlen niederlassen und ihre *puros* anzünden.

Pfarrkirche und Altstadt

Die dreischiffige Pfarrkirche **Iglesia Nuestra Señora de los Remedios** 2 aus dem 17. Jh. an der Plaza de España ist Unserer Lieben Frau der Hilfe geweiht. Der Vorgängerbau war kurz nach der Conquista errichtet worden,

Die Iglesia Nuestra Señora de los Remedios in Los Llanos

um der Madonna für ihre Hilfe bei der Bezwingung des gefürchteten Häuptlings Tanausú (vgl. S. 31) zu danken. Im Innern ist die Kassettendecke im Mudéjar-Stil bemerkenswert, die vor allem im vorderen Teil des Mittelschiffs sehr prachtvoll geschnitzt wurde. Auf dem Altar mit einem aus Silber getriebenen Vorsatz steht das ebenfalls sehr aufwändig aus Silber geschmiedete Allerheiligste, flankiert von vielarmigen silbernen Kerzenleuchtern.

Sehenswürdigkeiten
1 Markthalle (Mercado)
2 Iglesia Nuestra Señora de los Remedios
3 Pueblo Parque
4 Palmex Kakteengarten

Übernachten
5 Hotel Amberes
6 La Palma Jardín
7 Hotel Valle Aridane
8 Hotel Edén
9 Pension Time

Restaurants
10 San Petronio
11 Amberes
12 Real
13 La Pergola
14 Tasca La Fuente
15 Plaza Chica
16 Barbarossa

Das barocke Retabel dahinter, das zum Teil mit Blattgold belegt ist, birgt die Statue der Schutzpatronin, eine flämische Arbeit aus der zweiten Hälfte des 16. Jh. Sie thront auf einem Halbmond, umgeben von einem flammenden Sonnenstrahlenkranz. Zwei Seitenaltäre tragen Ölgemälde, die ebenfalls flämischen Meistern zugeschrieben werden.

Hinter der Kirche liegt die idyllische **Plaza Chica.** In diesen Platz mündet die Calle Fernández Taño, in der noch viele alte, einstöckige Häuser stehen. In einigen sind Restaurants oder Boutiquen untergebracht. Auch die parallel dazu verlaufenden Gassen oberhalb der Plaza de España gehören zum alten Ortskern. Prachtstraße war früher die Calle General Franco, wo ehemals herrschaftliche Stadthäuser zwischen den kleineren, bescheidenen *casas* der nicht ganz so wohlhabenden Bürger stehen.

Pueblo Parque

Der subtropische **Kulturpark Pueblo Parque** 3 (Mo–Sa 10.30–17 Uhr) liegt oberhalb von Los Llanos an der Straße nach El Paso. Man parkt entweder an der Hauptstraße und folgt dem beschilderten Weg aufwärts bis zum 80 m entfernten Park, oder man fährt das kurze Stück, wo es unmittelbar vor dem Eingang ebenfalls – begrenzte – Parkmöglichkeiten gibt.

Eineinhalbstündige Führungen in deutscher Sprache beginnen täglich um 11, 13 und 15 Uhr. Man kann auch zwischendurch dazustoßen und dann den Beginn bei der nächsten Führung nachholen. Die Führungen sind lebendig, man erfährt viel Wissenswertes über La Palma. Auf keinen Fall sollte man auf die Führung verzichten, denn sonst wird der Besuch des Parks bei weitem nicht so informativ.

Auf gewundenen Pfaden geht es durch den üppigen Garten, wo unterwegs immer wieder Überraschungen warten. Eine Stickerin arbeitet vor einem winzigen Stickereimuseum, in dem man die Exponate anfassen darf.

In einer Schnapsbrennerei wird tatsächlich – mit eigener Lizenz – gebrannt. Nach alten palmerischen Rezepten stellt man hier Kräuterschnaps und Orangenlikör her. Natürlich dürfen diese Spezialitäten auch probiert werden. Auch eine Weinprobe ist im Eintrittspreis eingeschlossen. Der Weiße stammt von einer kleinen Kellerei in Fuencaliente, Rotwein und Rosé liefert ein Landwirt aus Las Manchas. Außerdem gibt es Erläuterungen zu den Gewächsen, die auf La Palma in Gärten und Plantagen zu finden sind. Im Anschluss an die Führung kann man sich nach Belieben umsehen oder in dem gemütlichen Terrassencafé eine Pause einlegen.

Kaktusgarten

Etwa 1 km oberhalb von Pueblo Parque, ebenfalls an der Straße nach El Paso, weist ein Schild zum **Palmex Kakteengarten** 4 (Di, Mi, Do 10 bis 18 Uhr). Ein deutsches Ehepaar hat dort seit Ende der 70er Jahre des 20. Jh. eine kleine Oase geschaffen. Auf engstem Raum wachsen über 660 verschiedene Arten von Kakteen und

Tipp

Das italienische Eiscafé Galatería in der Avenida Lorenzo Francisco Navarro 22, der Durchgangsstraße, bietet eine erstaunliche Auswahl an verschiedenen hausgemachten Eissorten. Touristen finden nur selten den Weg hierher.

anderen Sukkulenten, darunter Säulenkakteen von über 15 m Höhe. Beim Kauf einer Tüte Kakteensamen zu 500 Pesetas pro Person kann man die Anlage kostenlos besichtigen.

Contacto, Calle General Yagüe 5 A, Tel. 9 22 46 32 04, Fax 9 22 46 12 66, Mo–Fr 9.30–13.30, 16–19, Sa 9.30 bis 13.30 Uhr. Das unter deutscher Leitung stehende Privatbüro ist Zimmervermittlung und Bücherladen zugleich. Außerdem gibt es Auskünfte aller Art.

****Hotel Amberes** 5: Avenida General Franco 13, Tel. 922 40 10 40, Fax 922 40 24 41. Liebevoll restauriertes Stadthaus mit schmiedeeisernem Balkon über dem Eingang. Innen ein begrünter Patio, hinter dem sich die Rezeption befindet. Ein familiär geführtes Haus zum Wohlfühlen. Pauschal buchbar. DZ 120 €.
La Palma Jardín 5: Urbanización Celta, oberhalb der Stadt in Richtung El Paso, Tel. 922 46 35 67, Fax 922 46 13 16. Komfortable Anlage in einem gepflegten Garten. Die Zimmer sind stilvoll eingerichtet. Tennis, Tischtennis und Pool. DZ 80–120 €.
*****Hotel Valle Aridane** 7: Glorieta Castillo de Olivares 3, Tel. 922 46 26 00, Fax 922 40 10 19. Recht großes, modernes Stadthotel mit Dachterrasse. Allerdings nicht weit von der stark befahrenen Hauptstraße. Unbedingt darauf achten, kein Zimmer zur Straße zu bekommen! Nicht ganz so zentral wie andere Unterkünfte im Ort. DZ ca. 40 €.
***Hotel Edén** 8: Calle Angel, an der Plaza de España, Tel. 922 46 01 04, Fax 922 46 01 83. Sehr zentral, allerdings auch nicht ganz so ruhig. Alle Zimmer mit Balkon. Dachterrasse. DZ ca. 30 €.
***Pension Time** 9: Calle Iglesia 3, an der Plaza de España, Tel. 922 46 09 07. In einem alten kanarischen Haus mit schönem Innenhof. Zentral, dennoch ruhig. Gemeinschaftsbäder. DZ ca. 30 €.

San Petronio 10: Camino Pino de Santiago 40, am Stadtausgang an der Gabelung nach El Paso links halten, dann der Beschilderung folgen. Sehr gutes italienisches Lokal. Gerichte ab 10 €.
Amberes 11: Calle la Luna 2, kleine Seitenstraße, die von der Avenida General Franco abzweigt. Gemütlicher, im mediterranen Stil eingerichteter Innenraum. Sehr gute, einfallsreiche Küche mit biologischen Erzeugnissen. Speisen um 10 €.
Real 12: Calle General Franco 62. Kanarische und internationale Küche, gehobener Standard. Hauptmahlzeit 8–10 €.
La Pergola 13: Plaza de España, neben der Kirche. Sehr schöne Terrasse in einer Mauernische der Kirche, Tische auch unter einer mit Blumen umrankten Pergola. Ein idealer Platz, um das Treiben auf der Plaza zu beobachten. Spanische, kanarische und internationale Küche. Hauptgerichte etwa 8 €.
Tasca La Fuente 14: Calle General Franco 70. Treffpunkt der deutschen Residenten. Verschiedene kleine Nudelgerichte, aber auch Speisen, von denen man so richtig satt wird, z.B. Fleischeintöpfe. Gekocht wird international mit mediterran-kanarischem Touch. Nudelgerichte ab 5 €, Hauptgerichte 8–10 €.

Plaza Chica 15: An der gleichnamigen Plaza. Mit schönem Innenhof, in einem alten kanarischen Haus. Italienische Küche, Holzofenpizza. Pizza ab 5 €, Hauptgerichte 8–10 €.
Barbarossa 16: Calle Calvo Sotelo 24. Spezialisiert auf vegetarische Gerichte. Es gibt auch Fisch und Fleisch. Gerichte um 8 €.

Artesanía Teimi: Avenida Dr. Fleming. Bunte Souvenirs und einheimische Zigarren *(puros)*.
An der Plaza Chica befinden sich die Boutiquen Viva! (bunte Flattermode), Solaris (Schmuck, Geschenkartikel) und Confetti (Mode).
Poco Loco: Calle Calvo Sotelo 3. Afrikanisch anmutendes Kunsthandwerk, schwerer Silberschmuck. Mit Piercing-Studio.
Lando: Calle Calvo Sotelo 4. Geschenke, Kunsthandwerk, Dekorationsartikel. Im Stil der 70er Jahre des 20. Jh.
Naturkostladen El Campo: Calle General Franco 46.
Bisutería Karma: Calle General Franco 48. Schmuckladen mit esoterischem Touch.
Contacto (vgl. S. 138): Riesenauswahl an CDs mit palmerischer und kanarischer Musik und an Ansichtskarten.

Utopia: In der Calle Fernandez Taño, nahe der Plaza Chica. Die Cocktail-Bar ist ab 22 Uhr beliebter Treffpunkt. Phantasievolle Mixgetränke, auch Bier. Zum Frühstück wird das Bistro geöffnet. Mittags leckere Snacks.

Fahrradverleih: Bike'n'Fun, Calle Calvo Sotelo 20, Tel./Fax 922 40 19 27, bike_fun@teleline.es, www.bikenfun.de. Mehr als 20 geführte Touren im Angebot. Im Laden gibt es Service und Zubehör. Fünf Touren im Paket ca. 180 €.

Busse: Busbahnhof in der Calle Ramón Pol 3 (dort aktuelle Fahrpläne); Verbindungen nach Santa Cruz, Puerto de Naos, Tazacorte, Puerto de Tazacorte, Fuencaliente, Tijarafe, Puntagorda und Garafía.
Taxi: Avenida Dr. Fleming, Tel. 922 46 27 40; Plaza del Mercado, Tel. 922 46 28 25.

Argual Abajo

La Palma-Atlas: S. 234, D 2
Ein sehenswertes Ensemble alter Herrenhäuser besitzt Argual Abajo, ein ruhiger Ortsteil von Los Llanos unterhalb des Stadtzentrums inmitten von Bananenplantagen. Im 16. und 17. Jh. errichteten dort einige reiche Großgrundbesitzer ihre Sommersitze. Im Winter residierten sie in Santa Cruz.

Argual Abajo ist nicht ausgeschildert. Man folgt unterhalb von Los Llanos, an der Straße Richtung Tazacorte, einem Hinweisschild Richtung »Información Turística« und gelangt sogleich zur Plaza Sotomayor, die von der Hauptstraße aus hinter hohen Mauern verborgen ist. Rund um den Platz reihen sich die herrschaftlichen Häuser, die von ihren Besitzern längst nicht mehr genutzt werden. In jüngster Zeit hat der Europäische Regionalentwicklungsfond ihre Restaurierung gefördert.

An der Nordostseite erhebt sich die **Casa Sotomayor** (Nr. 7) mit Balkon über dem Portal und schön bepflanztem Vorgarten. Ein kleineres Wohnhaus (Nr. 5) und einige Lagerhäuser gehören zu diesem Anwesen. An der Südseite des Platzes stehen die **Casa Veléz de Ontanilla** (Nr. 35) mit üppig begrüntem Innenhof und links daneben die **Casa**

Massieu (Nr. 31), beide aus dem 17. Jh. Letztere beherbergt Behörden der Gemeinde Los Llanos und ist öffentlich zugänglich.

Die Plaza Sotomayor wurde um 1915, als die Verpachtung von Bananenplantagen an englische Firmen den Grundbesitzern zu Wohlstand verhalf, im modernistischen Stil mit Brunnen, Grotten und Skulpturen neu gestaltet. Die für La Palma einmaligen Kunstwerke sind leider dem Verfall preisgegeben.

Weiter unten liegt die kleinere **Plaza de San Pedro** mit der gleichnamigen Kirche. Das Gotteshaus, im 17. Jh. von der Familie Sotomayor gestiftet, fällt durch seine fünfseitige Apsis – für die Kanaren einmalig, in Andalusien jedoch häufig anzutreffen – aus dem Rahmen.

Casa Massieu, Tel. 922 40 18 99, Mo–Fr 9–16.30 Uhr. Die Öffnungszeiten werden nicht immer eingehalten.

Casona de Argual: Plaza Sotomayor. Einfallsreiche Gerichte für Feinschmecker. Der kleine Speiseraum ist schlicht, aber edel eingerichtet, nur abends. Hauptgerichte ab 10 €.

Glaswaren: Eine kleine Glashütte gibt es mit Artefuego an der Plaza Argual 29, links neben der Casa Massieu. Dominic Kessler stammt aus einer Familie traditioneller Glasmacher aus dem Sudetenland. Man kann ihm bei der Produktion zuschauen. Witzige Kreationen, alles Unikate.

Markt: In Argual Abajo wird am ersten und dritten Sonntag des Monats zwischen 9 und 15 Uhr ein Flohmarkt abgehalten.

Auf dem Flohmarkt von Argual Abajo

Puerto de Tazacorte

La Palma-Atlas: S. 234, C 2

Der Hafenort Puerto de Tazacorte ist für fangfrischen Fisch bekannt. Immerhin ist hier fast die gesamte Fischereiflotte der Insel stationiert. La Palma-Besucher sollten wenigstens einmal den Sonnenuntergang auf der Terrasse eines der Lokale von Puerto de Tazacorte genossen zu haben. Aber auch der recht lange und geschützte Strand des Ortes erfreut sich großer Beliebtheit.

Puerto de Tazacorte liegt an der Mündung des Barranco de las Angustias. Die Bucht galt schon bei den Eroberern als bester Ankergrund in den Gewässern um La Palma. Alonso Fernández de Lugo landete hier am 29. September 1492, dem Tag des hl. Michael, um die Conquista einzuleiten. Später bestimmte man daher den Erzengel zum Schutzpatron der Insel, deren vollständiger Name seither San Miguel de La Palma ist.

Tipp

Die **Cueva Bonita** an der Steilküste etwa 5 km nördlich von Puerto de Tazacorte trägt ihren Namen ›schöne Höhle‹ zu Recht: Wenn spätnachmittags die Sonnenstrahlen durch die beiden Höhlenöffnungen ins Innere dringen, entsteht ein grandioses Licht- und Farbenspiel. Zu erreichen ist die Cueva Bonita nur per Boot (vgl. S. 144). Diesen Ausflug sollte man aus Sicherheitsgründen nur bei absolut ruhiger See unternehmen.

Strand und zentraler Platz

Vor dem Ort erstreckt sich ein langer Strand, den eine Betonmole sehr gut gegen die Nordwestbrandung schützt. Auch wurde Sand angeschüttet, so dass die früher eher kiesige Playa jetzt zum Baden sehr zu empfehlen ist. Allerdings sollte man – wie überall auf La Palma – auf die Beflaggung achten. Bei roter Flagge ist Baden verboten.

Hinter dem Strand wollte man eine große, künstliche Badelandschaft schaffen. Die Bauarbeiten wurden inzwischen eingestellt. Die nur teilweise fertig gestellte Anlage wird – so die derzeitige Planung – in einen Park verwandelt.

Auf dem großen zentralen Platz hinter Strand und ›Badeanlage‹ steht ein **Pavillon** mit Tischen im Freien, wo man sich unter Palmen zu einem Drink niederlassen kann. Bei dem Besitzer muss es sich um einen ausgesprochenen Vogelliebhaber handeln, wie die zahlreichen Vogelkäfige ringsum vermuten lassen. Hier verkehrt bevorzugt einheimisches Publikum. Wer möchte, kann hier die typischen Zigarren von La Palma erstehen und wird kostenlos mit Informationen zum nächsten Ringkampf *(lucha canaria)* in der Arena von Tazacorte versorgt.

Altstadt und Promenade

Früher befand sich der Hafen am Nordrand der Bucht. Hier liegt der alte Fischerort. Die Häuserzeilen sind gro-

Atlas: S. 234

ßenteils renoviert, die Gebäude in knallig bunten Farben gestrichen. Auch wurden die Gassen mit frischem Kopfsteinpflaster versehen. Puerto de Tazacorte hat durch diese Maßnahmen sehr an Attraktivität gewonnen.

Hinter dem Strand führt die Calle del Puerto vom Ende der breiten Autostraße auf eine lauschige Plaza mit einem Tintenfischbrunnen. Dort konzentrieren sich die Fischrestaurants, für die Puerto de Tazacorte gerühmt wird.

In der engen Calle Trasera, die von der Plaza landeinwärts führt, findet man zwar weder Restaurants noch Geschäfte, aber einige Häuser mit Fassaden, die von oben bis unten gefliest sind. Fliesen wurden früher in den kanarischen Fischerorten wegen des hohen Salzgehalts der Luft in Meeresnähe gern verwendet, um die Hauswände vor Zerfall zu schützen.

Eine Uferpromenade führt weiter zur **Mole**, an zwei Kioskos (Fischlokalen) vorbei. Diese geben bei schönem Wetter – das hier häufig herrscht – mit ihren bunten Sonnenschirmen und Blumenkübeln ein farbenfrohes Bild ab.

In der Mole kann man mit einiger Phantasie noch den ehemaligen Verladekai für Bananen erkennen. Früher wurden die Bananen des Aridane-Tals von Puerto de Tazacorte aus verschifft. Man blickt von der Mole nach Tazacorte mit ausgedehnten Bananenplantagen oberhalb der Steilküste, die nicht – wie sonst auf La Palma recht häufig – durch Plastikplanen verschandelt sind. Unter den Stützpfeilern der alten Verladeanlage kann man hindurchgehen und die nördlich angrenzende Steilküste in Augenschein nehmen. Die Promenade endet auf dem neueren Teil der Mole an einem kleinen Leuchtfeuer. Jenseits der Mole im offenen Meer liegen die Käfige einer Fischzuchtanlage.

Wanderung zum Mirador del Time

Eine kurze, aber anstrengende Wanderung führt in Serpentinen die steile Felswand zur Höhe von **El Time** hinauf. Der Einstieg befindet sich hinter dem alten Ortskern. Dort geht es zwischen den Restaurants El Trebol und Kiosco Teneguía einen Betonweg hinauf (Schild: GR 130/131 Mirador del Time), der bald in einen alten Pflasterweg übergeht. Etwas höher wird die Aussicht immer beeindruckender. Nach 45 Minuten ist bei einem Holzkreuz die Hochfläche erreicht. Vor allem am späten Nachmittag bietet sich ein herrlicher Blick über Puerto de Tazacorte bis zum Leuchtturm an der Punta de la Lava und weit ins Land über Los Llanos und El Paso.

Der moderne Hafen

Etwas abseits des Ortes, an der Straße nach Tazacorte, wurde der moderne Hafen angelegt. Bananen werden zwar längst von Santa Cruz verschifft. Heute ist in Puerto de Tazacorte jedoch die größte Fischereiflotte der Insel stationiert, die etwa 90 % der Fänge anlandet. Neben einigen Kuttern liegen vorwiegend kleine, offene Fischerboote im Hafen, den eine hohe Betonmauer schützt.

Im Hafen werden zur Zeit umfangreiche Baumaßnahmen durchgeführt.

An der Promenade von Puerto de Tazacorte

Die Außenmole wird verlängert. Baden im Hafengebiet ist im Gegensatz zu früher streng verboten.

Ermita de las Angustias

Landeinwärts von Puerto de Tazacorte, etwas unterhalb der Straße von Los Llanos nach Puntagorda, die hier den Barranco de las Angustias quert, erhebt sich eine ausgesprochen hübsche Kirche. Sie ist der Schmerzensmadonna (Nuestra Señora de las Angustias) geweiht.

Die sorgfältig restaurierte, einschiffige Ermita de las Angustias besitzt holzgeschnitzte Türen und Fenster im Kassettenstil sowie einen wunderschönen Holzbalkon. Auch die Holzdecke im Innern zeichnet sich durch aufwändige Schnitzarbeiten aus. Das von einer Figur der Schmerzensmadonna (mit dem Leichnam Jesu) gezierte Retabel im Altarraum ist üppig mit Blattgold belegt. Rechts und links vom Altar hängen Tafeln mit Körperteilen, die im Miniaturformat aus Wachs nachgeformt wurden – Herzen, Füße, Arme. Es handelt sich um Votivgaben der Gläubigen.

****Apartamentos Luz y Mar:** In der renovierten Häuserzeile hinter dem geplanten Park. Tel. 922 40 81 63 oder 922 42 85 02. Modernes, mehrstöckiges Haus. Praktische Apartments mit Südbalkon. Die Dachterrasse mit Pool kann von allen Gästen genutzt werden. DZ 35–40 €.

***Apartamentos Miramar:** Links neben Luz y Mar. Tel. 922 46 34 39 oder 609 44 50 43. In Lage und Ausstattung ähnlich wie das Luz y Mar, aber etwas einfacher. DZ ca. 35 €.

Taberna del Puerto: An der Uferpromenade. Modern-rustikale, stilvolle Einrichtung, gemütliches Ambiente. Auch Tische an der Promenade. Einfallsreiche und sehr empfehlenswerte kanarische und spanische Küche sowie gute Weinkarte. Hauptgerichte um 10 €.
Playa Mont: An der Straße Richtung Hafen. Auf der großen Terrasse, von Palmen umgeben sitzt man an Holztischen. Spezialisiert auf Fisch und Meeresfrüchte, oft gibt es Langusten. Fischgerichte ab 8 €, Langusten ab 25 €.
Kiosco Teneguía: An der Uferpromenade. Klassiker in Puerto de Tazacorte, der für seinen hervorragenden, fangfrischen Fisch gerühmt wird. Fisch ab 7 €.
Kiosco Montecarlo: An der Uferpromenade. Noch schöneres Ambiente als der benachbarte Kiosco Teneguía, dafür reicht die Qualität der Speisen vielleicht nicht ganz an den Nachbarn heran. Wer die Wahl hat, hat die Qual ... Fischgerichte ab 7 €.
An der Uferpromenade und rund um die kleine Plaza gibt es weitere Restaurants, die mit Angebot und Ambiente den oben genannten nacheifern.

Arte Lava: Calle del Puerto 6 A. Phantasievoller Schmuck, Dekorationsartikel.
Kunsthandwerksmarkt: An der Strandpromenade, So 16–21 Uhr.

Bootsausflüge: Motorjacht Celacanto. Delphinbeobachtung, Cueva Bonita, Sportfischerei, Abfahrt um 12 und 15.15 Uhr; Agamemnón, Tel./Fax 922 462849, der ehemalige Fischkutter fährt u.a. zur Cueva Bonit; Glasboden-Katamaran Fancy II, Tel./Fax 922406057, www.lp-b.com/fancy, Cueva Bonita, Delphin- und Walbeobachtung, Sonnenuntergangsfahrten. Tickets gibt es bei den Hafenschaltern der Veranstalter.

Busse: Linie 2 ab Los Llanos etwa jede Stunde.
Taxi: Tel. 922480966.

Tazacorte

La Palma-Atlas: S. 235, D 3
Tazacorte liegt inmitten des größten Bananenanbaugebiets von La Palma. Die meisten der etwa 2500 Bewohner leben von der Arbeit in den Plantagen, wenn auch die Absatzkrise der letzten Jahre nicht spurlos an Tazacorte vorübergegangen ist. Vom Fremdenverkehr ist hier erstaunlich wenig zu spüren. Auch haben sich im Gegensatz zu den vielen anderen Orten im Aridane-Tal kaum deutsche Einwanderer hier angesiedelt.

Tazacorte, die erste spanische Siedlung auf palmerischem Boden, wurde schon 1492 gegründet, noch bevor die Insel endgültig erobert war. Auf diese Zeit geht die sehenswerte Pfarrkirche zurück. Viel Atmosphäre besitzt die Altstadt mit schmalen Gassen und typisch kanarischen Häusern. Außerdem kann man den so genannten Casco Histórico besichtigen, ein Ensemble von Herrenhäusern aus früheren Zeiten.

Promenade und Calle Nueva

Tagsüber, vor allem aber abends, trifft man sich auf der Avenida de la Constitución. Die halbrunde, nur einseitig bebaute Promenade, markiert das moderne Stadtzentrum. Von dort blickt man über Bananenfelder in die Ferne zum Meer.

Vom Südende der Promenade führt die Calle Nueva als Fußgängerzone

DIE MÄRTYRER VON TAZACORTE

Eine Gedenktafel am altehrwürdigen Wohnsitz der Familie Monteverde erinnert an die »Märtyrer von Tazacorte«. Vierzig an der Zahl, so steht zu lesen, seien vom 6. Juli 1570 an elf Tage lang zu Gast gewesen, bevor sie von hugenottischen Seeräubern ermordet wurden. Doch wer waren die geheimnisvollen Märtyrer?

Papst Pius V. hatte 1559 den Jesuitenpater Ignácio de Azevedo beauftragt, Priester für die Missionsarbeit in Brasilien anzuwerben. Elf Jahre später war es dann soweit. Azevedo stach von Lissabon aus mit 44 jungen Jesuitenmönchen auf dem portugiesischen Handelsschiff »Santiago« Richtung Brasilien in See. Im Schutz einer Flotte von sieben Galeonen erreichte man am 14. Juni 1570 Madeira, wo Trinkwasser und Proviant aufgenommen wurden. Die Weiterfahrt war für den 2. Juli geplant. Doch die Nachricht, dass einige französische Korsarenschiffe unter dem Kommando des berüchtigten Jacques de Sores die Gewässer unsicher machten, hielt die Flotte im Hafen von Funchal fest.

Einzig die »Santiago« erhielt, als sich die Korsaren nach fünf Tagen noch nicht zeigten, die Erlaubnis, mit Kurs auf Santa Cruz de La Palma auszulaufen. Sie mussten dort dringend Waren löschen. Aber man hatte Jacques de Sores unterschätzt. Er lag mit seinen Booten auf der Lauer und heftete sich sofort an die Fersen der behäbigen Handelsgaleone. Nur einem plötzlich aufkommenden Sturm war es zu verdanken, dass die »Santiago« noch einmal entkam und sich im Hafen von Tazacorte in Sicherheit bringen konnte.

Von der Familie Monteverde wurden die Jesuiten freundlich aufgenommen. Melchor de Monteverde y Pruss kannte Pater Ignácio de Azevedo aus der gemeinsamen Studienzeit in Porto. Vergeblich versuchte er seinen Gästen das erneute Auslaufen auszureden. Die Padres schlugen seine Warnungen in den Wind, und die »Santiago« lichtete im Morgengrauen des 14. Juli die Anker mit Kurs auf Santa Cruz.

Vor Fuencaliente jedoch harrten die Franzosen schon der fetten Beute. Gegen die bis an die Zähne bewaffneten Korsaren hatte die »Santiago» keine Chance. Die Galeone wurde geentert, die Besatzung niedergemetzelt. Ignácio de Azevedo, der das Ansinnen des Kapitäns, die Jesuiten zu bewaffnen, abgelehnt hatte, starb von mehreren Lanzen durchbohrt. Die Überlebenden ergaben sich daraufhin. Doch Jacques de Sores kannte keine Gnade. Alle wurden ermordet. Einzig der Koch blieb verschont, da Sores ihn für sein eigenes Schiff benötigte. Ihm verdankt die Nachwelt die ergreifende Schilderung der Ereignisse. Die bestürzten Bürger von Tazacorte halten seither einige Heiligen-Reliquien, die ihnen die später selig gesprochenen Märtyrer zum Dank für ihre Gastlichkeit geschenkt hatten, in der Kirche San Miguel in hohen Ehren. Dass die Zahlen und Daten auf der später angebrachten Gedenktafel nicht so ganz stimmen, tut der Überlieferung sicher keinen Abbruch.

schräg aufwärts. Frisch herausgeputzte Häuser säumen die Straße, die meisten einstöckig und jedes in einer anderen Farbe angemalt. Die Calle Nueva hat das Zeug dazu, die zukünftige In-Meile des Ortes zu werden. Erste Geschäfte und ein Restaurant haben bereits eröffnet.

Pfarrkirche und Altstadt

Oberhalb der Avenida erhebt sich an der Plaza de España die **Iglesia San Miguel Arcángel.** Ein Vorgängerbau wurde an gleicher Stelle von den *conquistadores* (Eroberern) gegründet. Eine hölzerne Skulptur (16. Jh.) auf dem Hauptaltar zeigt den Kirchenpatron, den Erzengel Michael, mit dem Teufel. Moderne Umbauarbeiten haben das Äußere der Kirche nicht gerade zu ihrem Vorteil verändert. Sehr schön ist der von Bougainvillea überrankte, mit bunten Fliesen verkleidete Laubengang neben dem Kirchplatz, bei dem sich zur Siesta die älteren Männer des Ortes treffen.

Oberhalb der Kirche erstreckt sich ein Gassengewirr mit kleineren und größeren, jedenfalls aber älteren Stadthäusern. Hier lebten früher die weniger vermögenden Bürger. Ein Bummel durch dieses Viertel lohnt sich wegen der vielen kleinen Details, die es an den Gebäuden zu entdecken gibt – Türklopfer, Stuckverzierungen, schmiedeeiserne Gitter, Vogelkäfige vor den Fenstern. Früher oder später erreicht man von dort die winzige **Plaza Dr. Morales Pérez,** an der sich die Jugendlichen der Altstadt ein Stelldichein geben.

Casco Histórico

Schräg unterhalb der Kirche ist der Casco Histórico ausgeschildert, wo einst der Adel ein wenig abseits der Altstadt residierte. Aus der Zeit, als das Zuckerrohr auf La Palma eine wichtige wirtschaftliche Rolle spielte, blieben in der Calle Pérez Galdos, einer sauberen Gasse mit traditionellen Pflastersteinen, noch drei restaurierte Herrenhäuser erhalten.

Das Haus in der Calle Pérez Galdos 5 wurde vermutlich im 17. Jh. von der Familie Monteverde erbaut, vielleicht aber auch von Admiral Díaz Pimienta, an den ein Denkmal vor der Kirche erinnert. Die gegenüberliegende **Casa Massieu Van Dalle Ponte Monteverde** (Haus Nr. 9) mit einem prächtigen Barockportal gehörte Nicolás Massieu Van Dalle. Das Haus wird zur Zeit mit Hilfe von EU-Geldern restauriert. Demnächst soll es die Touristeninformation von Tazacorte mit einer Verkaufsstelle von Kunsthandwerk und einem Ausstellungsraum der Inselregierung beherbergen.

Weiter unterhalb steht ein dreistöckiges Herrenhaus, das die Familie Monteverde im 16. Jh. errichtete (vgl. S. 163).

Apartamentos Morro Sol II: An der Straße nach Los Llanos, in der Calle Pérez Galdos, einer sauberen Gasse mit traditionellen Pflastersteinen, Tel. 922 48 04 03, Fax 922 48 01 89. Modernes Apartmenthaus mit gut ausgestatteten Wohneinheiten. Pauschal buchbar. DZ 25-55 €.

***Apartamentos Isa I & II:** Calle Progreso 14 A, Tel. 922 48 00 52, Fax 922 48 00 66.

Im Altbau einfache aber funktionelle Appartments ohne Balkon. Im Neubau freundlich eingerichtete Wohneinheiten mit Balkon. Pool auf der Dachterrasse. Pauschal buchbar. DZ 30–40 €.

Apartamentos Rosema: Calle Miguel de Unamuno, unterhalb der Casa Massieu, Tel. 922 48 02 02. Das Haus steht abseits, umgeben von Bananenplantagen. Die Wohneinheiten haben Balkon und Meerblick. DZ ca. 35 €.

Apartamentos Atlantis: Calle Maríano Benlliure 14, über der Stadt, Tel. 922 40 61 46, Fax 922 48 08 86, atlantis@la-palma.de, www.la-palma.de/atlantis. Studios und Apartments mit Balkon, stilvolle Einrichtung. Die Anlage verfügt über einen Garten mit Pool und Dachterrasse. Unter deutscher Leitung. DZ 25–35 €.

Oveja Negra: Calle Nueva 16. In einem renovierten Stadthaus. Die Küche ist auf Lamm spezialisiert, es gibt auch vegetarische Gerichte. Hausgemachte deutsche und palmerische Süßspeisen. Hauptgerichte 7–11 €.

Tasca Las Tres Palmeras: Etwas versteckt unterhalb der Promenade, ausgeschildert. Typisches kanarisches Restaurant, solide Hausmannskost. Man sitzt gegenüber einer Bananenplantage. Gerichte ab 6 €.

La Vica: Calle Sotelo, neben der Kirche. Bar mit dem üblichen Angebot an *tapas*. Treffpunkt der Bananenarbeiter. An den Tischen und Bänken auf dem kleinen schattigen Platz unterhalb des Lokals finden sich auch Touristen ein. *Tapas* ab 2 €.

Lomo Blanco: Schräg gegenüber vom Rathaus und vom Supermarkt San Martín. Bei den Einheimischen sehr beliebt. *Tapas* und Snacks für den kleinen Geldbeutel. Ab 2 €.

Busse: Linie 2 ab Los Llanos etwa jede Stunde.

Taxi: An der Kirche, Tel. 922 48 06 52; am Rathaus, Tel. 922 48 04 10.

La Laguna und Todoque

La Palma-Atlas: S. 235, D 3

Südlich von Los Llanos liegen die sonnensicheren Streusiedlungen La Laguna und Todoque, die aus kleinen Bauerndörfern hervorgingen. Unterhalb der Hauptstraße, die etwa entlang der 300 m-Höhenlinie verläuft, erstrecken sich Bananenplantagen.

Das karge, steinige Land oberhalb der Straße war für die Landwirtschaft relativ unbrauchbar. Ausländer, unter ihnen zahlreiche Deutsche, kauften in den vergangenen Jahren die zunächst noch recht preiswerten Grundstücke, deren Wert inzwischen in die Höhe geschnellt ist. Einige von ihnen eröffneten Apartment- und Bungalow-Anlagen, die individuellen, erholsamen Urlaub garantieren. An der Hauptstraße findet man Restaurants, Autovermietungen und Immobilienhändler.

Markante landschaftliche Kennzeichen dieser Gegend sind ein paar **Vulkankegel**. Sie überragen die Bananenplantagen westlich von La Laguna und Todoque. Die Krater stehen heute wegen ihrer naturbelassenen Flora unter Naturschutz.

La Plantación: La Laguna, Camino El Pedregal, von der Straße La Laguna–Todoque ausgeschildert, Tel. 922 46 35 67, Fax 922 46 13 16. Komfortabel, ruhig. Gepflegter Garten, zwei Pools. Tennisplatz und Mountainbike-Verleih. DZ 45–65 €.

Las Fuentes: Todoque, Las Norias, an der Straße von Todoque nach Puerto Naos, Tel. 922 46 12 36. Unter deutscher Leitung, familiäre Anlage mit Pool. DZ 40–60 €.

Bungalows Gisela: Todoque, Tel./Fax 922 46 38 36, www.canarias-reisen.de/bungalows-gisela. Ruhig, etwas unterhalb der Hauptstraße. Bei km 4,5 dem Hinweisschild »Paradiso« folgen, dann rechts in den Camino Paradiso. Frei stehende Ferienhäuser, beheizter Pool, Tennisplatz. DZ 40–60 €.

Paradiso, Todoque, unterhalb von Gisela van Dijk, Tel. 922 46 28 38, Fax 922 40 15 95, www.elparadiso.purespace.de. Unter holländischer Leitung. Sehr ruhig. DZ 40–60 €.

La Mariposa: An der Straße von Todoque nach Puerto Naos. Angenehmes Ambiente für einen gelungenen Abend. Feine kanarische und internationale Küche. Manchmal Live-Musik. Hauptgerichte um 9 €.

Excelente: Todoque, an der Abzweigung nach Las Manchas. Elegantes Lokal unter Leitung eines deutschen Koches. Empfehlenswert das Schweinefilet. Oft gibt es Gitarrenmusik live. Mahlzeiten ab 8 €.

Puerto Naos

La Palma-Atlas: S. 235, D 4

Der Ferienort Puerto Naos liegt – windgeschützt – an dem wohl besten Sandstrand der Insel. Baden ist meist auch dann noch möglich, wenn die anderen Strände der Westküste wegen hoher Brandung zu gefährlich sind. Rund 3300 Sonnenscheinstunden im Jahr sind beinahe schon eine Garantie für einen gelungenen Badeurlaub.

Anfang der 70er Jahre des 20. Jh. standen hier nur ein paar Wochenendhäuser. Dann begann ein zunächst recht planloser Bauboom, dem die nüchternen, mehrgeschossigen Apartmenthäuser zu verdanken sind, die sich in mehreren rechtwinklig angeordneten Straßenzeilen hinter dem Strand drängen. Die Ferienwohnungen wurden vorwiegend von spanischen Familien erworben, einige Apartments werden auch an Touristen vermietet.

1990 eröffnete das Hotel Sol La Palma mit rund 1000 Betten etwas außerhalb des Ortes, am Südrand des 600 m langen Strandes. Der stufenförmige Bau aus dunklem Naturstein fügt sich dezent in die Landschaft. Vor dem Hotel am Meer befindet sich ein großer Spielplatz.

Der Strand von Puerto Naos

Paseo Marítimo und Strand

Am Strand von Puerto Naos, den Schatten spendenden Palmen säumen, kann man die Landung von Drachen- und Gleitschirmfliegern beobachten. Sie schweben von einem Vulkankegel bei Jedey herab. Mit Boutiquen, Terrassencafés und dem postmodernen Strandrestaurant Playa Morena verleiht der Paseo Marítimo, eine großzügige, schöne Uferpromenade, Puerto de Naos Flair. Die renovierten Apartmenthäuser an der Meeresfront zeigen ihre frischen Fassaden. Beliebter Treffpunkt ist am Nordende des Paseo Marítimo eine kleine **Plaza,** wo man auf einer bunten Fliesenbank im Schatten eines riesigen Indischen Lorbeerbaums ausruhen kann.

Eine romantische Atmosphäre herrscht am kleinen **Fischerhafen** am Nordrand des Strandes, wo noch so etwas wie ein alter Ortskern zu erahnen ist. Auf der Terrasse der Bar Moncloa kann man die Idylle genießen.

Oft ist es schwierig, einen Parkplatz am Paseo Marítimo zu finden. Die unbebaute Fläche zwischen dem Ort und dem Hotel Sol Elite La Palma hinter dem Strand dient als großer geräumiger Erdparkplatz. Zu erreichen ist er über eine holprige, dennoch mit dem Auto befahrbare Piste, die von der Avenida de la Cruz Roja (oberste strandparallele Straße und zugleich Restaurantmeile von Puerto Naos) zunächst landeinwärts und dann im Bogen nach rechts zum Strand führt.

Punta de la Lava

An der Punta de la Lava gibt es einige ruhige, außerhalb der spanischen Ferien kaum besuchte Badeplätze. Über eine Straße, die nördlich des Ortes in einer S-Kurve abzweigt, erreicht man die kleine Sommerhaussiedlung **La Bombilla** an einem grobkiesigen Strand.

Weiter nordwärts gelangt man zur **Playa Nueva,** die 1949 durch das Vordringen eines Lavastroms der San-Juan-Eruption ins Meer gebildet wurde. Die Lava erstarrte zu einer 2 km breiten Zunge. Rund 1 km^2 Neuland entstand, auf dem sich heute Bananenfelder ausdehnen. An der Punta de la Lava wacht seit 1993 ein Leuchtturm.

Tipp

Im **Hotel Sol Elite La Palma** gibt es ein à la carte-Restaurant für gehobene Ansprüche, aber hervorragender Qualität. In einem zweiten Restaurant wird vom Buffet gewählt. Abends gibt es eine Riesenauswahl. Einige Gerichte werden frisch vor den Augen der Gäste zubereitet. Trotz der Größe des Saales ist das Ambiente gemütlich und der Service dezent. Am Eingang wird zur Begrüßung oft ein Glas Sekt gereicht. Auch Nicht-Hotelgäste sind willkommen; für Hotelgäste 12,50 €, für Nicht-Hotelgäste 15 €.

An Wochenenden beleben Einheimische die Hüttensiedlung Las Hoyas an der Playa Nueva. Für das leibliche Wohl sorgt eine urige Bar. Im Sommer wird der Strand vom gröbsten Kies befreit, im Winter ist er recht steinig. Hier finden sich gern Wellenreiter ein.

Badeplätze südlich von Puerto Naos

Der schmalen, mit Bananen bepflanzten Küstenebene südlich von Puerto Naos sind ebenfalls einige Strände vorgelagert. Die **Playa de las Monjas** (Nonnenstrand) etwa 2 km vom Ort entfernt ist der einzige offizielle FKK-Strand La Palmas. Den Zugang erkennt man an den mehr oder weniger zahlreichen Fahrzeugen, die an der Straße parken. Nur wenig weiter südlich öffnet sich die **Bucht von Charco Verde** mit viel besuchtem Sandstrand.

Die Küstenstraße endet bei El Remo, einer Laubenkolonie, in der einheimische Familien ihre Freizeit verbringen. Es lohnt sich, das wirre Durcheinander von scheinbar nie fertig werdenden *casetas*, wie die Palmeros ihre Ferienhütten nennen, anzuschauen. Es gibt auch eine einfache Kneipe. Der steinige Strand ist zum Baden schlecht geeignet.

Palmaclub: Paseo Marítimo s/n, Tel./Fax 922 40 81 21, Mo–Sa 10 bis 13, 17.30–22 Uhr.

****Hotel Sol Elite La Palma:** Tel. 922 40 80 00, Fax 922 40 80 14, www.solmelia.es. Großes Komforthotel am Strand. Die Zimmer sind geräumig und sehr gut ausgestattet. Die Anlage verfügt über Swimmingpools, Garten und Liegewiese über dem Meer, sowie über mehrere Bars. Äußerst reichhaltiges und abwechslungsreiches Buffet, sowie ein à la carte-Restaurant. Sauna, Fitnessraum, Tennisplatz. Pauschal buchbar. DZ 80–150 €.

***Apartamentos Sol La Palma:** Tel. 922 40 80 00, Fax 922 40 80 14, www.solmelia.es. Die Anlage befindet sich hinter dem gleichnamigen Hotel. Gut ausgestattete, große Wohneinheiten. Alle mit Balkon, aber nur teilweise mit Meerblick. Sämtliche Einrichtungen des Hotels können mitbenutzt werden. Pauschal buchbar. DZ 60–110 €.

*Bungalows Charco Verde:** Tel. 922 46 08 36. Recht einsame und ruhige Anlage mit Flair an der gleichnamigen Bucht. Viele Stammgäste. Pauschal buchbar. DZ 60–75 €.

Apartamentos Laya Delphin: Am

Nordende des Paseo Marítimo, Tel. 922 40 81 94, Fax 922 46 12 00. Moderne, freundliche Ferienwohnungen mit Südwestbalkon und Strandblick. Gut ausgestattet mit Zimmersafe und Satellitenfernsehen. Am ruhigsten wohnt man in den oberen, etwas zurückgesetzten Stockwerken. DZ 40–60 €.

Apartamentos Horizonte: Buchbar über die Autovermietung Tamanca, Calle Mauricio Duque Camacho 46/A, einer Parallelstraße zum Paseo Marítimo, Tel. 922 48 06 03, Fax 922 40 81 78. Am alten Hafen oberhalb der Steilküste. Schöner Strandblick, ruhig und idyllisch. DZ 40–60 €.

Apartamentos La Muralla: Tel./Fax 922 40 21 00. Außerhalb von Puerto Naos an der Straße nach Los Llanos. Schöner Meerblick, deutsche Leitung. DZ 40–60 €.

Apartamentos Martín: Calle Juana Tabares 1, am südlichen Ortsrand, Tel. 922 40 90 46. Von den Balkonen genießt man bislang unverbauten seitlichen Meerblick. Ein schon etwas älteres Haus, aber durchaus annehmbar. DZ 30–50 €.

Don Quichote: Calle Juana Tabares, am Südrand des Ortes. Eines der besseren Restaurants in Puerto Naos. Sehr gute Fisch- und Fleischgerichte. Der Service ist freundlich und prompt. Gehobenes, aber gemütliches Ambiente. Meist ist es sehr voll, daher sollte man frühzeitig kommen oder persönlich reservieren. Gerichte 9–11 €.

El Rincón del Pescador: Am Nordende des Paseo Marítimo. Fischlokal mit schöner Terrasse. Unter portugiesischer Leitung, daher gibt es auch Stockfisch. Hauptgerichte 7–10 €.

Trébol: Avenida de la Cruz Roja. Ambiente eines griechischen Lokals. Angeboten wird jedoch Mittelmeerküche aus verschiedenen Ländern. Auch vegetarische Gerichte. Mahlzeiten ab 8 €.

Casa Pedro: Avenida de la Cruz Roja. Typisches kanarisches Fischlokal, häufig sind alle Tische besetzt. Fisch ab 7 €.

La Scala: Calle M. Darias Montesino, am alten Hafen aufwärts. Sehr gutes italienisches Lokal. Die Pizza hat immer einen knusprigen Boden, die Nudelgerichte sind perfekt zubereitet, die Empfehlungen vom Chef sind schmackhaft und der Service stimmt. Pizza ab 5 €, Nudelgerichte um 7 €, Hauptgerichte 6–10 €.

Bodegón Franconia: Paseo Marítimo, im Untergeschoss des Apartmenthauses Laya Delphin. Deutsch-kanarische Küche. Steaks, Käsespätzle und Wurstsalat. Urig eingerichtet. Kleinere Mahlzeiten ab 5 €, Hauptgerichte ab 8 €.

La Nao: Paseo Marítimo, am Südrand des Ortes. Im vorderen Bereich befindet sich die Bar, tagsüber wie abends ein beliebter Treffpunkt. Im Restaurant, im hinteren Teil des Lokals, werden gute Fischgerichte serviert. Fisch ab 7 €.

Il Forno: Avenida de la Cruz Roja. Das kleine Lokal hat eine erstaunlich große Terrasse. Italienische Küche. Hauptspeisen ab 7 €.

Playa Morena: Paseo Marítimo, am ansonsten unbebauten Teil des Strandes. Fisch- und Fleischgerichte. Hauptgerichte ab 7 €.

China Ming: Avenida de la Cruz Roja. Die lange Speisekarte ist typisch für China-Restaurants. Rind, Schwein, Ente, Huhn und Fisch in allen denkbaren Variationen. Flotter Service, gutes Essen, Preise deutlich unter dem ortsüblichen Niveau. Gerichte ab 4 €.

Bar Terraza: Zwischen Paseo Marítimo und altem Hafen. Herrlicher Platz, um den Sonnenuntergang zu beobachten. Tellergerichte (ab 6 €) und Snacks.

Terraza Las Palmeras: Paseo Marítimo. In der Cafeteria werden Snacks und Eisbecher serviert. Wenn die deutsche Bundesliga spielt, läuft der Fernseher. Kleinigkeiten ab 3 €.

El Taller: Ladenzeile im Apartmenthaus Laya Delphin. Geschmackvolles, modernes Kunsthandwerk. Aus der eigenen Lederwerkstatt kommen ausgefallene Handtaschen.
Abora: Ladenzeile im Apartmenthaus Laya Delphin. Die Boutique verziert hochwertige und geschmackvolle Outdoor-Kleidung mit dem eigenen Label – spiralförmige und andere Petroglyphen.
Per tudo playa: Paseo Marítimo 27. Hier gibt es alles für den Strand, dazu Geschenkartikel.
Gecko: Calle M. Darias 4, vom alten Hafen aufwärts. Boutique mit Modeschmuck, Batikkleidung, originellen Ansichtskarten und hübschen Dekorationsartikeln im Handgepäckformat.
Herbolario Fevapa: Avenida de la Cruz Roja. Reformhaus mit biologischen Produkten und Diätlebensmitteln.

Bucanero: Paseo Maritímo. Cocktail-Bar mit Korbsesseln an der Uferstraße zum Sehen und Gesehenwerden.
King La Nao: Paseo del Delfín. Treffpunkt für den späten Abend.
Melody: Diskothek unterhalb des Restaurants La Scala.

Abends gibt es am Paseo Marítimo oft Live-Musik. Ein sehr gutes Unterhaltungsprogramm – auch für Nicht-Hotelgäste – bietet das Hotel Sol Elite La Palma. Ein internationale Tanz-Show im Musical-Stil findet fast täglich in der Sala de Animación neben der Rezeption statt. Alle zwei Wochen, meist freitags, tritt eine Folkloregruppe von La Palma auf. In der Bar im Untergeschoss spielt jeden Abend das Duo Cocktail zum Tanz auf.

Ausflüge: Der La Palma Tourist Reisedienst im Hotel Sol Elite La Palma an der Strandpromenade, Tel./Fax 922 40 83 77, vermittelt Bootstouren, Ausfahrten zum Hochseefischen und geführte Wanderungen.
Fahrradverleih: Bike Station La Palma, Avenida de la Cruz Roja, Tel./Fax 922 40 83 55. Vermietung von Mountainbikes, geführte Touren verschiedener Schwierigkeitsgrade.
Wandern: Wanderzentrale, Calle José Guzman Pérez y Peréz, Tel. 922 40 81 29, wandern@teleline.es. Gelegentlich gibt es einen mobilen Informationsstand an der Uferpromenade. Geführte Wanderungen in kleinen Gruppen.
Paragliding: Palmaclub, Tel. 922 40 81 21 oder 610 69 57 50, Fax 922 40 81 21, Palmaclub@softhome.net. Information an der Uferpromenade vor der Bar Playa Morena. Gemeinsame Flüge, wobei der Transport organisiert wird. Auch Tandemflüge möglich. Keine Schulung.
Tauchen: Tauchpartner La Palma, am Ortseingang, Tel./Fax 922 40 81 39, tauchpartner@la-palma.de, www.la-palma.de/tauchpartner.
Tennis: Hotel Sol Elite La Palma. Informationen an der Rezeption oder Tel. 922 48 04 00. Auch für Nicht-Gäste.

Busse: Linie 4 ab Los Llanos halbstündl. bis stündl. Einige Busse dieser Linie fahren bis Charco Verde weiter.
Taxi: Tel. 922 48 04 10.

Las Manchas

La Palma-Atlas: S. 235, E 4
Las Manchas (die Flecken) sind mehrere kleine, von Weinbergen umgebene Siedlungen. Sie wurden auf Lavaströmen errichtet, die teils noch in historischer Zeit von der im Osten aufragenden Cumbre Vieja herabflossen. Prägend für das Ortsbild ist der breite, dunkle, bislang nur von einigen

MALVASIER UND ANDERE WEINE

Die uralte Malvasier-Rebe, die ursprünglich in Kleinasien verbreitet war, verhalf dem Kanarenwein schon im 16. Jh. zu frühem Ruhm. Portugiesische Einwanderer brachten sie auch nach La Palma. Der schwere, alkoholreiche Malvasía fand vor allem in England viele Abnehmer. Preiskämpfe und Qualitätsverlust stürzten den Kanarenwein aber um das Jahr 1700 in eine tiefe Absatzkrise. Die anti-englische Politik Spaniens tat ihr Übriges, um den Export zu erschweren. Den Malvasier ersetzte man von nun an gern durch zweitklassige Rebsorten, die man zum so genannten Vidueño verschnitt – einem eher mittelmäßigen Tropfen. Die Anbaufläche sank vor allem im 19. Jh. drastisch, die Ausfuhr kam vollends zum Erliegen.

An der Südspitze La Palmas und bei Hoyo de Mazo, wo der Malvasier auf den jungvulkanischen Böden besonders gut gedeiht, wird er noch in geringen Mengen angebaut. Die Bodegas bieten ihn als trockenen Aperitif *(malvasía seco)* oder süßen Dessertwein *(malvasía dulce)* an. Kräftiges, ausgewogenes Bukett und goldene Farbe – Richtung Bernstein schimmernd – und ein auf natürliche Weise erzielter Alkoholgehalt von bis zu 22 Vol.% sind typisch. Qualität hat, wie immer, ihren Preis. Als Alternative bietet sich der nicht ganz so edle Vidueño an.

Neben diesen schweren Sorten gibt es seit einigen Jahren auch immer mehr höherwertige Tischweine. Sie kommen unter der kontrollierten Ursprungsbezeichnung Denominación de Origen La Palma auf den Markt. Bodegas in den drei Anbaugebieten Hoyo de Mazo, Fuencaliente (mit Las Manchas) und Norte (zwischen Puntallana und Tijarafe) bemühen sich um Qualität.

Damit die Trauben nicht zuviel Zucker enthalten, erntet man mehrere Wochen früher als beim Malvasier üblich. Saubere Edelstahltanks garantieren die einwandfreie Gärung und Lagerung. Die klassische Rebe Listán blanco liefert einen leichten, trockenen Weißwein. Als hochwertiger gilt der ebenfalls weiße Bujariego. Dem Roten der Sorte Negramoll hat man seine sehr herbe Note mit dem eigentümlichen Brombeergeschmack sympathischerweise noch nicht ganz abgewöhnen können. Aus derselben Rebe gewinnt man auch einen Rosé, der sich durch Leichtigkeit und Eleganz auszeichnet. Eine Besonderheit ist der Vino de Tea, der im Norden der Insel gekeltert wird. Ein starkes Bukett und typischer Harzgeschmack sind für diesen kirschroten Tropfen charakteristisch, der an den griechischen Retsina erinnert. Er reift in Fässern, die aus dem Kernholz der Kanarischen Kiefer *(tea)* hergestellt werden.

Nur für den Eigenbedarf keltern die Bauern auf La Palma noch ihren roten *vino del país.* Die überreifen Trauben werden zuerst mit nackten Füßen zertreten. Mit hölzernen Pressen quetscht man dann den restlichen Saft heraus. Länger als ein Jahr kann man den herben Tropfen nicht aufbewahren. Verkosten kann man ihn zum Beispiel im Pueblo Parque bei Los Llanos.

Atlas: S. 235

Flechten bewachsene Strom, der sich bei der San-Juan-Eruption 1949 aus dem Cráter Llano del Banco ergoss. Die Straße von **San Nicolás,** der größten Ortschaft der Manchas, die in Serpentinen nach Todoque führt, quert ihn mehrfach.

Der schmucke Weiler **Jedey** an der Straße nach Los Canarios besitzt mit dem gleichnamigen Vulkankegel ein unverkennbares Wahrzeichen. Häufig starten hier Gleitschirm- und Drachenflieger, um später am Strand von Puerto Naos zu landen.

Unterhalb der Hauptstraße erstreckt sich die Streusiedlung Las Manchas de Abajo mit dem Park La Glorieta und dem Weinmuseum.

Santuario de Fátima

In der Ortsmitte von San Nicolás führt vor der Kirche eine schmale Straße bergauf. Über diese gelangt man (nächste Abzweigung links) zum Santuario de Fátima. Das Heiligtum wurde 1951 der Jungfrau von Fátima zum Dank dafür geweiht, dass 1949 der Lavastrom des San-Juan-Ausbruchs den Ort San Nicolás weitgehend verschont hatte. Das aus Gesteinsbrocken aufgeschichtete Denkmal, von einer Marienstatue gekrönt, schmücken stets frische Blumen. Auf dem großen Platz davor wird alljährlich im September anlässlich des Dorffestes ein Dankgottesdienst abgehalten.

La Glorieta

Von der Straße nach Todoque lohnt ein Abstecher zum künstlerisch gestalte-

ten Platz La Glorieta in **Las Manchas de Abajo.** Beim auffälligen, einer altkanarischen Pyramide nachgebildeten Restaurant El Secadero folgt man einer beschilderten Nebenstraße Richtung Süden. Den dann nach etwa 300 m auf der linken Seite gelegenen Platz kann man beim Vorbeifahren leicht übersehen. Die Glorieta befindet sich an einer Kreuzung, wo sich rechter Hand, in Nischen eingelassen, zwei weiße Kreuze erheben. Rechts liegt dort auch ein Spielplatz.

La Glorieta wurde von dem einheimischen Künstler Luis Morera, einem Schüler des legendären César Manrique aus Lanzarote, mit einem recht ausgefallenen und zugleich optisch

Die Glorieta in Las Manchas

sehr ansprechenden Mosaikfußboden gestaltet – eine Kombination aus Plaza und Garten mit allerlei kanarischen und anderen sukkulenten Gewächsen.

Ein schattiger Brunnen wird von einem aus Fliesenbruchstücken zusammengesetzten Chamäleon gespeist. Mosaiken aus Kieselsteinen säumen Brunnen und Bänke. Diese sind ebenso wie der Boden des Platzes mit skurrilen Fliesenbildern ausgekleidet, die Tier- und Pflanzenmotive in vielen Farben zeigen. Die typischen Manrique-Lampen aus Metall fehlen ebenso wenig wie eine Bühne mit einer Rückwand aus Stricklavabruchstücken. Eine von Bougainvillea überrankte Pergola ruht auf Säulen aus Lavagestein.

Weinmuseum

Oberhalb der Glorieta ragt ein restauriertes, rot gestrichenes Haus mit typischem kanarischem Holzbalkon empor – ein offensichtlich einst herrschaftliches Gebäude. Heute ist hier die **Casa Museo del Vino** untergebracht (Mo–Fr 10.30–13.30, 16.30 bis 20.30, Sa 10.30–13.30 Uhr). Im oberen Stockwerk wird eine Ausstellung mit Geräten, die früher von den Winzern benutzt wurden, gezeigt. Schautafeln informieren – auch in deutscher Sprache – ausführlich und anschaulich über den Weinbau auf La Palma.

Im Garten ist eine abgedeckte Zisterne zu besichtigen, in der man früher das Regenwasser auffing. Durch eine verschließbare Luke wurde das Wasser bei Bedarf mit einem Eimer geschöpft.

Hinter der Zisterne befindet sich in einem Nebengebäude eine mit Originaleinrichtung ausgestattete Bodega. Dort sieht man eine alte hölzerne Weinpresse, Fässer, einen Ziegenbalg zum Transport von Wein und Most sowie Körbe für Weinreben, die von Mensch oder Tier nach der Ernte getragen wurden. Nach der Besichtigung kann man im Eingangsbereich des Museums an einer Weinprobe teilnehmen. Natürlich wird der Wein auch verkauft, ebenso wie diverses Kunsthandwerk von der Insel.

El Secadero: An der Straße von Todoque nach San Nicolás. Restaurant in einem runden Natursteinbau nach

altkanarischem Vorbild. Grillspezialitäten und verschiedene Salate. Hauptspeisen ab 8 €.
Bodegón Tamanca: An der Landstraße bei San Nicolás. Urige Höhlenkneipe in einem alten Weinkeller. Vorwiegend deftige Fleischgerichte vom Grill. Vorspeise: Serrano-Schinken mit Ziegenkäse. Hauptgerichte ab 8 €.

El Paso

La Palma-Atlas: S. 235, E 2
El paso – das bedeutet Durchgang. Und in der Tat liegt El Paso im oberen Aridane-Tal seit jeher an der wichtigen Ost-West-Verbindung von Santa Cruz nach Los Llanos. Für den Bananenanbau ist die Gegend wegen der Höhenlage nicht geeignet.

Lavaströme überflossen im 15. und 16. Jh. Teile des Gemeindegebiets und machten ehemals fruchtbare Böden für die Landwirtschaft unbrauchbar. So pflanzte man in El Paso Maulbeerbäume und baute eine Seidenindustrie auf. Einige Frauen retteten das Wissen um die Seidenherstellung bis in die Gegenwart. Ein kleines Seidenmuseum dokumentiert diese Kunst.

Viele Ausländer haben sich in El Paso niedergelassen, Landhäuser renoviert oder neue Bungalows gebaut. Es gibt hier eine deutsche Infrastruktur mit Bäcker, Naturkostladen, Arzt, Heilpraktiker und deutscher Grundschule.

Tipp

Die gemütliche **Bar Central** ist dem Mercado Municipal angeschlossen. Man sitzt an Bistrotischen und genießt die kleinen, äußerst feinen und wohlschmeckenden *tapas*.

Herrenhäuser und Plaza

Die Durchgangsstraße verläuft südlich des Ortskerns. Hier sieht man viele große Wohnhäuser der Opuntien-Züchter aus dem 19. Jh. Optisches Highlight unter diesen Villen ist das Haus, dessen Vorderfront Skulpturen von Schlangen und einem Adler zieren. Letzterer trägt den Balkon über der Eingangstür.

Nach 1836, als alle Mönchsorden in Spanien aufgelöst wurden, hatten aus Lateinamerika zurückgekehrte Emigranten ehemaliges Klosterland in El Paso aufgekauft. Sie brachten die Cochenille-Laus aus Mexiko mit, die auf dem Feigenkaktus (Opuntie) parasitiert. Die Laus lieferte einen begehrten karminroten Naturfarbstoff, mit dem viel Geld zu verdienen war. Aber schon Ende des 19. Jh. war die dadurch ausgelöste wirtschaftliche Blütezeit von El Paso vorbei. Die Cochenille-Farbe war durch künstliche Farbstoffe ersetzt worden. Noch heute zeugen aufgelassene Opuntienfelder rund den Ort von dieser Zeit.

Biegt man in die Avenida José Antonio, so gelangt man zu einer Plaza, die in zwei originell mit Lavagestein gestaltete Parks gegliedert ist. Oben, im **Jardín El Paredón** (span. *paredón,* Mauerrest), dient die Nachbildung einer kanarischen Steinpyramide als Springbrunnen. Im unteren Garten, dem **Jardín de la Era** (span. *era,* Tenne), hat man einen Dreschplatz nach-

SEIDE VON LA PALMA

Schon im 16. Jh. begann auf La Palma die Herstellung von Seide. Der Höhepunkt war Ende des 18. Jh. erreicht, als in El Paso mindestens 500 Familien an den Webstühlen saßen. Seide von La Palma trug man an den europäischen Höfen. Sie galt als besonders fein und sorgfältig gearbeitet. Im 19. Jh. ging die Produktion drastisch zurück. Heute leben in El Paso die letzten Seidenweber Europas. Das Handwerk wäre ohne staatliche Hilfe zum Aussterben verurteilt.

Die kanarische Regierung lässt jedes Jahr im Frühjahr schlupfreife Eier des Seidenspinners aus Japan kommen. Einige Familien in El Paso besitzen Maulbeerbäume. Sie halten die Raupen in Pappkartons und füttern sie mit den Blättern. Im Sommer spinnen die Raupen einen weißen Kokon, der nur brauchbar ist, wenn der Schmetterling nicht schlüpft. Daher werden die Puppen in siedendem Wasser getötet. Dann spult man den etwa 400 m langen Faden ab.

Die Rohseide ist bräunlich und hart wie Stroh. Erst durch Kochen in Seifenwasser wird sie weiß und weich. Nach dem Spinnen beginnt das Einfärben. Das Fixieren der Naturfarben ist eine schwierige Kunst. Rottöne gewinnt man aus Cochenille-Farbe. Gelb stammt vom Safran, Braun liefern Zwiebelschalen und Mandeln. Gesteinsmehl aus Lavabrocken ergibt Schwarz, mit Safran gemischt Grün. Letzter Arbeitsschritt ist dann das Weben.

geahmt. Kleine, anschauliche Fliesenbilder, geben – folkloristisch verfremdet – Szenen aus dem alten, ländlich geprägten La Palma wieder.

Seidenmuseum und Markt

Die Calle Manuel Taño führt aufwärts zum alten Zentrum. Hier stehen noch einige Bürgerhäuser mit den typisch kanarischen Holzbalkonen. Rechter Hand trifft man zunächst auf das **Museo de la Seda** (Mo–Fr 10–13 Uhr). In dem bislang einzigen Saal des kleinen Museums stehen mehrere Webstühle, an denen die Seidenherstellung demonstriert wird. Drei junge Handwerkerinnen führen hier die jahrhundertealte Tradition fort. In Vitrinen sind Gerätschaften ausgestellt, die für die Produktion benötigt werden. Außerdem sieht man die Kokons der Seidenraupen. Eine Ausstellung über die Geschichte der Seidenproduktion wird demnächst im Obergeschoss eröffnet.

Ebenfalls in der Calle Manuel Taño, schräg oberhalb des Seidenmuseums, wurde eines der größten Häuser von El Paso kürzlich restauriert. Hier zieht der neue **Mercado Central** (Markthalle) ein.

Alte und neue Kirche

Die **ehemalige Pfarrkirche** oberhalb des Mercado Central, eine typische kanarische *ermita*, besitzt eine sehenswerte geschnitzte Decke im Chor. Der moderne Altar, an dessen Rückwand

Las Piedras: An der Straße nach Santa Cruz. In der Bar, in der Bus- oder Lastwagenfahrer auf dem Weg über die Cumbre einen Halt einlegen, gibt es gute *tapas* ab 2 €.

La Sorpresa: Modernes Kunsthandwerk, auf La Palma hergestellt. Keramik, Silberschmuck mit Lavagestein oder Olivin und typisch palmerischen Motiven wie spiralförmigen Petroglyphen oder Drachenbäumen. Kompetente Beratung auf Deutsch.

Fiesta de la Virgen del Pino, alle drei Jahre am ersten oder zweiten Sonntag im August (2003, ...), mit großer Prozession an der Ermita del Pino.

Reiten: Centro Hípico Manivasan, Tacande Malpaís, Tel. 922 40 82 75 oder 646 34 83 82. Unterricht und organisierte Ausritte.

Busse: Linie 1 ab Santa Cruz etwa alle 1–2 Std., ab Los Llanos etwa stündl. Haltestelle am Jardín de la Era.
Taxi: Avenida José Antonio, 50 03.

Tipp

Ein schöner Wanderweg führt auf den Pico Bejenado (1854 m). Für die recht anspruchsvolle Tour sollte man 4,5 Stunden Gehzeit kalkulieren, 700 m Höhenunterschied sind zu überwinden. Dafür belohnt oben ein schöner Panoramablick. Man hält sich zunächst auf der Straße Richtung Parque Nacional, zweigt dann aber links nach Valencia ab und fährt dann 5 km bis zu einem Waldparkplatz, wo der Wanderweg mit Bejenado ausgeschildert ist.

La Cumbrecita

La Palma-Atlas: S. 235, F 1
Die beste Möglichkeit, um einen umfassenden Blick in die Caldera de Taburiente zu erhalten, ist ein Besuch der Cumbrecita (1287 m; festes Schuhwerk). Beim Besucherzentrum des Nationalparks folgt man der Beschilderung »Parque Nacional«. Durch Weideland und Mandelbaumkulturen geht es auf den Bergsattel hinauf. Am Informationsstand der Nationalparkbehörde muss man den Wagen abstellen. Ein Pfad führt vom hinteren Teil des Parkplatzes durch den Wald abwärts bis zu einer Felsgruppe, dort, wo man rechts entlang einer alten Wasserleitung nach 50 m zum **Mirador Punta de los Roques** (1200 m) gelangt. Auf dem Hauptweg geht es dann weiter zum **Lomo de las Chozas,** einem schmalen Bergrücken, an dessen Spitze sich ein weiterer Mirador befindet. Der Rückweg führt über eine Forstpiste. Der Rundweg dauert etwa eine Stunde.

Achtung: Der halsbrecherische Pfad, der von der Cumbrecita in sechs Stunden über den Escuchadero hinab in die Caldera zur Playa de Taburiente führt, ist nur extrem trittsicheren und risikofreudigen Wanderern zu empfehlen. Sie sollten sich zuvor bei dem Wächter am Parkplatz La Cumbrecita über den Zustand des Weges informieren.

CALDERA DE TABURIENTE

Fast nicht erklimmbar sind die steilen Felswände der Caldera de Taburiente, beängstigend wirkt die enge Klamm des Barranco de las Angustias. Die wohl eindrucksvollste Wanderroute La Palmas führt durch die stillen Kiefernwälder im Talkessel, vorbei an erfrischenden Quellen und über reißende Wildbäche.

Das Naturwunder

La Palma-Atlas: S. 230, D/F 4 und S. 231, D/E 1

Für Wanderer und Naturfreunde zählt ein Besuch in der **Caldera de Taburiente** zu den Höhepunkten eines Aufenthalts auf La Palma. Den riesigen Kessel (span. *caldera*) – er misst etwa 7 km im Durchmesser – umgeben ringsum steile Felswände.

Der Grund der Caldera de Taburiente steigt von rund 300 m im unteren Bereich, wo der Barranco de las Angustias beginnt, auf etwa 900 m an. Im Westen, Norden und Osten ist der Kessel halbkreisförmig von einem Gebirgszug umgeben, der Höhen um 2000 m erreicht und im **Roque de los Muchachos,** dem mit 2426 m höchsten Berg La Palmas, gipfelt.

Der **Pico Bejenado**, von dem übrigen Caldera-Rand durch den Sattel der **Cumbrecita** (1287 m) getrennt, ist immerhin noch 1875 m hoch. Während sich die umliegenden Höhen oft in Wolken hüllen, ist es in der Caldera, die vor Winden aus allen Richtungen geschützt ist, meist sonnig und trocken.

Im Jahre 1954 erklärte die spanische Regierung die Caldera de Taburiente zum Nationalpark, der sich heute auf 4690 ha ausdehnt und den größten Teil des Kessels bis hinauf zu den Bergkämmen, einen Teil des Barranco de las Angustias, die Cumbrecita mit einem Teil des Barranco del Riachuelo und die Südseite des Pico Bejenado umfasst.

Für die Verwaltung des Parks ist die staatliche Nationalparkbehörde (Parques Nacionales) zuständig. Sie unterhält das Wegenetz und sorgt dafür, dass die Verhaltensregeln eingehalten werden. So ist es verboten, Abfall zu hinterlassen, Pflanzen, Tiere oder Steine zu sammeln, offenes Feuer zu machen oder außerhalb des offiziellen Campinggeländes zu zelten. Auch ist im Nationalpark die Viehhaltung verboten.

Die Ziegen, die früher in großer Zahl die Caldera durchstreiften und schwere Schäden an der Vegetation anrichteten, wurden abgeschossen. Statt dessen siedelte man Mufflons von Korsika als Jagdwild an, musste allerdings feststellen, dass diese dem Pflanzen-

JAKOB GRÜNENBERG UND SEINE ERBEN

Der wohl längste Rechtsstreit in der Geschichte der Welt fand 1954 auf La Palma vorerst ein Ende. Der »Heredamiento de las Haciendas de Argual y Tazacorte«, eine aus mittlerweile etwa 2000 Personen bestehende Erbengemeinschaft, wurde das Recht auf Ländereien und Wassernutzung in der Caldera de Taburiente gerichtlich zugesprochen.

Angefangen hatte alles im 16. Jh. Alonso Fernández de Lugo bedachte nach der Eroberung La Palmas seinen Neffen Juan mit großen Ländereien bei Argual und Tazacorte. Dazu erhielt er die Wasserrechte der Caldera de Taburiente, wo die ergiebigsten Quellen sprudeln. Die damit verbundene Auflage lautete, das Land urbar zu machen und Zuckerrohr zu pflanzen.

Doch Juan de Lugo fehlten dafür sowohl das Interesse als auch das Kapital ,um Arbeitskräfte bezahlen und Zuckermühlen errichten zu können. So veräußerte er Land und Wasser im Jahre 1508 an den andalusischen Kaufmann Jácomo Dinarte, der wohl nur als Strohmann diente, um kurz darauf das Land an das Augsburger Handelshaus der Welser weiterzuverkaufen. Die spanische Krone sah es nicht gern, wenn größere Ländereien in ausländische Hände übergingen. Königin Johanna (die Wahnsinnige) konnte sich aber der Tatsache nicht verschließen, dass zu wenig einheimisches Kapital vorhanden war, um den lukrativen Zuckerrohranbau auf La Palma in Schwung zu bringen. Als die königliche Kaufbestätigung fünf Jahre später eintraf, hatten es sich die Welser anders überlegt. Sie verkauften die »Haciendas de Argual y Tazacorte« an den Kaufmann Jakob Grünenberg aus Köln.

Grünenberg hatte sich schon vor Jahren im Zuckerhandel zwischen den Kanarischen Inseln und Antwerpen engagiert. Jácomo de Monteverde, wie sich Jakob Grünenberg nun nannte, machte mit Zuckerrohr eines der größten Vermögen des Kanarischen Archipels. Die Gewinnspannen waren so groß, dass sich seine Investitionen bereits nach zwei Jahren ausgezahlt hatten. Von da an ging es nur noch bergauf. Grünenberg selbst erlebte das Ende des Zuckerbooms, das sich seit 1554 abzeichnete, nicht mehr.

Nach Grunenbergs Tod rissen die Streitigkeiten um die kostbaren Ländereien nicht ab. Seine Erben konnten sich nicht über die Aufteilung des Vermögens einigen. 1557 erhielten sie es zwar vom Königlichen Gerichtshof in Las Palmas zugesprochen. Doch wollte sich der Inselrat in Santa Cruz nicht damit abfinden, dass die Wasserrechte der Caldera in privater, ausländischer Hand verblieben. So ging der Zwist weiter. Fast 400 Jahre nach dem Ausbruch des Rechtsstreits siegten dann abermals die Erben, doch sind sie mit der Caldera wohl nicht recht glücklich geworden. Die spanische Regierung erklärte kurz darauf das Gebiet zum Nationalpark, um die Landschaft vor Zerstörung durch Privatinteressen zu bewahren.

Blick vom Mirador de la Cancelita

wuchs ebenfalls erheblich zusetzen. Durch Abschuss wurde ihre Zahl mittlerweile stark reduziert.

Mirador de la Cancelita

La Palma-Atlas: S. 235, D 2

Für eine erste Annäherung an die Caldera de Taburiente ist der Ausflug zum Mirador de la Cancelita ideal. In Los Llanos folgt man von der Markthalle den Schildern »Parque Nacional Caldera Taburiente«. Dann achtet man rechter Hand auf die Abzweigung der Calle Cancelita. Sobald die Hauptstraße Richtung Nationalpark oberhalb des Barranco de las Angustias nach rechts knickt, ist man schon etwas zu weit gefahren. Man biegt in die Calle Cancelita ein (der Aussichtspunkt ist nicht beschildert) und folgt dieser aufwärts. Sobald die Asphaltdecke endet, ist es sinnvoll, den Wagen abzustellen, denn die nun folgende, holprige Piste können nur geländegängige Fahrzeuge befahren.

Zu Fuß sind es fünf bis zehn Minuten bis zu dem großzügig angelegten Aussichtsbalkon mit Blick zurück nach Los Llanos und hinab in den Barranco de las Angustias. Auch schaut man weit in die Caldera hinein und bis zu den höchsten Bergen La Palmas im Hintergrund.

Zufahrt zur Caldera

In Los Llanos folgt man von der Markthalle, am Busbahnhof vorbei, der Beschilderung »Parque Nacional Caldera Taburiente«. Man fährt zunächst auf einer Straße und dann auf einer mit einem Auto gut befahrbaren Piste bis zu einem Parkplatz im **Barranco de las Angustias** (Schlucht der Todesängste). Zwar führt eine Piste weiter nach **Los Brecitos,** doch da sie sehr holprig

ist, sollte man nicht mit einem Leihwagen dort hinfahren. Zudem gibt es in Los Brecitos nur eingeschränkte Parkmöglichkeiten. Jeep-Sammeltaxis, die im Auftrag der Nationalparkverwaltung fahren, stehen am Parkplatz, um Wanderer nach Los Brecitos zu transportieren.

Wer sich nicht mit dem Jeep nach Los Brecitos bringen lassen möchte, kann vom Parkplatz im gerölligen Bachbett des Barranco de las Angustias aufwärts laufen und diesen beliebig weit erkunden. Bis zum Wasserwerk Dos Aguas (s. u.) läuft man hin und zurück etwa 4,5 bis 5 Stunden.

DER KULT DES IDAFE

»Y iguida y iguan Idafe.« (Er sagt, dass Idafe fallen wird), singt einer der beiden Männer und hebt die Eingeweide einer Ziege hoch. »Que guerte yguan taro« (Gib ihm das, was du bringst, und er wird nicht fallen), antwortet der andere. So spielte sich jahrhundertelang das feierliche Opferritual am Roque de Idafe ab, berichten die Chroniken der *conquistadores*. Jedes Mal wenn der Stamm der Aceró, der die Caldera bewohnte, ein Tier geschlachtet hatte, nahmen zwei Männer den mühseligen Aufstieg zum Fuß des fast unzugänglichen Felsens auf sich, um dort die Innereien darzubringen.

Idafe war keine Gottheit. Eigentlich kannten die Altkanarier nur einen Gott: Abora. Jedes der zwölf Stammesgebiete besaß einen heiligen Ort, an dem man aus Steinen eine Pyramide aufgeschichtet hatte. Dort fand der Kult des Abora statt, wohl jeweils zur Sonnenwende. Doch galten neben Abora auch manche Pflanzen, Tiere oder Felsen als heilig. Der Roque de Idafe wurde verehrt aus Angst, er könne umfallen. Viele Forscher glauben in diesem Zusammenhang an einen Fruchtbarkeitskult, da die phallische Gestalt des Felsens unverkennbar ist.

Wanderung durch die Caldera

Eine klassische Wanderroute führt quer durch die Caldera von Los Brecitos zur Playa de Taburiente und weiter bis zum Parkplatz im Barranco de las Angustias (etwa 5.30 Std. Gehzeit). Dabei ist ein Abstieg von insgesamt etwa 800 Höhenmetern auf steinigen Pfaden zu bewältigen. Lediglich erfahrene und gut ausgerüstete Wanderer sollten diese Tour in Angriff nehmen. Sie ist nur durchführbar, wenn man sich nach Los Brecitos fahren lässt (s. u.) oder zusätzlich den etwa dreistündigen Anmarsch dorthin in Kauf nimmt.

Die Piste endet bei Los Brecitos an einem Wendeplatz, wo ein Wanderweg durch Kiefernwald am Caldera-Hang entlang weiterführt. Fast unmerklich geht es bergab. Man passiert den Bauernhof Casas de Tenerra, auf dem noch Tabak angebaut wird. Immer wieder weisen Schilder mit der Aufschrift »Zona de Acampada« den richtigen Weg.

Nach etwa 1.15 Stunden ist eine Gabelung erreicht. Wendet man sich dort nach rechts, erreicht man die **Playa de Taburiente,** einen breiten, geröllbedeckten und von Rinnsalen durchzogenen Talgrund am Zusammenfluss mehrerer Bäche. Je nach Jahreszeit können die Bäche so viel Wasser führen, dass die Überquerung nicht ganz einfach ist. Auf der anderen Talseite befindet sich im Schatten hoher Bäume das offizielle Campinggelände mit Tischen und Bänken (1.30 Std.).

Richtung Barranco de las Angustias geht es vom Campinggelände auf einem schmalen, beschilderten Pfad aufwärts. Über einen Sattel führt dieser Weg zunächst in den Barranco Almendro Amargo und an dessen steilem Westhang talab. Man erkennt nun schon den spitzen **Roque de Idafe,** den heiligen Fels der Altkanarier. Bald ist der Talgrund erreicht. Dort befindet sich am Wegrand ein Altar mit einer kaum noch leserlichen Inschrift, die besagt, dass an dieser Stelle nach der endgültigen Kapitulation der Auaritas (vgl. S. 31) die erste christliche Messe auf La Palma gefeiert wurde.

Unterhalb des Roque de Idafe fließen der Barranco Almendro Amargo und der Barranco del Limonero zusammen. Wenig weiter unterhalb mündet beim Wasserwerk von **Dos Aguas** (3.15 Std.) der Barranco de Taburiente, dessen Überquerung bei starker Wasserführung Probleme bereiten kann.

Im weiteren Verlauf ist das Flussbett dann fast ausgetrocknet, da bei Dos Aguas das Oberflächenwasser der Caldera in eine Leitung gespeist wird. Der Weg verläuft im Talgrund oder entlang der Hänge. Im Zweifel helfen Steinmännchen bei der Orientierung. Stetig geht es durch den engen, stellenweise von steilen Felswänden gesäumten Barranco de las Angustias bergab. Nach etwa 5.30 Stunden Gesamtgehzeit ist der Parkplatz im Barranco de las Angustias erreicht.

Campinggelände an der Playa de Taburiente im Caldera-Zentrum; Zelten nur mit schriftlicher Genehmigung der Nationalparkbehörde in El Paso (s. S. 158), Tel. 922 49 72 77, Fax 922 41 34 48. Man bekommt einen Müllsack ausgehändigt, der mit der Nummer der Zelterlaubnis versehen ist. Den Beutel muss man aus der Caldera wieder heraustragen.

Balcón Taburiente: Camino Cantadores 2, an der Zufahrt zur Caldera. Schöne Terrasse mit Blick in den Barranco de las Angustias. Gute *tapas*. Für den größeren Hunger empfehlen sich Zicklein oder Kaninchen. Hauptgerichte um 8 €.

Wandern: Das Wegenetz in der Caldera ist beschildert und in gutem Zustand. Informationen über Wanderrouten erteilt die Nationalparkbehörde im Centro de Visitantes in El Paso, die auch geführte Wanderungen organisiert. Klettern und Bergsteigen sind im Nationalpark verboten.

Taxi: Im Barranco de las Angustias stehen tägl. 8.30–13 Uhr Jeeptaxis bereit, um Wanderer in 45 Min. nach Los Brecitos zu fahren, etwa 9 € pro Person. Wer die Anfahrt auf der Piste bis zum Parkplatz im Barranco de las Angustias nicht auf sich nehmen möchte, bestellt ein Jeeptaxi ab Los Llanos, Tel. 922-46 27 40 oder 608 64 03 15.

Tipp

Wer absolut trittsicher ist, kann einen Abstecher in den **Barranco del Limonero** unternehmen. In den Tümpeln, die sich in dem ansonsten meist ausgetrockneten Bachbett gebildet haben, baden im Sommer die Einheimischen. Die Schlucht ist eng und von Felswänden gesäumt. Nach etwa einer halben Stunde gelangt man zur Cascada Colorada, einer in allen Gelb- und Rottönen gefärbten Steilstufe. Dahinter beginnt eine besondere Schutzzone des Nationalparks, die nicht zugänglich ist.

Der Nordwesten und Norden

Der Roque de Santo Domingo

Atlas S. 230, 231, 232, 233

DER NORDWESTEN

Ein grandioser Ausblick bietet sich vom Mirador del Time. Tijarafe besitzt eine malerische Altstadt mit einem volkskundlichen Museum. Mandelplantagen lassen die Gegend von Puntagorda lieblich erscheinen. Bei Las Tricias, wo Drachenbäume gedeihen, kann man prähistorische Höhlen besichtigen. Windmühlen sind das Kennzeichen von Santo Domingo.

El Time

La Palma-Atlas: S. 234, C 2
Erste Station, wenn man von Los Llanos kommt und den Barranco de las Angustias durchquert hat, ist das vielbesuchte **Café Mirador El Time**. Von der Terrasse vor der Bar blickt man in den Barranco de las Angustias und dahinter über das Aridane-Tal mit Los Llanos und Tazacorte und weiter bis zur Küste von Fuencaliente. Der **Mirador del Time** gilt als einer der schönsten Aussichtspunkte La Palmas. Namengebend für die Stelle ist die oberhalb des Cafés gelegene Bergkuppe El Time (594 m), ein Ausläufer des Höhenzugs, der die Caldera de Taburiente im Westen begrenzt. *Time* ist das altkanarische Wort für Felsvorsprung.

Olivina Canarias: Im gleichen Gebäude wie das Café verkauft neben Andenken interessante kulinarische Souvenirs: Bienmesabe im Glas, Feigenmarmelade, Honig aus der Caldera, verschiedene Sorten *mojos*, *rapaduras* in allen Farben, *aguardiente de la Palma* (Branntwein mit Fenchel, Zitrone und anderen würzenden Zutaten) und Wein der Marke Vega Norte aus Tijarafe.

Tijarafe

La Palma-Atlas: S. 234, C 1
Im Ortszentrum von Tijarafe lohnt es sich, zu Fuß die ruhigen Gassen oberhalb der Durchgangsstraße mit den hübschen, kanarischen Häusern zu erkunden.

Am Ortseingang, von Los Llanos kommend, gibt es am Straßenrand Parkplätze in ausreichender Zahl. Dort findet man auch eine Aussichtspromenade mit Parkbänken und Blick über Palmen hinweg zum Meer.

Der Name Tijarafe geht auf ein prähistorisches Stammesgebiet zurück. Die heutigen Bewohner verteilen sich auf zahlreiche Bauernhöfe und winzige Weiler, die vor allem in den mittleren Höhen zu finden sind, während die trockenen Hänge unterhalb von 500 m und die nahezu unzugängliche Steilküste praktisch unbesiedelt blieben.

Pfarrkirche und Fuente de Tijarafe

Zur **Iglesia Nuestra Señora de la Candelaria** führt von der Straßenkurve an der Hauptstraße die Calle General Franco hinauf (Schild: Casa El Maestro). Die Pfarrkirche ist von einem großen Festplatz umgeben, den einige würdige Exemplare des Indischen Lorbeers beschatten. Die einschiffige Kirche geht auf eine Kapelle von 1530 zurück, der heutige Bau wurde Anfang des 18. Jh. vollendet.

Im Innern besitzt die Kirche eine schlichte Holzdecke. Das schöne, barocke Retabel (17. Jh.) ist ungewöhnlich breit. Es birgt die Statue der Schutzpatronin Maria Lichtmess, wohl eine flämische Arbeit aus dem frühen 16. Jh. Zwei Tafelbilder flankieren die Statue der Madonna. Darüber folgen weitere fünf Tafelbilder und als oberer Abschluss noch einmal drei. Dieser Aufbau ist einmalig für La Palma.

In der Calle Nueva, links oberhalb der Kirche, sprudelt die zu einem Brunnen gefasste Quelle **Fuente de Tijarafe,** die frühere Wasserstelle des Ortes. Mit Blumenkästen und einer Bank wurde die Quelle zu einem kleinen, schattigen Sitzplatz gestaltet.

Casa El Maestro

Rechts unterhalb der Kirche befindet sich in der Calle Dieciocho de Julio das – von der Hauptstraße aus ausgeschilderte – **Centro Etnográfico Casa El Maestro** (Mo–Fr 8–21, Sa 9–13 Uhr). Einst hatte der Volksschullehrer des Ortes in dem Haus aus dem ausge-

Blick vom Mirador del Time

Atlas: S. 234

Tipp

Im örtlichen Handel werden **Mandeln** in allen Variationen, geröstet und ungeröstet, mit Puderzucker bestreut oder gesalzen angeboten. Manche Bauern verkaufen auch direkt an Wanderer.

henden 19. Jh. seinen Wohnsitz. Die Casa El Maestro wurde renoviert und in ein volkskundliches Zentrum verwandelt.

Im Raum links neben dem Eingang dokumentieren Fotos und das eiserne Kostüm des ›Teufels‹ das Teufelsfest (s.u.). Zwei weitere kleine Räume sind der traditionellen Keramik gewidmet, wie sie von einigen Töpfern auf La Palma noch betrieben wird (vgl. S. 44). In einem Raum sind alte Fotos vom Ort und seinen Bewohnern zu sehen, außerdem Gegenstände, die in Tijarafe früher in Gebrauch waren: eine Spindel mit Wollknäueln, geflochtene Matten und Körbe. Die Küche der *casa* befindet sich noch im Originalzustand. Um den winzigen, durch Glasscheiben abgeteilten Innenhof gruppieren sich die Räume.

Außerhalb des Hauses ist eine alte hölzerne Weinpresse zu besichtigen. Außen am Haus wurde seitlich ein typischer Backofen im Algarve-Stil angebaut. Der halbrunde, nur von innen zugängliche Ofen ist von Ziegeln gedeckt, darüber ragt ein vergleichsweise riesiger Schornstein.

Links neben der Casa El Maestro entsteht im originalgetreu eingerichteten Nachbarhaus das **Centro Gastronómico La Venta.** Die Inselregierung hat sich mit diesem Projekt die Förderung der traditionellen Gastronomie zum Ziel gesetzt.

Wanderung zur Schmugglerbucht

Unterhalb von Tijarafe liegt an der Steilküste die winzige, nur im Sommer belebte Fischersiedlung Porís de Candelaria. Piraten und Schmuggler sollen sich hier früher ein Stelldichein gegeben haben. Heute werden die Katen, die sich malerisch unter die Felswand ducken, als Ferienhäuser genutzt. Mit kleinen, offenen Booten fahren die Palmeros in der Freizeit zum Fischfang aus.

Die Wanderung nach Porís de Candelaria lohnt sich vor allem am Nachmittag, wenn die Sonne in die enge Bucht fällt. Bei ruhiger See kann man sich dort ein erfrischendes Bad gönnen. Hingegen sollte man es bei stärkerer Brandung bei einem Sonnenbad belassen, denn dann kann es gefährlich sein, ins Wasser zu gehen.

Der Weg beginnt an der Hauptstraße von Tijarafe, in der Kurve gegenüber der Abzweigung der Calle General Franco. Am Gebäude der Guardia Civil (an der Beflaggung zu erkennen) vorbei hält man sich steil abwärts. Die Straße geht bald in einen betonierten Fahrweg über.

Nach etwa 15 Min. gelangt man zu einer Wegkreuzung bei einem weißen Turm, einer ehemaligen Pumpstation. Geradeaus hält man sich weiter abwärts. Fast 700 m Höhenunterschied sind zu überwinden. Fast die gesamte Strecke ist auch per Auto zu bewältigen, allerdings wagen sich nur wenige, geübte Fahrer hier hinab. Zudem lassen sich die zahlreichen herrlichen Ausblicke viel besser zu Fuß genießen. Die letzten 20 Min. geht es auf einem alten, gepflasterten Saumpfad im Bogen unter überhängenden Felsen hinab in die kesselförmige Bucht von Porís de Candelaria. Recht anstrengend gestaltet sich der anschließende Wiederanstieg auf demselben Weg nach Tijarafe. Hin und zurück sollte man etwa 3 Stunden Gehzeit kalkulieren.

Caña Limón: An der Hauptstraße, am Ortseingang aus Richtung Los Llanos links. Kunst, Batikkleidung, Räucherstäbchen, Naturkosmetika und sogar Topfblumen gehören zum bunten, esoterisch angehauchten Sortiment.

Palmarom Esencias: Calle La Molina, unterhalb des Ortes, am Gebäude der Guardia Civil vorbei ca. 300 m steil bergab, beschildert. Allerlei Salben und Pflegemittel werden hier aus palmerischen Kräutern handgefertigt und verkauft.

Fiesta del Diablo, Teufelsfest, vgl. S. 139, 7./8. September.

Busse: Linie 5 ab Los Llanos zwei- bis siebenmal tägl.
Taxi: Tel. 922 490022.

Puntagorda

La Palma-Atlas: S. 230, B 3
Lieblich ist die Umgebung von Puntagorda. Im Winter hüllen sich die zahlreichen Mandelhaine in ein märchenhaftes Blütenkleid. Mandeln waren lan-

Mandelblüte bei Puntagorda

AUSSTEIGEN ODER EINSTEIGEN?

»Sexo, Naturaleza y Drogas« (Sex, Natur, Drogen): Dieser Spruch prangte, mit bunter Farbe aufgesprüht, bis 1993 an der Mole des Fischerhafens von Santa Cruz. Dann fiel er Bauarbeiten zum Opfer. An Mauern gepinselte Parolen wie »Alemanos Fascistas« (Deutsche Faschisten), »Europas fuera« (Europäer raus) oder »Deutsch = Aids« sind mittlerweile verblasst oder wurden von den Behörden in aller Stille beseitigt. Ausländerfeindlichkeit auf La Palma? Und gegen die ›reichen‹ Touristen gerichtet, die andernorts hofierten ›Devisenbringer‹?

In der Tat war die Angst vor einem Identitätsverlust bei den Palmeros groß, als in den 80er Jahren des 20. Jh., vor allem nach dem Reaktorunfall von Tschernobyl, viele junge Deutsche auf der Suche nach dem einfachen, unverdorbenen Leben auf die Insel kamen. Manche quartierten sich in Höhlen ein und versuchten mehr schlecht als recht mit einem Minimum an Geld auszukommen. Ihr Lebenswandel entsprach so ganz und gar nicht den Moralvorstellungen der Einheimischen. Gesellschaftliche Probleme wie Aids, Drogen und Sittenverfall wurden pauschal den Ausländern angelastet. Mittlerweile haben sich beide Seiten arrangiert. Viele dieser Aussteiger leben inzwischen nicht mehr auf La Palma. Enttäuscht zogen sie weiter.

Andere haben Fuß gefasst und stiegen in ein neues Leben ein. Sie betreiben alternative Landwirtschaft, kleine Geschäfte oder arbeiten in der Tourismusbranche. Vor allem leben sie ständig als so genannte Residenten auf La Palma und haben mit Deutschland nicht mehr viel im Sinn. Steuern werden in Spanien entrichtet, der Führerschein wird nach einiger Zeit automatisch in einen spanischen umgewandelt. Nur der Ausweis und eventuell das Aussehen verraten die Residenten noch als Ausländer. Viele haben auf La Palma inzwischen eine Familie gegründet, ihre Sprösslinge gehen hier zur Schule und sind mit einheimischen Kindern befreundet. Das macht es auch ihren Eltern leichter, sich auf der Insel zu integrieren. Wer als Urlauber in einem Laden oder einer Kneipe meint, mit der Verkäuferin oder dem Wirt einfach Deutsch sprechen zu können, weil die oder der eben so aussieht, kann sich täuschen. Um sich von Touristen abzugrenzen, spricht man schon mal nur Spanisch, auch untereinander.

Eine weitere große Gruppe ausländischer Residenten ist auf La Palma nicht erwerbstätig. Wohlhabende Deutsche verbringen hier ihren Ruhestand, meist nur in den Wintermonaten. Mindestens 2000 Immobilien sind inzwischen in deutscher Hand. Der Preisanstieg in den letzten Jahren war enorm. Palmeros, die Haus oder Grundstück zu verkaufen hatten, profitierten. Hingegen sind für viele Einheimische Immobilien heute unerschwinglich. Beide Einwanderergruppen stammen zwar überwiegend aus Deutschland, haben aber nur wenig miteinander gemein. Die einen sind Aussteiger auf Zeit und eher Langzeiturlauber, die anderen sind Einsteiger auf Lebenszeit und eher Kurzurlauber – in Deutschland.

ge Zeit das einzige handelsfähige Ware, die die Landwirte in diesem Gebiet anbauten. Doch die Ernte lohnt kaum noch.

Heute gilt Puntagorda als Aussteigerparadies von La Palma. Während der Ort in den vergangenen Jahrzehnten viele einheimische Bewohner verloren hat, ist er für Mitteleuropäer, meist Deutsche, seit den 80er Jahren des 20. Jh. äußerst attraktiv. Die Aussteiger nahmen sich der verwaisten Bauernhöfe an. In der Vergangenheit führten viele von ihnen ein einfaches Leben als Selbstversorger, manch einer scheiterte. Anderen gelang es, eine sichere Existenz aufzubauen. Viele Häuser werden auch als Zweitwohnsitze von Leuten genutzt, die nur einen Teil des Jahres auf La Palma verbringen. In Puntagorda gibt es mittlerweile eine deutsche Infrastruktur. Wer in ländlicher Idylle ohne große Unterhaltungsmöglichkeiten Urlaub machen möchte, findet ein großes Angebot an Bauernhäusern, die vermietet werden.

Drachenbäume von El Roque

Der tiefe Barranco de Garome markiert die Grenze zwischen den Gemeinden Tijarafe und Puntagorda. Etwa 2 km weiter nördlich liegt El Roque, ein Ortsteil von Puntagorda. Hier führen neben der Hauptstraße Treppenstufen zu einem kleinen Garten hinauf, der als **Aussichtspunkt** gestaltet wurde. Der Blick schweift Richtung Küste über Mandel- und Orangenhaine hinweg, in denen malerisch die kleinen Bauernhäuser eingebettet liegen. Ein Drachenbaum, der als ältestes Exemplar seiner Art auf La Palma gilt, musste nach einem schweren Sturm im Frühjahr 1993 durch eine Mauer abgestützt werden. Ein zweiter, ebenfalls uralter Baum überstand das Unwetter nicht. An seiner Stelle wurden mehrere junge *dragos* gepflanzt.

Ortszentrum

Das Zentrum von Puntagorda liegt etwas unterhalb der Hauptstraße. Kenntlich ist es an der hellen Kirche, die den Ort beherrscht. Die **Iglesia San Mauro,** ein moderner, im kanarischen Stil errichteter Bau, birgt eine Figur des hl. Maurus aus dem ehemaligen Benediktinerkloster (Ermita San Mauro). In dem ansonsten fast schmucklosen Innenraum fallen die schlichten Holzreliefs an den Seitenwänden mit Darstellungen aus dem Rosenkranz auf.

Etwa 200 m unterhalb der Kirche steht an einer Straßenkreuzung das Rathaus. In der dort geradeaus weiterführenden Calle Servicio de Extensión Agraria gibt es ein paar Kneipen und Geschäfte. Im **Pino de la Virgen,** gegenüber vom Rathaus, einer immens ausladenden Kanarische Kiefer mit zwei Stämmen, ist ein stets blumengeschmückter Marienschrein eingelassen.

Ermita San Mauro

Folgt man der Calle Servicio de Extensión Agraria bis zum Restaurant El Pino de la Virgen und wendet sich dort nach rechts, so gelangt man auf der Pista del Cementerio nach 2 km zum Friedhof. Es geht am Wasserreservoir

vorbei, dann zweigt rechts ein Fahrweg zur Ruine der idyllisch gelegenen Ermita San Mauro ab.

Die einschiffige Kirche gehörte früher zu einem Benediktinerkloster, das seit der Säkularisierung 1836 dem Verfall preisgegeben ist. Der ehemalige Abtspalast wird nun als Pferdestall genutzt, im Innern der baufälligen *ermita* nisten Tauben. Zu erkennen ist noch, dass ein gotischer Bogen den Altarraum vom Hauptschiff trennt. Die Figur des hl. Maurus wird heute in der Pfarrkirche von Puntagorda verehrt.

El Pinar und El Fayal

Puntagorda besitzt mit dem Ortsteil El Pinar ein weiteres Zentrum, in dem sich ein paar Geschäfte und Kneipen konzentrieren. Dorthin gelangt man, wenn man von der Kreuzung beim Rathaus den Schildern zu den Restaurants Flor de Lotus und La Brasa folgt. Die Calle La Paz verbindet die beiden Lokale. In einem parallel dazu verlaufenden, ausgetrockneten Bachbett wurde ein schöner Park angelegt, den ungewöhnliche, skurrile Skulpturen aus Stein schmücken.

Am nördlichen Ortsausgang ist von der Landstraße aus links abwärts »El Fayal« ausgeschildert. Die Nebenstraße führt durch einen schönen, stillen Kiefernwald. An dessen unterem Rand gibt es ein öffentlich zugängliches Freizeitgelände mit Picknicktischen und -bänken sowie einem Spielplatz. Zelten ist hier verboten.

◁ **Bei Puntagorda**

Mar y Monte: Calle Servicio de Extensión Agraria 7b, Tel./Fax 922 49 30 67, www.la-palma.de/marymonte. Schöne Pension unter deutscher Leitung, zentral. Man ist ins Dorfleben integriert. Gemütlich eingerichtete Zimmer, saubere Gemeinschaftsbäder und Gemeinschaftsküche. Große Dachterrasse. Besonders reichhaltiges Frühstück. Es lassen sich leicht Kontakte knüpfen. Die Besitzer geben Infornationen und Tipps. DZ mit Frühstück ca. 50 €.

Centro de Naturaleza La Rosa: Am Ortsausgang Richtung Villa de Garafía, oberhalb der Hauptstraße, ausgeschildert, Tel. 922 49 33 06, Fax 922 40 04 82. Komplett ausgestatteter Campingplatz, auch Hütten werden vermietet. Betreuung nur im Sommer. Fahrradverleih.

El Pino de la Virgen: Calle Servicio de Extensión Agraria 6. Erstes Haus am Platz. Fleisch vom Grill und gute *tapas*. Hauptspeisen 7–9

Flor de Lotus: Calle Paz 1, im Ortsteil El Pinar, ab Rathaus ausgeschildert. Gemütliches Lokal mit Terrasse. Pizza vom Holzkohleofen, Nudelgerichte, angenehmes Ambiente. Gerichte 6–9 €.

Bar Terraza: Calle Pino de la Virgen, hinter der Bibliothek, den Schildern folgen. Blumenüberrankte Terrasse mit Holztischen. Eher etwas für warme Tage. Hauptgerichte um 8 €.

Artesanía La Palmerita: Calle Servicio de Extensión Agraria 7. Die Schneiderin Helga und die Töpferin Mercedes haben hier gemeinsam eine Existenz aufgebaut. Mercedes widmet sich Nachbildungen altkanarischer Keramik, während Helga Lederkleidung nach Maß und Taschen nach selbst gefertigten Entwürfen schneidert. Bei letzteren fällt das Spiralmuster – prähistorischen Petroglyphen nachempfunden – auf. Auch alle

anderen Souvenirs werden auf La Palma hergestellt, originell sind die vom üblichen Angebot abweichenden Ansichtskarten mit anspruchsvoller Schwarz-Weiß-Fotografie oder naive, poppig-bunte Bildern.
Calabaza: Camino del Pinar 52 (ab Ortszentrum beschildert): Naturkostladen unter deutscher Leitung. Die Fassade des gepflegten Hauses ziert neben dem Eingang das Wandbild eines Riesenkürbis (*calabaza*). Biologische Lebensmittel aus Deutschland und von den Kanaren.

Fiestas del Almendro en Flor (Mandelblütenfest), Ende Jan./Anfang Feb. Noch recht junges Fest, das für den Mandelanbau werben soll; Folklore, Sport, Stände mit Wein aus Puntagorda und gerösteten Mandeln.

Busse: Linie 5 ab Los Llanos zwei- bis siebenmal tägl.
Taxi: Tel. 922 49 31 78.

Las Tricias

La Palma-Atlas: S. 230, C 2/3
Der tiefe Barranco de Izcagua trennt Puntagorda von Las Tricias. Im kleinen Ortskern gibt es außer der Kirche nicht viel mehr als einen Lebensmittelladen, der zugleich als Bar dient.

Am unteren Rand der Streusiedlung, im Barranco de Buracas, wurden bei den gleichnamigen Quellen altkanarische Petroglyphen und Wohnhöhlen gefunden. Die Höhlen hatten Ende der 70er Jahre des 20. Jh., als Las Tricias zum ›Aussteigerort‹ avancierte, junge Ausländer bezogen. Bis zu 50 *alternativos* lebten in den prähistorischen Stätten, inzwischen wurden sie vertrieben.

Wanderung zu den Cuevas de Buracas

Zu den Cuevas de Buracas führt eine beliebte Wanderung (hin/zurück 2 bis 2,5 Std.). Der Ausgangspunkt befindet sich unterhalb von Las Tricias, an der unteren Straße nach Santo Domingo. Sobald man eine auffällige Verengung der Fahrbahn zwischen zwei Häusern passiert hat, sollte man am Straßenrand eine Parkmöglichkeiten suchen. Von der nächsten Rechtskurve geht es zu Fuß auf einem alten Pflasterweg durch Mandelhaine abwärts.

Nach fünf Minuten gelangt man an einen asphaltierten Fahrweg, wo man rechts geht. Erstes Ziel ist der weithin sichtbare, so genannte **Mühlenhügel** mit einer alten Gofio-Mühle (40 Min.). Diesen im Uhrzeigersinn umrundend, gelangt man auf einer Piste in einen Barranco. Dessen Verlauf folgend, geht es, weiterhin auf der Piste, abwärts bis zu einer Gabelung (1 Std.). Rechts abwärts gelangt man in den Talgrund, wo der Fahrweg bei einer auffälligen Gruppe von Drachenbäumen endet. Ein Pfad führt zwischen den Bäumen hindurch zu einem schmalen Bergrücken, wo er auf einen weiteren Fußweg trifft. Diesem folgt man zunächst abwärts und biegt bei nächster Gelegenheit rechts ab, um bald darauf einen weiteren Talgrund mit den **Cuevas de Buracas** zu erreichen (1.15 Std.). Am gegenüberliegenden Talhang, dort, wo der Pfad jenseits der Höhlen ansteigt, lohnt es sich, nach spiralförmigen Petroglyphen Ausschau zu halten.

Man kehrt zu dem schmalen Bergrücken südlich des Höhlen-Barrancos

Punta de Santo Domingo

zurück. Der Rückweg führt, dem Barranco folgend, aufwärts. Nach etwa 1.30 Stunden kommt man am **Drachenbaum-›Wald‹** von Las Tricias vorbei, der aus immerhin elf Exemplaren besteht – der zweitgrößte Bestand an Drachenbäumen auf La Palma. Auf einem alten Saumpfad geht es dann stets geradeaus, aufwärts, bis oberhalb des Mühlenhügels die schon vom Hinweg bekannte Route erreicht ist, auf der man zum Ausgangspunkt zurückkehrt.

Apartamentos Casa Blanca, Tel./Fax 922 40 01 81. Ruhige Lage, deutsche Leitung, für Individualisten. Ein Mietwagen ist zu empfehlen. DZ ca. 30 €. Mindestmietdauer eine Woche.

Kiosco Briesta: An der Straße nach Barlovento. Palmerische Küche, u.a. Ziege und Kaninchen. Gerichte 7–9 €.

Markt: Jeden zweiten Sonntag im Monat findet von 9 bis 15 Uhr auf der Plaza neben der Kirche ein Flohmarkt statt, auf dem u.a. Antiquitäten und ökologische Lebensmittel verkauft werden.

Busse: Linie 5 ab Los Llanos zwei- bis siebenmal tägl.

Santo Domingo de Garafía

La Palma-Atlas: S. 230, C 1

Santo Domingo, der Hauptort der Gemeinde Villa de Garafía, ist für die meisten Besucher der Wendepunkt bei einer Ausflugsfahrt in den Nordwesten La Palmas. Hier kann man gepflegt zu Mittag essen oder auch nur einen Kaffee auf der Plaza zu sich nehmen. Auch besteht die Möglichkeit, sich ein wenig die Beine vertreten, zum Beispiel bei einem Spaziergang in den angrenzenden Barranco de la Luz.

Zwei Straßen führen von Las Tricias nach Santo Domingo. Es lohnt sich, zumindest für einen Weg die untere Strecke zu wählen. Sie ist kürzer, landschaftlich reizvoller und nicht so kurvenreich wie die obere Verbindung über Hoya Grande. Zwischen den Feldern und bei den Bauernhöfen sieht man dort auffallend viele Drachenbäume.

Bis in die 60er Jahre des 20. Jh. hinein, als die erste Straße von Los Llanos nach Santo Domingo gebaut wurde, lebten die Menschen hier in fast völliger Abgeschiedenheit. Die anderen Inselteile waren nur zu Fuß oder auf

Atlas: S. 230

dem Esel über beschwerliche Pfade zu erreichen. Villa de Garafía weist seit Jahrzehnten die höchste Abwanderungsquote der Insel auf. Die Verbliebenen, meist alte Leute, arbeiten vorwiegend in der Landwirtschaft.

Das Zentrum

Gleich zu Beginn der Zufahrt zum Ortszentrum, dort, wo die beiden Landstraßen, die nach Santo Domingo führen, zusammentreffen, ist linker Hand in einem restaurierten Gutshaus die **Casa de la Cultura** untergebracht, die noch nicht öffentlich zugänglich ist. Das ehemals herrschaftliche, ockerfarben gestrichene Haus weist typische Holzbalkone und ein Ziegeldach auf.

Die imposante **Casa Consistorial** etwas weiter auf der rechten Seite besitzt einen breiten kanarischen Holzbalkon. Im Innenhof liegen, von außen einsehbar, einige Felsbrocken mit Petroglyphen.

Zentrum von Santo Domingo ist die **Plaza Baltazar Martín**, ein idyllischer Treffpunkt. Die **Iglesia Nuestra Señora de la Luz** unterhalb des Platzes ist Maria Lichtmess geweiht. Das Hauptschiff stammt von 1552, das linke und einzige, fast gleichgroße Seitenschiff wurde 1664 fertig gestellt. Im Innern erkennt man den Unterschied jedoch an der im Hauptschiff besonders aufwändig geschnitzten, hölzernen Mudéjar-Kassettendecke. Die geometrischen Muster sind schlicht, doch gerade deshalb besonders wirkungsvoll. Der barocke Hauptaltar stammt aus dem Jahre 1673.

Tipp

An der zentralen Plaza befinden sich zwei namenlose Bars, die Tische ins Freie stellen. Für den kleinen Hunger ideal mit einem soliden Angebot an *tapas* und palmerischem Frischkäse.

Spaziergang in den Barranco de la Luz

Einige wilde Exemplare des Drachenbaums wachsen im Barranco de la Luz, der Santo Domingo im Nordosten begrenzt. Man verlässt die Plaza Baltazar Martín zu Fuß an der hinteren Seite, bis man in die Schlucht schauen kann, und geht dann auf einer schmalen Straße rechts hinauf. Etwa 50 m weiter biegt man in einen betonierten und im weiteren Verlauf gepflasterten Fußweg ein, der steil in den Barranco hinunter führt. An den Hängen der Schlucht kann man die imposanten *dragos* bewundern. Man läuft nun, so weit man möchte. Der Talgrund ist nach etwa 15 Minuten erreicht, weitere 20 Minuten benötigt man bis zur gegenüberliegenden Höhe.

Petroglyphen von El Calvario

Villa de Garafía gilt wegen zahlreicher prähistorischer Funde, die im Gemeindegebiet gemacht wurden, als Hauptsiedlungszentrum der Auaritas (vgl. S. 31). Eine Fundstätte, das Petroglyphenfeld El Calvario, befindet sich bei Santo Domingo, in der Nähe des Friedhofs. Man folgt der Straße nach

Las Tricias und biegt nach etwa 500 m rechts ab, wo »Puerto« und »Cementerio« ausgeschildert sind. Querab der unteren Ecke des Friedhofs, noch bevor die Straße eine Rechtskurve beschreibt, zweigt rechts ein schmaler, durch eine Steinpyramide markierter Trampelpfad ab, der über aufgelassene Felder zu einer kleinen Kuppe führt. Dort stehen mehrere aufrechte Felsblöcke, in die spiralförmige Muster graviert sind.

El Puertito

Der Fahrweg führt am Friedhof vorbei weiter bergab zum Puertito de Santo Domingo. Die letzten 10 Minuten müssen zu Fuß auf einem steilen Pflasterweg zurückgelegt werden. Am Meer finden Besucher einige Fischerhütten, ein paar winzige Boote, die vor der Flut geschützt in einer Höhle hoch über dem Wasser aufbewahrt werden, und eine von der Brandung zerstörte Hafenmole.

Der Fischfang hatte für die Bewohner nie große Bedeutung, da die Küste seit jeher als gefährlich gilt. Doch bot der Hafen bis zum Bau der ersten Straßenverbindung beinahe die einzige Verbindung zur Außenwelt. Ein Lastenaufzug diente zum Be- und Entladen, während die Boote hinter der wenig Schutz bietenden Mole in den Wellen auf- und abtanzten.

Windmühlen

In Santo Domingo stehen zwei Windmühlen, eine an der Straße nach Hoya Grande, die andere im Südwesten an der Straße nach Las Tricias. Früher, als noch viel Getreide angebaut wurde, mahlten die Einwohner hier den *gofio*. Heute sind die Mühlen stillgelegt.

Auf La Palma entstand im 18. Jh. ein besonderer Windmühlentypus, die *molina*, die bald auch auf den Nachbarinseln Verbreitung fand. Sie war gegenüber den traditionellen Windmühlen, die aus der spanischen Mancha auf die Kanaren gekommen waren, eine erhebliche technische Verbesserung: Die Flügel wurden nicht mehr mit Segeltuch bespannt, sondern wurden mit hölzernen Schaufeln angetrieben. Das filigrane Mühlengestell bestand ebenfalls aus Holz und saß einem flachen Gebäude auf, in dem der Müller wohnte.

El Bernegal: Calle Díaz y Suárez 5, am südlichen Ortseingang an der Straße nach Las Tricias. Historisches Haus mit überdachtem Innenhof. Elegantes Ambiente. Gilt als eines der besten Restaurants auf La Palma. Hier essen sowohl Touristen als auch die Geschäftsleute der Insel. Exzellente kanarische Gerichte, aber auch gehobene spanische Küche. Einige vegetarische Gerichte. Hauptspeisen 8–12 €.

Taberna Santy: An der Zufahrt zur zentralen Plaza. Gegessen wird auf einer kleinen mit Stroh überdachten Terrasse. Grillgerichte. Gerichte ab 7 €.

Santo Domingo: An der Plaza. Einfache Einrichtung, kanarische Hausmannskost, bei den Einheimischen sehr beliebt. Gerichte ab 6 €.

Busse: Linie 5 ab Los Llanos zwei- bis siebenmal tägl.; Linie 11 ab Santa Cruz Mo–Sa zweimal tägl.

Taxi: Plaza Baltazar Martín, Tel. 922 40 01 03.

UNBEKANNTER NORDEN

Nach wie vor geheimnisumwittert sind die prähistorischen Petroglyphen von La Zarza. Einsam und ursprünglich wirken die Dörfer im Norden. In La Tosca lockt ein Spaziergang durch den Drachenbaumwald. Nach Barlovento fährt man wegen der Naturschwimmbecken von La Fajana oder wegen des Kratersees in den Bergen.

San Antonio del Monte und La Zarza

La Palma-Atlas: S. 231, D 2
Zwischen Llano Negro und La Zarza zweigt Richtung Norden eine Nebenstraße nach San Antonio del Monte ab. Die ursprüngliche **Wallfahrtskirche San Antonio** wurde 1902 bei einem Waldbrand zerstört. Der Neubau lohnt kaum den Besuch, wohl aber die traditionsreiche Fiesta mit großem Vieh-, Käse- und Weinmarkt, die auf dem Festplatz rund um die Kirche am Vorabend des 13. Juni (Tag des Schutzheiligen Antonius von Padua) stattfindet.

Archäologischer Park

Erst 1941 wurden die Petroglyphen von La Zarza entdeckt, die heute zu den meistbesuchten Felszeichnungen La Palmas zählen, nicht zuletzt wegen der landschaftlich besonders schönen Lage.

Etwa auf halbem Wege zwischen Casas Roque Faro und Llano Negro befindet sich der **Parque Cultural La Zarza** (im Winter 11–17 Uhr, im Sommer 11–19 Uhr). Am Parkplatz informiert ein Besucherzentrum über die archäologische Stätte. Nur zu den Öffnungszeiten dürfen die Petroglyphen besichtigt werden. Außerhalb dieser Zeiten ist das Gelände nicht zugänglich, um die Fundstätte vor Vandalismus zu schützen.

Vom Besucherzentrum führt ein idyllischer Fußweg in zehn Minuten zur **Fuente de la Zarza** (Dornbuschquelle). Hinter der kleinen Quelle kann man an den Flanken einer halbrunden Felswand die spiral- und labyrinthförmigen Zeichen der Ureinwohner entdecken.

Die Fundstelle von La Zarzita im rechten Nachbartal schätzen Archäologen als besonders bedeutend ein. Dorthin führt rechts von der Felsstufe bei La Zarza ein beschilderter Weg mit vielen Informationstafeln. An der rechten Wand des kleinen Barranco erkennt man die in den Fels geritzten Zeichen: Spiralen, Mäander, Labyrinthe und, als Besonderheit, zwei figürliche Darstellungen. Die eine zeigt einen Männerkopf im Profil, der an einen Azteken erinnert. Als ›Urmutter‹ bezeichnen Wissenschaftler die andere, eine abstrakte Frauengestalt mit Brüsten und großem Reifrock.

Albergue San Antonio del Monte: Tel./Fax 922 40 04 44. Schlichte Herberge für Wanderer und Gruppen, Zeltgelegenheit.

Roque Faro

La Palma-Atlas: S. 231, E 2
Zwischen La Zarza und Franceses windet sich die Straße bergan bis auf etwa 1000 m Höhe. Dort liegt idyllisch der Weiler Roque Faro, ein beliebtes Ausflugsziel der Palmeros. Wer zahlreiche Kurven nicht scheut, kann an der Straßengabelung östlich von Roque Faro die obere Nebenstrecke nach Barlovento benutzen. Die landschaftlich besonders schöne Straße führt durch stille Wälder. Wählt man hingegen die untere, breitere Straße, so bieten sich Abstecher nach Franceses und Gallegos an.

Pension Roque Faro: Oberhalb der Hauptstraße, Tel. 922 40 00 46. Sehr einfache Zimmer. DZ ca. 15 €.

Los Reyes: An der Hauptstraße. Kanarische Küche. Beliebtes Ausflugsrestaurant. Gerichte 7–10 €.

Busse: Linie 11 ab Santa Cruz oder Garafía zweimal tägl. außer sonn- und feiertags.

Blick auf Gallegos

RÄTSELHAFTE SCHRIFT

Eine mystische Stimmung umfängt Besucher, die zum erstenmal das stille Halbrund von La Zarza betreten. Für ein paar Augenblicke tauchen sie in die rätselhafte Vorzeit La Palmas ein. Die Illusion ist perfekt, wenn sie an der kleinen Quelle vorbei zur schattigen Felswand hinaufklettern und die magischen Zeichen der Ureinwohner entdecken. Die Entschlüsselung ist bis heute niemandem gelungen. Dass es sich nur um Magie handeln kann, daran besteht kaum ein Zweifel. Viel zu nüchtern erscheint der Erklärungsversuch mancher Wissenschaftler, die in den Felsritzungen einen bloßen Hinweis auf eine Wasserstelle sehen. Die kultische Bedeutung der Petroglyphen offenbart sich jedem Betrachter.

Ritzzeichnungen der Ureinwohner gibt es auf fast allen Kanareninseln, auf La Palma jedoch mit über 50 Fundstellen bei weitem am häufigsten. Immer noch werden neue Zeichen entdeckt. Man findet sie vor allem im Nordwesten, in der Gemeinde Villa de Garafía, wo sich der Siedlungsschwerpunkt der Auaritas befunden haben könnte. Meist sind es geometrische Zeichen: Spiralen, konzentrische Kreise, Mäander, Labyrinthe. Die Zeichen weisen Parallelen zu Inschriften der europäischen Megalith-Kultur auf. Auch in Südamerika wurden ähnliche Petroglyphen entdeckt. Der Spekulation sind keine Grenzen gesetzt.

Ihre genauen Entsprechungen haben die Ritzzeichen nach neueren Forschungen im Nordafrika des 2. und 1. Jahrtausends v. Chr. Damit ist inzwischen auch die lange umstrittene Abstammung der Altkanarier von den Berbern nachgewiesen. Oft sind die Petroglyphen in der Nähe von Quellen zu finden oder auf Felsen in landschaftlich exponierter Lage. Vielleicht dienten sie einem Sonnenkult, worauf auch die einzigartigen, erst 1982 entdeckten Sonnenmotive von La Fajana deuten (s. S. 158). In der Cueva de Tajodeque (Caldera de Taburiente) wurden alphabetische, so genannte libysche Zeichen gefunden. Die Inschrift ähnelt dem Tuareg-Wort *mauamselti*, was so viel wie Durchgang (span. *paso)* bedeutet. In der Tat wird die Umgebung von den Ziegenhirten noch heute Paso del Burejito genannt.

Andere Zeichen sind kreuz- oder rasterförmig, dreieckig oder linear. Da metallenes Werkzeug benutzt wurde, um sie in den Fels zu ritzen, stammen sie auf jeden Fall aus der Zeit nach der Conquista. Vielleicht wurde die Tradition bei den Viehhirten bis in die jüngste Vergangenheit bewahrt. Einige dieser Zeichen könnten Weidegebiete markiert haben. Raster ersetzten den Hirten das Brettspiel, Kreuze könnten magisch-religiöse Bedeutung haben. In diese Kategorie gehören auch die abstrakten Bootsformen. Boote waren den Altkanariern unbekannt.

Vandalismus und Antiquitätenjagd sind große Bedrohungen für die unersetzlichen Zeugen der altkanarischen Kultur. Jüngere Fundstellen werden von Archäologen nach Möglichkeit geheim gehalten. Erstaunlich, dass die meisten Plätze nach wie vor frei zugänglich sind.

Franceses und Gallegos

La Palma-Atlas: S. 232, B 1

Franceses führt seinen Namen auf französische Piraten zurück, die hier einst einen Stützpunkt unterhalten haben sollen. Die Bewohner des Ortes lebten bis vor kurzem in weitgehender Abgeschiedenheit. Erst 1993 wurde die Straßenverbindung von Garafía nach Barlovento fertig gestellt und somit die Umrundung La Palmas auf asphaltierter Strecke ermöglicht. Zuvor rollte der im Norden ohnehin spärliche Verkehr über eine holprige Piste. In Franceses leben – wie in den Nachbardörfern – fast nur noch alte Leute, die ihren kargen Äckern das Lebensnotwendige abringen. Die Jungen sind längst abgewandert.

Dennoch ist es mit der Beschaulichkeit vorbei. Erhalten blieben zwar zahlreiche der kleinen alten Natursteinhäuser mit den holzgedeckten Dächern, die früher für die Insel charakteristisch waren. Doch auch hier ist der Fortschritt nicht aufzuhalten: Viele alte Häuser werden durch größere und komfortablere Neubauten ersetzt. Ethnologen haben jetzt erreicht, die letzten Häuser dieser Art unter Denkmalschutz zu stellen.

Dem winzigen Ort **Gallegos** sieht man seine frühere Bedeutung nicht mehr an. Einst lebten hier mehr Menschen als im benachbarten, heute viel größeren Barlovento (vgl. S. 190). Gallegos besaß einen kleinen Hafen, über den ein Großteil des Waren- und Personenverkehrs abgewickelt wurde, als der Norden La Palmas noch keinen Straßenanschluss nach Santa Cruz hatte und auf dem Landweg nur recht mühsam zu Fuß oder per Maultier zu erreichen war.

Das kleine Zentrum auf einem Bergrücken wird von tiefen Barrancos und einigen Obstplantagen flankiert. Inmitten der Gassen mit einstöckigen, kanarischen Häusern steht eine kleine Kirche.

Tipp

An der Nordküste La Palmas ist der alte **Königsweg**, der früher die Verbindung zwischen den entlegenen Ortschaften sicherstellte, noch fast vollständig erhalten. Der gepflasterte Saumpfad führt zwischen Santo Domingo und Barlovento in Serpentinen abwechselnd steil bergauf und bergab. Er berührt Höhenrücken, auf denen sich die einsamen Dörfer Don Pedro, El Tablado, Franceses und Gallegos erstrecken. Und er durchquert wildromantische Schluchten mit zahlreichen botanischen Kostbarkeiten. Wer den Nordküstenweg kennen lernen will, kann sich einer geführten Wanderungen anschließen, wie sie von Los Cancajos oder Puerto Naos angeboten werden.

Busse: Linie 11 ab Santa Cruz oder Garafía zweimal tägl. außer sonn- und feiertags.

Piscinas la Fajana ▷

Barlovento

La Palma-Atlas: S. 232, C 1
Barlovento ist der mit Abstand größte und wirtschaftlich bedeutendste Ort im Norden. Das Zentrum liegt weit oberhalb der Küste, in rund 500 bis 600 m Höhe. Für die ausgedehnten Bananenpflanzungen, von denen ein Großteil der etwa 2500 Bewohner lebt, werden die küstennahen Hänge genutzt. Weiter oben baut man Gemüse und Obst an.

Die Gegend gilt als besonders regenreich, im Winter kann es hier empfindlich kühl werden. Während der heißen Sommermonate ist es dagegen recht angenehm, und so zieht Barlovento – wenn auch in bescheidenem Ausmaß – nicht nur einheimische, sondern auch vermehrt ausländische Urlauber an. Letztere wohnen zumeist in dem schönen, von einer deutschen Gesellschaft im kanarischen Stil errichteten Hotel La Palma Romántica am oberen Ortsrand.

Das Zentrum

Attraktiver Mittelpunkt von Barlovento ist die weitläufige **Plaza Nuestra Señora del Rosario**. Blickfänge sind dort ein von Bougainvillea überrankter Laubengang und von Buchsbaumhecken eingefasste Beete, auf denen Araukarien und Drachenbäume gedeihen.

Der Altarraum der schlichten **Pfarrkirche Nuestra Señora del Rosario** (Rosenkranzkirche) etwas abseits der Hauptstraße stammt aus dem 16. Jh., das Kirchenschiff wurde im 17. Jh. erbaut. Ohne besondere Verzierungen präsentiert sich die elegante Mudéjar-Kassettendecke, die im Chorbereich etwas aufwändiger gearbeitet wurde. Der barocke, bunt bemalte Hauptaltar von 1767 birgt die Statue der Schutzpatronin aus dem 16. Jh., eine flämische Arbeit aus der Übergangszeit zwischen Renaissance und Barock. An der linken Seitenwand ist die Barockfigur der Virgen del Carmen aus dem 18. Jh. bemerkenswert. Sie stammt aus der Hand des andalusischen Künstlers Benito de Hita y Castillo. Das Taufbecken aus glasierter Keramik wurde im 17. Jh. aus Sevilla gebracht.

La Fajana und Punta Cumplida

La Palma-Atlas: S. 233, D 1
An der Küste, bei La Fajana, befindet sich ein weitläufiger **Badeplatz** mit Naturschwimmbecken, den man von Barlovento über eine gut ausgebaute Straße erreicht. Oberhalb der Badeanlage lohnt es sich, an einem schön gestalteten **Mirador** zu halten, um den Blick zur Küste zu genießen.

Bei den Naturschwimmbecken gibt es einen Kiosk, ein nur im Sommer geöffnetes Restaurant und eine Apartmentanlage. Toiletten und Duschen sind auch außerhalb der Saison meist geöffnet. Die großzügigen Liegeflächen auf mehreren Terrassen bieten für Sonnenanbeter reichlich Platz. Einige schüttere Tamarisken spenden spärlichen Schatten. Die Becken wurden von der Brandung in einen noch recht jungen Lavastrom genagt. Um den Badeplatz zu schaffen, hat man hier und da geschmackvoll mit Beton ein wenig

HEIDNISCHE WURZELN IN CHRISTLICHEN BRÄUCHEN

Alle zwei Jahre verwandelt sich Barlovento im August in eine riesige Freilichtbühne. Laien spielen geistliches Theater: Das weiße Segel eines christlichen Schiffes hält quer durch die Felder auf eine türkische Festung aus Pappe zu. Davor wachen Soldaten. Ein osmanisches Schiff eilt zu Hilfe, und es kommt zur Seeschlacht mit Kanonenschüssen und Rauchwolken. Natürlich gewinnen die Christen, zerstören die Burg und nehmen die feindlichen Krieger gefangen. In der Kirche werden die ›Heiden‹ dann getauft.

Seit vielen Generationen wird das Schauspiel in unveränderter Form aufgeführt. Seine Wurzeln gehen bis ins 16. Jh. zurück, als Papst Pius V. das Fest der Siegesmadonna einführte, das später als Rosenkranzfest gefeiert wurde. Es soll an den Sieg der ›Heiligen Liga‹ in der Seeschlacht von Lepanto am 7. Oktober 1571 gegen die Türken erinnern. Wahrscheinlich nahmen auch zwei Schiffe aus La Palma daran teil.

Allegorische Spiele dieser Art waren in Europa einst sehr verbreitet. Aus dem kultischen Theater der Antike entwickelte das frühe Christentum liturgische Andachtsformen. Im Hochmittelalter wurden die Aufführungen populärer, und das Geschehen verlagerte sich von der Kirche auf die Straßen.

Unter dem Einfluss von Renaissance und Reformation flaute die Welle geistlicher Spiele in vielen Ländern ab. In Spanien aber erreichte sie als Propaganda-Instrument der Gegenreformation erst im 16./17. Jh. ihren Höhepunkt. Im Zeitalter der Aufklärung galten Mysterienspiele nicht mehr als zeitgemäß. So wurden sie in Bayern im 18. Jh. untersagt – allerdings hielten sich die eigensinnigen Bürger von Oberammergau nicht an die Anweisungen der Obrigkeit und retteten dadurch die andernorts verschwundenen Passionsspiele bis in die Gegenwart. Ähnlich verhielt es sich auf La Palma, wo man 1765 das Verbot der Spiele durch König Carlos III. einfach umging, indem man ihnen neue, unverfängliche Namen gab.

Mysterienspiele sind noch heute feste Bestandteile der Bajada de la Virgen. Eine ganze Nacht ist dem »Carro Alegórico Triunfal« (Allegorischer Triumphwagen) gewidmet, der an verschiedenen Plätzen in Santa Cruz gespielt wird. Als Bühne dient ein Karren, den man durch die Straßen der Stadt zieht. Früher führte man auf jeder *bajada* einen anderen Tanz auf. Einer davon, die berühmte Danza de Enanos (Tanz der Zwerge), überlebte. Die ›Zwerge‹ mit riesigen Pappmachéköpfen, unter denen die Oberkörper der Darsteller verschwinden, sind heute so etwas wie das Wahrzeichen von La Palma. Zu den allegorischen Spielen gehört auch der »Dialog zwischen Schiff und Festung« (vgl. S. 90). Ein weiteres Mysterienspiel wird am Vorabend des Dreikönigstags (6. Januar) in Santo Domingo de Garafía aufgeführt.

nachgeholfen. Bei Flut füllen sich die Becken mit frischem Meerwasser.

Nicht weit von La Fajana erhebt sich an der Punta Cumplida, der Nordostspitze La Palmas, ein **Leuchtturm** (Faro), der seit seit 1860 in Betrieb ist und unter Denkmalschutz steht – aber nicht besichtigt werden kann. Eine Nebenstrecke führt am Leuchtturm vorbei Richtung Los Sauces. Die Straße verläuft durch ein schier endloses Bananenanbaugebiet und verlangt Fahrern einige Ausweichkünste ab, wenn Gegenverkehr kommt. Die Mühe lohnt sich, um Bananenplantagen einmal aus der Nähe zu betrachten.

Laguna de Barlovento

La Palma-Atlas: S. 232, C 2
Oberhalb von Barlovento liegt in einem Vulkankrater in etwa 700 m Höhe die Laguna de Barlovento. Früher bildete sich der See nur während der regenreichen Wintermonate. Im Sommer versickerte das Wasser in dem porösen Gestein. In der Franco-Zeit wurde erstmals – allerdings erfolglos – versucht, den Kraterboden abzudichten und die Laguna zu einem Wasserreservoir auszubauen. Erst vor einigen Jahren wurde das Projekt fertig gestellt. Der Stausee fasst 5,5 Mio. m^3 und ist damit das größte Wasserreservoir der Kanarischen Inseln. In der Nähe erfreut sich ein Freizeitpark mit Campinggelände, Ausflugslokal, Picknick- und Spielplätzen bei den Einheimischen, besonders bei Kindern, großer Beliebtheit.

Montaña de Molino und La Tosca

Westlich von Barlovento, an der Straße nach Garafía/Franceses, ist der **Mirador Montaña de Molino** ausgeschildert. Eine holprige Piste, die man am besten zu Fuß zurücklegt, führt nach 600 m zum ›Mühlenhügel‹, von dem man einen schönen Blick auf den Ort hat.

Der Weiler **La Tosca** wenig weiter westlich ist für seine **Drachenbäume** bekannt. Vom Mirador La Tosca an der Landstraße kann man die *dragos*, die sich zwischen den Bauernkaten verteilen, gut überschauen. Um den ›Wald‹ eingehender zu besichtigen, kann man – am besten zu Fuß – dem Fahrweg durch den Ort abwärts bis zum Ende bei den untersten Häusern folgen. Dort

Leuchtturm an der Punta Cumplida

bietet sich nochmals ein lohnender Ausblick, diesmal Richtung Küste.

*****Hotel La Palma Romántica:** Topo de las Llanadas, an der Straße zur Laguna de Barlovento, Tel. 922 18 62 21, Fax 922 18 64 00. Komfortables Berghotel mit schönem Blick, gutem Sportangebot und Sauna. Eigenes kleines Observatorium. Im Restaurant werden internationale Gerichte serviert. Pauschal buchbar. DZ 80 €.
Apartamentos La Fajana: An der Felsbadeanlage, Tel. 922 18 61 62 oder 922 18 64 02. Alle Apartments mit Balkon und Meerblick. Bei gutem Wetter Traumlage. Außerhalb der Sommersaison ist es hier allerdings sehr einsam, und ein Mietwagen ist unabdingbar. DZ ca. 30 €.
Camping: Laguna de Barlovento, nur mit Genehmigung, Informationen Tel. 922 69 60 23.

La Gaviota: An der Felsbadeanlage von La Fajana. Die Architektur erinnert an César Manrique, den berühmten Künstler von Lanzarote. Kanarische und internationale Küche. Nur in der Badesaison geöffnet. Speisen ab 7 €.
El Molino: Carretera General, Ortsausgang Richtung Los Sauces. Sehr ursprüngliches Kellerrestaurant, Grillspezialitäten und Kaninchen. Gerichte 6-9 €.
La Pradera: An der Straße nach Garafía. Deftige kanarische Küche und Grillgerichte. Hauptspeisen 6–9 €.
Las Goteras: Laguna de Barlovento. Bei Einheimischen sehr beliebtes Ausflugslokal, palmerische Küche. Gerichte 7–10 €.
Yuka: Carretera General, im Ortszentrum. Kleine Snackbar. Das Angebot umfasst u.a. Pizza und Hähnchen. Gerichte ab 5 €.
Bar La Terraza: Carretera General, an der Abzweigung zur Laguna de Barlovento. Große Terrasse an der Straße. *Tapas*, auch einige Tellergerichte für den größeren Hunger. Hauptgerichte ab 5 €.

Kunsthandwerk: Im Centro de Artesanía, an der Plaza Nuestra Señora del Rosario, verkaufen die Frauen des Ortes Keramik, Flechtarbeiten u.a. Mo–Fr 10–13, 16–18, Sa 10–13 Uhr.
Markt: Ein Bauernmarkt findet samstags und sonntags von 11.30 bis 15.30 Uhr an der Laguna de Barlovento statt.

Fiesta de la Virgen del Rosario, alle zwei Jahre am zweiten Augustsonntag (2002, ...): Rosenkranzfest mit Nachstellung der Seeschlacht von Lepanto 1571.

Tennis: Hotel La Palma Romántica, Tel. 922 18 62 21. Auch Nicht-Gäste.

Busse: Linie 16 ab Santa Cruz drei- bis siebenmal tägl.
Taxi: Calle El Drago 36, Tel. 922 18 60 46.

ZU DEN HÖCHSTEN GIPFELN

Einmalig ist das Panorama vom Rand der Caldera vor allem dann, wenn ›Wolkenfälle‹ über die Cumbre fließen. Sagenumwoben präsentiert sich der höchste Berg La Palmas, der Roque de los Muchachos. Die Teleskope einer der größten Sternwarten der Welt schmücken seinen Gipfel. Zu lohnenden Wanderungen lädt die Gebirgskette ein.

Roque de los Muchachos

La Palma-Atlas: S. 232, A 3
Der Gebirgszug, der die Caldera de Taburiente halbkreisförmig umschließt und im Norden mit dem Roque des los Muchachos (2426 m) seine größte Höhe erreicht, ist sowohl von Santa Cruz als auch von Villa de Garafía auf gut ausgebauten, jedoch recht kurvenreichen Straßen zu erreichen. Entsprechend lange Fahrzeiten sind einzuplanen.

Von Santa Cruz benötigt man bis zur Gipfelregion etwa. 1,5 Stunden, von Santo Domingo de Garafía aus muss man bis zum Roque de los Muchachos mit etwa einer Stunde Fahrzeit rechnen. Auch wenn die Berge, von der Küste betrachtet, wolkenverhangen wirken, so kann man doch in der Gipfelzone mit Sonne und klarer Sicht rechnen, da sie zumeist oberhalb der Passatwolken liegt. Allerdings kann es, vor allem im Winter, recht kalt sein. Nicht selten fällt in den größeren Höhen Schnee, der manchmal wochenlang liegen bleibt.

Das Observatorium

Seit 1985 steht am Roque de los Muchachos eine der größten astronomischen Stationen der Welt. Die Luft ist hier so klar und der Nachthimmel so schwarz, dass die Bedingungen für die Sternenbeobachtung nahezu optimal sind.

Um diese Bedingungen zu erhalten, muss die nächtliche Beleuchtung auf La Palma in Grenzen gehalten werden. Mit hohem Kostenaufwand wurde auf La Palma die Straßenbeleuchtung umgestellt. Straßenlampen, Leuchtreklamen und andere Außenlampen sind schwach ausgelegt und dürfen nicht nach oben strahlen. Hinzu kommen Richtlinien für den Flugverkehr sowie für Rundfunk- und Fernsehsender. Sogar die Beleuchtung auf Volksfesten muss eingeschränkt werden. Zur Kontrolle öffentlicher und privater Lichtquellen erließ die spanische Regierung eigens mehrere Gesetze.

Unter britischer Leitung errichteten die Niederlande, Irland, die skandinavischen Länder und Italien das große

Observatorio Astrofísico, das aus Mess- und Beobachtungsstationen mit Teleskopen besteht. Der William-Herschel-Reflektor ist mit 4,2 m Öffnung das bislang größte Teleskop in Westeuropa. Schweden stellte einen Sonnenbeobachtungsturm auf und installierte gemeinsam mit den anderen skandinavischen Ländern das Nordische Optische Teleskop (NOT). 1999 ging das italienische Teleskop Galileo mit einem 3,6-Meter-Spiegel in Betrieb. Sein 3,5 m-Spiegel – er gilt als der glatteste, den es je gab – wurde in Deutschland gegossen und geschliffen.

Im November 2001 kam als vorerst letzter spektakulärer Neuzugang mit dem Liverpool Telescope das erste vollkommen ferngesteuerte Teleskop der Welt hinzu. Es wird ausschließlich von England aus bedient, ohne dass die beteiligten Wissenschaftler nach La Palma reisen müssen. Schon richtet man den Blick in die Zukunft: Spanien baut derzeit gemeinsam mit der EU

Das Observatorium auf dem Roque de los Muchachos

DIE WAND DES ROBERTO

Mit der Pared de Roberto, dieser seltsamen Felswand mit der Bresche, durch die der Wanderweg vom Roque de los Muchachos zur Degollada de Franceses führt, ist eine Legende verbunden. Vor vielen Jahren, als es noch keine Straßen auf La Palma gab, verliebte sich ein junger Mann aus Villa de Garafía in ein Mädchen, das im Aridane-Tal lebte. So oft es möglich war, machte er sich auf den Weg, um seine Geliebte zu besuchen. Dabei wählte er stets die Route über den Roque de los Muchachos, um dann an der Caldera-Umrandung hinabzusteigen. Doch der Teufel, der Menschengestalt angenommen hatte und sich Roberto nannte, wurde eifersüchtig. Über Nacht errichtete er eine Felswand, die für den Burschen aus Villa de Garafía unüberwindlich war. Als dieser das nächste Mal seine Geliebte besuchen wollte, sah er sich plötzlich der Mauer gegenüber, die er weder umgehen noch überklettern konnte. Da erschien Roberto und machte dem Verzweifelten ein Angebot: Wenn er ihm seine Seele verkaufe, dann würde er die Wand niederreißen. Der junge Mann, der unsterblich verliebt war, willigte ein, und der Teufel schlug eine Bresche in die Felswand.

das Teleskop GTC (Gran Telescopio Canario), das mit einem 10-Meter-Spiegel eines der größten der Welt sein wird. Die Inbetriebnahme ist für das Jahr 2003 vorgesehen.

Hubschrauber ermöglichen den Wissenschaftlern den Zugang zum Observatorium, wenn die Straße einmal wegen Schnee und Eis gesperrt werden muss. Spanien stellt das Gelände und die Infrastruktur zur Verfügung und beansprucht dafür 20% der Beobachtungszeit. Deutschland ist auf dem Roque de los Muchachos mit dem Projekt HEGRA vertreten. Es ist eines der weltweit größten Experimente zur Untersuchung der kosmischen Strahlung und zur Hochenergie-Gamma-Astronomie und wird wegen der vielen Detektoren, die wie Bienenhäuschen aussehen, von den Palmeros Las Colmenas genannt.

Computergesteuerte und vollautomatisch ablesbare Messgeräte fangen darin die kosmischen Strahlen auf. Mit sechs Cherenkov-Spiegelteleskopen werden hochenergetische Gammaquellen im All untersucht. Für die Erforschung von ›unsichtbaren‹ Teilen des Milchstraßensystems, in denen andere Strahlen absorbiert werden, sind sie von großem Wert.

Rund 400 Astronomen arbeiten jedes Jahr auf La Palma. Manche Wissenschaftler kommen nur für kurze Zeit und werten ihre Beobachtungen anschließend in ihrer Heimat aus. Schon eine Stunde Beobachtungszeit liefert genügend Material für monatelange Auswertungen. Die Forscher wohnen in Gästehäusern unmittelbar neben den Teleskopen. Andere bleiben jahrelang auf der Insel und leben mit ihren Familien in Santa Cruz.

Das Observatorio Astrofísico kann jeweils an einem Mittwoch im Monat besichtigt werden (Terminabsprache über Tel. 922 41 15 52, Führungen auch in deutscher Sprache). Außerdem gibt es im Juli, August und September je einen Tag der offenen Tür. Termine nennt das Fremdenverkehrsbüro in Santa Cruz. Man sollte sich allerdings nicht zuviel davon versprechen, denn die Arbeit der Astronomen findet heute vorwiegend am Computer statt.

Aussichtspunkte

Im Tagesverlauf bilden sich, wenn der Passatwind weht, an der Ostseite der Insel oft Wolken, die zunächst den Höhenzug der Cumbre Nueva und später auch den Caldera-Rand verhüllen, sich aber, sobald die Luft die Hänge hinabsinkt, sofort auflösen. Dann entstehen die berühmten ›Wolkenfälle‹, die wie ein gigantischer Wasserfall wirken. Dieses Schauspiel kann man von verschiedenen Aussichtspunkten entlang der Caldera-Umrandung genießen, die ohne besondere Ausrüstung auch für Nicht-Wanderer zu erreichen sind.

Zum Gipfel des **Roque de los Muchachos** führt eine Stichstraße, die etwa dort abzweigt, wo die Straße von Villa de Garafía heraufkommt. Sie endet an einem Parkplatz, von dem es bis zu den bizarren Felsformationen am Gipfel nur wenige Meter sind. Der Blick schweift über die Caldera hinweg zur Westküste bei Los Llanos. In der Fer-

Auf dem Cumbre-Höhenzug

ne ist der fast stets wolkenfreie Pico del Teide auf Teneriffa auszumachen – mit 3718 m der höchste Berg Spaniens. Bei klarer Sicht kann man weiter rechts auch die kleineren Nachbarinseln Gomera und Hierro erkennen.

Weiter östlich, an der Hauptstraße Richtung Santa Cruz, liegt der **Mirador de los Andenes.** Man steigt ein paar Schritte zur Aussichtsterrasse oberhalb der Straße hinauf. Hier kann man sowohl den Blick in die Caldera als auch zur Nordküste La Palmas genießen.

Bevor sich die Straße Richtung Santa Cruz von der Gebirgskette entfernt, befindet sich an der **Degollada de Franceses** ein weiterer Mirador. Von einem kühn in eine Felsscharte hineingebauten Aussichtsbalkon bietet sich wiederum ein beeindruckendes Panorama in die Caldera.

Blick vom Roque de los Muchachos

Wanderung am Roque de los Muchachos

Ein sehr schöner Weg führt über den Höhenkamm vom Roque de los Muchachos zum Pico de la Cruz (hin und zurück ca. 5 Std.). Man sollte frühzeitig aufbrechen, da sich die Berge im Osten der Caldera oft gegen Mittag in Wolken hüllen. Vom Parkplatz am Roque de los Muchachos geht es zunächst auf die Teleskope zu. Diese sind nach etwa 30 Minuten erreicht. Der Pfad berührt hier die Straße, entfernt sich jedoch gleich wieder nach rechts. Wenig weiter liegt links des Weges der Mirador de los Andenes (s. o.).

Auf dem Hauptweg wandert man durch das Felsentor **Pared de Roberto** weiter zur Degollada de Franceses (s. o., 1.45 Std.). Dort folgt man der Straße etwa 150 m nach rechts, bis eine Piste Richtung Barlovento abzweigt. Direkt gegenüber weist ein Schild den Fußweg zum Pico de la Nieve. Der Pfad entfernt sich ein wenig von der Straße und führt auf die (geschlossene!) Schutzhütte am **Pico de la Cruz** (2361 m) zu, dessen Gipfel nach etwa 2.30 Stunden Gehzeit erreicht ist. Oben bietet sich ein schöner Blick hinüber zur Sternwarte am Roque de los Muchachos. Für Autofahrer empfiehlt es sich, hier umzukehren und zum Ausgangspunkt zurückzulaufen.

Wer mit dem Taxi gekommen ist oder sich mit anderen Urlaubern abspricht, die ebenfalls einen Mietwagen haben, kann entlang des Höhenkamms über den Pico de la Piedra Llana (2321 m) zum **Pico de la Nieve** (2230 m) weiterlaufen. Von dort steigt man zur Straße hinab (beschildert »Salida Pico de la Nieve«). Diese Variante dauert vom Pico de la Cruz etwa 2.30 Stunden. Die meisten Taxifahrer kennen die Stelle, an welcher der Weg auf die Straße trifft.

Busse: Es gibt keine Busverbindung zum Roque de los Muchachos.

REISEINFOS VON A–Z

Alle wichtigen Informationen rund ums Reisen auf einen Blick – von A wie Anreise bis Z wie Zeitungen

Plus: Ein Sprachführer mit den wichtigsten Redewendungen und Zahlen sowie den Ausspracheregeln

Die Casona Massieu in Los Llanos

REISEINFOS VON A - Z

Anreise

Flugverbindungen

Im Direktflug ist La Palma an verschiedenen Wochentagen von vielen Flughäfen in Deutschland, Österreich und der Schweiz per Charterflug zu erreichen. Hin und zurück kostet der Flug je nach Saison zwischen 250 und 450 €. Die Flugzeit beträgt vier bis fünf Stunden. Charter-Fluggesellschaften dürfen auch Linientickets ausstellen, so dass nur der Flug ohne Unterkunft gebucht werden kann. Recht umständlich, da mit mindestens einer Zwischenlandung auf dem spanischen Festland verbunden, ist es hingegen, per Linienflug mit der spanischen Gesellschaft Iberia nach La Palma zu fliegen.

Wenn man den Aufenthalt auf La Palma mit dem Besuch einer anderen Insel des Kanaren-Archipels verbinden will, bieten sich die Linienflüge der Gesellschaft Binter an. Von La Palma gibt es mehrmals täglich Direktflüge nach Gran Canaria und Teneriffa. Einmal in der Woche besteht eine Verbindung nach El Hierro. Flughafen-Information: Tel. 922 42 61 00.

Schiffsverbindungen

Die zeitraubende und teure Anreise mit der Autofähre lohnt sich nur für Langzeiturlauber, die ihren eigenen Wagen mitnehmen möchten: Einmal wöchentlich verkehrt ein Fährschiff der Trasmediterránea vom spanischen Hafen Cádiz nach Teneriffa; dort geht es am selben Tag weiter nach La Palma (Santa Cruz). Für die Anfahrt nach Cádiz sind zwei bis drei Tage zu veranschlagen, für die Überfahrt weitere zweieinhalb Tage. Einen aktuellen Fahrplan mit Preisliste erhält man in Reisebüros oder per Fax-Abruf (069-95 88 79 202) von der deutschen Vertretung der Trasmediterránea, dem DERTRAFFIC Service-Center Fähren.

Lineas Fred. Olsen verbindet La Palma täglich mit Teneriffa (Überfahrt nach Los Cristianos etwa 4 Std., nach Santa Cruz de Tenerife etwa 7 Std.). Information und Reservierung: Tel. 922 62 82 31 oder 922 22 81 86.

Ärztliche Versorgung

Krankenhäuser und Ärztezentren

Inselkrankenhaus: Tel. 922 18 50 00, an der Landstraße nach Los Llanos oberhalb von Santa Cruz; im Jahre 2000 eröffnetes modernes Krankenhaus.

Einfacher ausgestattete Gesundheitszentren *(Centro de Salud)*, in denen man Erste Hilfe leistet und einfache Fälle medizinisch betreut, gibt es in den Hauptorten folgender Landgemeinden:

Barlovento
Calle El Calvario
Tel. 922 18 63 60

Breña Alta
Calle la Dura
Tel. 922 43 80 00

Breña Baja
San Antonio
Tel. 922 43 58 16

El Paso
Avenida José Antonio
Tel. 922 48 65 30

Los Canarios (Fuencaliente)
Calle Emilio Quintina Sánchez
Tel. 922 44 41 28

Los Llanos
Plaza Mercado
Tel. 922 40 30 70

Los Sauces
Tel. 922 45 25 01

Villa de Mazo (El Pueblo)
Carretera General
Tel. 922 44 08 04

Puntagorda
Tel. 922 69 51 48

Puntallana
Tel. 922 43 02 06

Santo Domingo de Garafía
Calle Diaz y Suárez
Tel. 922 18 08 00

Tazacorte
Tel. 922 48 20 04

Tijarafe
Tel. 922 49 19 00

Todoque
Tel. 922 46 05 19

Deutsche Ärzte
Breña Baja
Dr. med. Roland Klassert
(Allgemeinmedizin)
San Antonio
Tel. 922 18 14 14

El Paso
Claus Voss (Allgemeinmedizin)
Tajuya
Calle Espigón 20
Tel. 922 48 60 28

Los Llanos
Barbara Seide (Innere Medizin)
Calle Diaz Pimienta 10
Tel. 922 46 43 84

Santa Cruz
Dr. med. Siegfried Kapse
(Allgemeinmedizin)
Avenida El Puente 31
Tel. 922 41 38 47

Deutsche Zahnärzte
Los Llanos
Dr. Bernhard Neusser
Calle Diaz Pimienta 10
Tel. 922 40 12 38

Clinica Dental
Lothar Hötzel
Avenida Venezuela 10–2B
Tel. 922 46 04 19

El Paso
Dos Palmas
Carretera General 22
Tel. 922 49 73 24

Apotheken

Die gut sortierten Apotheken *(farmacia)* sind durch ein grünes Kreuz auf weißem Grund gekennzeichnet. Reguläre Öffnungszeiten sind Mo–Fr 9–13 und 17–19 Uhr. Ein Schild an der Tür gibt an, welche Apotheke Notdienst hat.

Apotheken findet man in allen größeren Orten.

Behinderte

Für Behinderte ist La Palma eigentlich nicht zu empfehlen. Rollstuhlfahrer sind fast überall auf Hilfe von Begleitpersonen angewiesen. Viele Unterkünfte auf La Palma sind kleine, privat geführte Apartmentanlagen, die nicht behindertengerecht ausgestattet sind.

Allgemeine Hinweise enthält der TUI-Zusatzkatalog »Urlaubsinformationen für Behinderte und ihre Begleiter«, der im Reisebüro einzusehen ist. Gruppenreisen für Behinderte auf den Kanarischen Inseln veranstaltet:

Grabowski-Tours
Tannenstr. 1
76744 Wörth/Rhein
Tel. 07271-8575
Fax 07271-12223

Diebstahl

La Palma ist eine recht sichere Insel. Wertsachen sollte man trotzdem nicht offen im Auto liegen lassen, um keine Einbrüche zu provozieren. Diebstähle sind auf alle Fälle bei der Guardia Civil anzuzeigen, wo man eine Bescheinigung für die Reisegepäckversicherung erhält:

El Paso
Calle Fátima 2
Tel. 922497448

Los Llanos
Avenida Tanausú 22
Tel. 922460990

Santa Cruz
La Portada
Tel. 922411184

Diplomatische Vertretungen auf den Kanarischen Inseln

Konsulat der Bundesrepublik Deutschland
Las Palmas de Gran Canaria
Calle Franchy y Roca 5
Tel. 928491880

Deutscher Honorarkonsul
Santa Cruz de la Palma
Calle O´Daly 39
Tel. 922 42 06 89
Fax 922413278
Mo–Fr 10–13 Uhr

Konsulat der Republik Österreich
Santa Cruz de Tenerife
Calle San Francisco 17
Tel. 922 24 37 99

Schweizerisches Konsulat
Las Palmas de Gran Canaria
Calle Domingo Rivero 2
Tel. 928 29 34 50

Diplomatische Vertretungen von Spanien

... in Deutschland
Spanische Botschaft: 10785 Berlin, Schöneberger Ufer 89, Tel. 030-254 00 70, Fax 25 79 95 57

... in Österreich
Spanische Botschaft: 1040 Wien, Argentinierstraße 34, Tel. 01-50 55 78 80, Fax 504 20 76

... in der Schweiz
Spanische Botschaft: 3000 Bern 16, Kalcheggweg 24, Tel. 031-3 52 04 12, Fax 3 51 52 29

Einreisebestimmungen

Bürger aus Deutschland, Österreich und anderen Ländern der Europäischen Union dürfen sich drei Monate als Urlauber auf der Insel aufhalten. Für die Einreise genügt ein Personalausweis. Wer länger bleibt, braucht eine Aufenthaltsgenehmigung der Ausländerpolizei:

Policia Extranjeros
Santa Cruz de La Palma
gegenüber der Plaza Alameda
Tel. 922 42 02 27

Wer über 180 Tage im Jahr auf einer Kanarischen Insel bleibt, muss einen festen Wohnsitz nachweisen und im Rathaus der zuständigen Gemeinde die *residencia* beantragen. Er ist dann ein so genannter Resident.

Schweizer benötigen bei einem Aufenthalt bis zu drei Monaten die gültige nationale Identitätskarte. Wer einen längeren Aufenthalt plant, sollte bei der spanischen Botschaft (3000 Bern 16, Kalcheggweg 24, Tel. 031-352 04 12) ein Visum beantragen.

Die Kanarischen Inseln nehmen trotz der 1993 erfolgten Integration in die Europäische Union nicht vollständig am europäischen Binnenmarkt teil. Daher gelten für die Einreise nach La Palma sowie für die Wiedereinreise nach Deutschland, Österreich und in andere EU-Länder, ebenso für die Einreise in die Schweiz, nach wie vor die internationalen Freigrenzen: 200 Zigaretten oder 50 Zigarren oder 250 g Tabak, 1 l Wein und 0,75 l Spirituosen mit mehr als 22% Alkoholgehalt (pro Person ab 15 bzw. 17 Jahren), 500 g Kaffee und 50 ml Parfum. Geschenke sind im Wert bis zu 175 € bzw. umgerechnet 200 Sfr zollfrei.

Elektrizität

Die Wechselstromspannung beträgt fast immer 220 V. In der Regel können die bei uns üblichen Stecker benutzt werden.

Feiertage

In Spanien werden die 14 gesetzlichen Feiertage in den einzelnen Regionen jährlich neu festgelegt. Auf den Kanaren sind dies in der Regel:

1. Januar: Año Nuevo (Neujahrstag)
6. Januar: Reyes (Dreikönigsfest)
1. Mai: Fiesta del Trabajo (Tag der Arbeit)
30. Mai: Día de las Canarias (Tag der Kanaren)
25. Juli: Santiago (St. Jacob)
15. August: La Asunción (Mariä Himmelfahrt)
5. Oktober: Día de la Hispanidad (Tag der Entdeckung Amerikas)
1. November: Todos los Santos (Allerheiligen)
6. Dezember: Día de la Constitución (Tag der Verfassung)
8. Dezember: Inmaculada Concepción (Mariä Empfängnis)
25. Dezember: Navidad (Weihnachten)

Variable Daten haben Gründonnerstag

(Jueves Santo), Karfreitag (Viernes Santo) und Fronleichnam (Día del Corpus Cristi).

Darüber hinaus bestimmt jede Gemeinde zwei örtliche Feiertage. Ostermontag, Pfingstmontag sowie der zweite Weihnachtstag sind keine Feiertage. Wenn ein Feiertag auf einen Sonntag fällt, wird am darauffolgenden Montag nicht gearbeitet.

FKK/oben ohne

Einzig offizieller Nacktbadestrand ist die Playa de Las Monjas (Nonnenstrand), etwa 2 km südlich von Puerto Naos. An allen anderen Stränden ist Nacktbaden nicht angebracht, vor allem dann nicht, wenn einheimische Familien anwesend sind. Wo viele Touristen sonnenbaden, wird oben ohne weitgehend toleriert.

Fotografieren

Fotomaterial ist in guter Auswahl, allerdings deutlich teurer als zu Hause, erhältlich. Fotogeschäfte gibt es in allen größeren Orten.

Frauen unterwegs

Im Allgemeinen ist La Palma für Frauen ein sicheres Reiseziel.

Geld

Spanien gehört zur Euro-Zone, womit der Geldwechsel für Reisende aus Deutschland und Österreich entfällt. Zur Sicherheit sollte man genügend Bargeld für die ersten Ausgaben mitnehmen. Ansonsten erhält man am schnellsten und preisgünstigsten mit EC-Karte und Geheimnummer Bargeld. Bei allen Bankfilialen stehen Automaten. Sie können in deutscher Sprache bedient werden. Manchmal gibt es Probleme beim Lesen des Magnetstreifens. Daher empfiehlt sich grundsätzlich die Mitnahme von Reiseschecks, einer zweiten Karte oder eines genügend hohen Bargeldbetrags. Euroschecks werden nicht mehr akzeptiert.

Die regulären Öffnungszeiten der Banken sind: Mo–Fr 9–14 und Sa 9–13 Uhr. In dem Sommermonaten (Juli bis Sept.) sind Banken samstags geschlossen. Beim Tausch von Reiseschecks ist stets ein Pass oder Personalausweis vorzulegen.

Kreditkarten werden von den Autovermietungen, den meisten Hotels sowie größeren Restaurants und Geschäften akzeptiert. Visa und Eurocard sind gängiger, American Express und Diners Club weniger verbreitet. Mit einer EC-Karte kann man bislang fast nirgendwo bezahlen.

Gesundheitsvorsorge

Zwischen Spanien und Deutschland sowie Österreich besteht ein Sozialversicherungsabkommen. Mitglieder gesetzlicher Krankenkassen können sich vor der Reise einen kostenlosen Auslandskrankenschein ausstellen lassen, der im Krankheitsfall vor der Behandlung gegen ein spanisches Krankenscheinheft *(talonario)* getauscht wird (im Büro der Sozialversicherung: Santa Cruz, Avenida Marítima, neben dem Hotel Marítimo).

Das spanische Krankenscheinheft ist nicht mehr unbedingt erforderlich, kann aber vor allem im Falle eines Krankenhausaufenthalts die Reisekasse entlasten. Prinzipiell werden inzwischen auch bar bezahlte Arztkosten von den gesetzlichen Krankenkassen übernommen, wobei allerdings nicht alle Leistungen abgedeckt sind. Daher ist der zusätzliche Abschluss einer privaten Auslands-Krankenversicherung unbedingt zu empfehlen. Viele Ärzte bestehen grundsätzlich auf Barzahlung.

Privatversicherte zahlen die Behandlungskosten vor Ort und bekommen sie zu Hause gegen Vorlage der Rechnung erstattet (möglichst detailliert ausstellen lassen).

Haustiere

Für Hunde und Katzen benötigt man ein amtstierärztliches Herkunfts- und Abstammungszeugnis. Eine Tollwutimpfung ist mit Angabe des Impfdatums, das mindestens 30 Tage zurückliegen muss, und der Art des Impfstoffs nachzuweisen.

Charterfluggesellschaften nehmen Tiere bis 20 kg Gewicht oft kostenlos mit. Allerdings benötigen größere Hunde eine Transportbox. Sie werden im Gepäckraum untergebracht, wo der Flug wegen der Dunkelheit und Kälte zur Qual für das Tier wird. Dies sollte man ebenso bedenken wie die Tatsache, dass in den meisten Hotels und Apartmentanlagen Hunde nicht erwünscht sind.

Informationsstellen

Spanische Fremdenverkehrsämter
...in Deutschland
10707 Berlin
Kurfürstendamm 180
Tel. 030-882 65 43
Fax 030-82 66 61
berlin@tourspain.es

40237 Düsseldorf
Grafenberger Allee 100
Tel. 0211-680 39 80
Fax 0221-680 39 85

60323 Frankfurt/M.
Myliusstraße 14
Tel. 069-72 50 33
Fax 069-72 53 13
buzon.oficial@frankfurt.oet.mcx.es

80336 München
Schubertstraße 10
Tel. 089-53 01 58
Fax 089-532 86 80
munich@tourspain.es

... in Österreich
1010 Wien
Walfischgasse 8
Tel. 01-5 12 95 80
Fax 01-5 12 95 81
vienna@tourspain.es

... in der Schweiz
8008 Zürich
Seefeldstraße 19
Tel. 01-2 52 79 31
Fax 01-2 52 62 04
zurich@tourspain.es

Touristeninformation auf La Palma
Oficina Insular del Turismo
Santa Cruz
Casa Salazar
Calle O´Daly 22
Tel. 922 41 21 06

Los Llanos
Ortsteil Argual Abajo
Casa Massieu
Tel. 922 40 18 99

Flughafen
Tel. 922 42 62 12
Mo, Di, Do 10–16, Mi, Fr 10–16, 17–19, Sa 10–13 Uhr

Private deutschsprachige Informationsbüros
Contacto
Los Llanos
Calle General Yagüe 5
Tel. 922 46 32 04
Fax 922 46 12 66
lwww.a-palma.de

Palmaclub
Puerto Naos
Paseo Marítimo s/n
Tel./Fax 922 40 81 21

Info Center La Palma
El Paso
Calle Antonio Pino Pérez 3
Tel./Fax 922 49 74 68

Informationen im Internet

www.a-palma.es
Offizielle Seite der Inselregierung mit Informationen zu La Palma in spanischer und englischer Sprache.

www.lapalma-magazin.com
Internetseite der Monatszeitschrift »Infomagazin«. Umfassende Information über La Palma in deutscher Sprache, stets aktuell.

www.wochenspiegel-kanaren.com
Internetseite der wöchentlich auf Teneriffa erscheinenden Zeitung »Der Wochenspiegel«. Informationen zu allen Kanarischen Inseln in deutscher Sprache.

www.kanarische-rundschau.com
Internetseite der monatlich erscheinenden Zeitschrift »Kanarische Rundschau« mit aktuellen Informationen zu allen Inseln, in deutscher Sprache.

www.dumontreise.de
Information zu Reiseführern und Reiseländern. Mit der Möglichkeit, Autoren bestimmter Reiseführer (monatlich wechselnd) per E-Mail zu befragen.

www.hvsl.es
Hotels auf La Palma im Internet.

Karten

Einen guten Überblick bietet die »Mapa Isla de La Palma« von Mini Ediciones David mit Stadtplänen von Santa Cruz und Los Llanos sowie einer Detailkarte der Caldera de Taburiente. Die Karte ist auf La Palma in vielen Geschäften erhältlich. Detaillierter ist die Autokarte »La Palma« (Verlag Freytag & Berndt).

Hilfreich für Wanderer, allerdings etwas unübersichtlich sind die zwei Blätter der spanischen Militärkarte im Maßstab 1: 50 000 (Cartografía Militar de

España, Isla de La Palma), die man über den deutschen Buchhandel oder vor Ort bei Contacto in Los Llanos erhält. Das offiziell markierte Wanderwegenetz La Palmas ist auf der Karte »Red de Senderos de La Palma« verzeichnet, die vom Inselrat *(Cabildo)* herausgegeben wird. Sie ist kostenlos in Informationsbüros und Besucherzentren erhältlich.

Kinder

Palmeros sind sehr kinderfreundlich. In größeren Hotels und Apartmentanlagen ist man auf kleine Gäste eingestellt. Kinderbetreuung gibt es dennoch selten. Viele Restaurants stellen Hochstühle bereit. Spezielle Kinderteller werden fast nirgends angeboten.

Dicht gesät sind Attraktionen vor allem für Kinder nicht. Relativ gefahrloses Baden ist an den Stränden von Los Cancajos und Puerto Naos möglich. Im Pueblo Parque (Kulturpark) bei Los Llanos (vgl. S. 137) können Kinder auf Eseln reiten, außerdem gibt es ein Kinderkino und einen Spielplatz.

Abwechslungsreich ist auch ein Besuch des Zoos Maroparque oberhalb von Santa Cruz (vgl. S. 88) oder des Vogelparks bei El Paso (s. S. 158). Einen Ausritt auf dem Rücken eines Kamels können Eltern mit ihren Kindern beim Vulkan San Antonio bei Fuencaliente (Los Canarios) unternehmen.

Kleidung und Ausrüstung

Von Juli bis September genügt für die Küstengebiete leichte Sommerkleidung. In der übrigen Zeit oder für Ausflüge ins Gebirge sollte man zusätzlich Pullover und Jacke mitnehmen. Wanderer benötigen zudem winddichte Anoraks, Regenschutz und Bergstiefel. In der kalten Jahrszeit kann in den Gipfelregionen Schnee liegen.

Literaturtipps

... Wanderführer

Lipps, Susanne: DuMont aktiv: Wandern auf La Palma.

... Pflanzenführer

Schönfelder, Petra & Ingrid: Die Kosmos-Kanarenflora, Stuttgart 1997.

... Lektüre

Braem, Harald: Tanausú – Der letzte König der Kanaren. Piper, München 1991. Roman, der die Conquista aus Sicht der Ureinwohner schildert.

Körke, Harald: Noch ein verdammter Tag im Paradies. Konkursbuchverlag, Tübingen 1988. Kurzgeschichten mit vielen Hintergrundinformationen über La Palma.

Rabsch, Udo: Tazacorte. Konkursbuchverlag, Tübingen 1989. Roman über die Wirklichkeit des Aussteigerlebens.

Notruf

Über den Notruf 112 sind Polizei, Feuerwehr und Krankenwagen zu erreichen (auch in deutscher Sprache).

Öffnungszeiten

Öffnungszeiten sind in der Regel Mo–Fr 9–13 (14) und 16 (17)–20 Uhr sowie Sa 9–13 (14) Uhr. Größere Supermärkte öffnen Mo–Sa 8–20 oder 9–21 Uhr. In Los Cancajos und Puerto Naos haben manche Geschäfte mittags durchgehend, abends länger und auch sonntags bis etwa 13.30 Uhr geöffnet. Während der Sommerferien in den Monaten Juli und August bleiben viele Läden nachmittags geschlossen.

Post

Postämter *(correos)* sind Mo–Fr 9–14 und Sa 9–12 Uhr geöffnet. Briefmarken gibt es auch in jedem Tabakladen *(estanco)*. Das Porto in europäische Länder beträgt für Postkarten und Briefe bis 20 g gleichermaßen 0,50 €.

Radio und Fernsehen

Radio: Radio Cadena Española, Mittelwelle 747 kHz, Mo–Fr 8.30, Sa 8 Uhr Nachrichten in deutscher Sprache; Deutsche Welle, Kurzwelle 6.075 kHz, 6.100 kHz, 9.545 kHz, 13.780 kHz, 15.720 kHz, 17.860 kHz, Programm erhältlich bei: Deutsche Welle, Hörerpost, 50588 Köln, Tel. 0221-389 32 08, Fax 0221-389 30 00.

Fernsehen: In Hotels und Apartmentanlagen können deutschsprachige Satellitenprogramme empfangen werden.

Reisekasse und Preise

Preisniveau
In Ferienorten liegen die Preise höher als dort, wo die Einheimischen einkaufen. Am preiswertesten kauft man Lebensmittel in den beiden Einkaufszentren Centro de Ahorro San Martín (in El Paso und oberhalb von Santa Cruz an der Straße nach Los Llanos). Bunter geht es in den Markthallen von Santa Cruz und Los Llanos und auf dem Wochenendmarkt von Villa de Mazo zu, wo man ebenfalls relativ günstig kauft.

In den kleinen Naturkostläden, die es z.B. in El Paso, Los Llanos und Puntagorda gibt, sind die Preise höher, man legt jedoch Wert auf biologisch einwandfreie Produkte. Insgesamt ist das Preisniveau mit Deutschland zu vergleichen. Die Kosten für Hotelzimmer, Essen im Restaurant und Taxifahrten sind insgesamt etwas niedriger als in Deutschland.

Essen im Restaurant: zwischen 6 und 12 € für ein Hauptgericht, je nach Kategorie
Flasche Wein im Restaurant: um 10 €
Kleines Bier: 1–1,50 €, in Hotels auch teurer
Tasse Kaffee: etwa 1 €
Busfahrt von Santa Cruz nach Los Llanos: 3,60 €
Eintritt in staatliche Museen: 2–4 €
Eintritt in private Museen und Parks: 7 bis 10 €

Sicherheit

La Palma gilt als sicher, wenn man die üblichen Vorsichtsmaßregeln beherzigt.

Sonnenschutz

Auf ausreichend Sonnenschutz ist zu achten, vor allem am Strand und im Gebirge. Auch bei angenehmen Temperaturen bekommt empfindliche Haut leicht einen Sonnenbrand. Schutzmittel kann man überall auf La Palma kaufen.

Souvenirs

Seide ist das wohl typischste Mitbringsel von La Palma. Da die Werkstatt der legendären Doña Maruca im Jahre 2000 ihre Pforten schloss, sind Webarbeiten aus Seide aber derzeit eine Rarität. In Zukunft soll in der neuen, staatlich geförderten Seidenwerkstatt in El Paso ein Verkaufsraum eingerichtet werden.

Handgestickte Tischdecken, Servietten, Sets, Taschentücher und Blusen werden in den meisten Kunsthandwerksläden verkauft. Oft sind sie mit den für La Palma typischen Blumen- oder Vogelmotiven in leuchtenden Farben versehen.

Webarbeiten wie Decken, Tischläufer oder Taschen aus Stoffresten ersteht man ebenfalls in den zahlreichen Kunsthandwerksgeschäften. Dort sind auch Flechtarbeiten aus Palmstroh, wie Hüte, Taschen und Matten, erhältlich. Eine gute Auswahl findet man im offiziellen Verkaufsraum für Kunsthandwerk der Inselregierung in Villa de Mazo (s. S. 114) oder in den Kunsthandwerkszentren von Fuencaliente (s. S. 121) und Barlovento (s. S. 193).

Keramik, gefertigt nach altkanarischem Vorbild, bietet aus eigener Produktion die Tienda de Artesanía El Molino in Hoyo de Mazo (s. S. 117).

Wein von La Palma gibt es unter anderem in den Bodegas von Los Canarios (Fuencaliente), auf dem Wochenendmarkt in Villa de Mazo und im Weinmuseum in Las Manchas Abajo. Auch viele Geschäfte und Supermärkte führen einheimische Tropfen. Berühmt ist der schwere Aperitifwein (Malvasier), dem modernen Geschmack kommen jedoch die leichteren, trockeneren Sorten eher entgegen.

Handgedrehte *puros* (Zigarren) fertigen kleine Werkstätten in Santa Cruz und Breña Alta. Am Flughafen betreibt der alteingesessene Familienbetrieb Vargas aus Santa Cruz eine Filiale. Auch in vielen anderen Geschäften und in den Bars werden die Puros verkauft.

Darüber hinaus gibt es zahlreiche Boutiquen, in denen modernes, oft ebenfalls von La Palma stammendes Kunsthandwerk verkauft wird. Alle Geschäfte haben Festpreise. Gehandelt wird nicht.

Telefonieren

Von Telefonzellen kann man internationale Gespräche sowohl mit Münzen als auch mit Telefonkarten (*tarjeta de telefónica)* führen, die man in jedem Tabakladen (*estanco)* erhält. Einen Billigtarif gibt es nach 22 Uhr. Teurer wird es vom Hotel aus. Die Gebühren sollte man zuvor erfragen. Von Postämtern kann man in Spanien nicht telefonieren.

Das Mobilfunknetz ist auf La Palma sehr gut ausgebaut. Ausländische Handys wählen sich problemlos in das spanische Netz ein. Pro Minute zahlt man rund um die Uhr für Gespräche nach Deutschland, Österreich und in die Schweiz etwa 1 €. Günstiger sind Telefonate innerhalb Spaniens. Hier werden lediglich 25% Aufpreis auf die nationalen Gebühren verlangt.

Telefonieren ins Ausland: Man wählt zunächst 00, wartet einen Dauerton ab und wählt dann die Vorwahl des Landes (Deutschland 49, Österreich 43, Schweiz 41), die nationale Ortsvorwahl ohne die Null und zuletzt die Teilnehmernummer. Von Europa ist La Palma über die Vorwahl 0034 zu erreichen. Ortsvorwahlnummern gibt es in Spanien nicht mehr. Alle Telefonnummern sind neunstellig.

Toiletten

Öffentliche WCs sind selten zu finden. Wenn man die Toilette in einer Bar aufsucht, sollte man dort eine Kleinigkeit konsumieren. Der Standard ist im Allgemeinen gut. Papier muss häufig wegen der Verstopfungsgefahr in einen neben der Toilette stehenden Eimer geworfen werden. Falls abgeschlossen ist, was vor allem bei Damentoiletten manchmal der Fall ist, erhält man den Schlüssel an der Theke.

Trinkgeld

In Restaurants und Bars, wo man am Tisch bedient wird, ist der Service im Preis enthalten. Üblicherweise lässt man sich das Wechselgeld genau herausgeben und bei größeren Rechnungsbeträgen einige Münzen auf dem Tisch liegen (etwa 5 %). Wenn man etwas an der Theke einer Bar trinkt, wird normalerweise kein Trinkgeld gegeben. Zimmermädchen erhalten etwa 3 € pro Woche. Bei Taxifahrten kann man die Summe aufrunden.

Umgangsformen

Die Palmeros sind eher zurückhaltend und distanziert. Der Tagesrhythmus unterscheidet sich deutlich vom mitteleuropäischen. In den Ortschaften, wo die Einheimischen noch weitgehend unter sich sind, spielt sich das Leben vor allem am Vormittag und in den frühen Abendstunden ab.

Eine lange Mittagspause *(siesta)* ist immer noch üblich. Kleinere Geschäfte schließen dann für mehrere Stunden. Anders verhält es sich mit den großen Supermärkten, die durchgehend geöffnet bleiben.

Allzu legere Kleidung ist bei den Palmeros immer noch unüblich. Nur am Wochenende und in den Ferien, am Strand, gibt man sich ungezwungener. Touristen sieht man es aber auch in der Stadt und meist sogar in Kirchen nach, wenn sie Freizeitkleidung tragen.

Unterkunft

Alle großen Reiseveranstalter und auch einige Spezialveranstalter bieten Pauschalarrangements mit Flug, Transfer oder Mietwagen und Unterkunft an. Die Auswahl reicht von Hotels über Apartmentanlagen verschiedener Größe und Ausstattung bis hin zu familiären Pensionen und Ferienhäusern. Oft vermieten meist deutsche Besitzer ihre Ferienhäuser privat über Kleinanzeigen in Tageszeitungen oder Reisemagazinen.

Ausgesprochene Ferienorte, die sich sowohl als Stützpunkt für Wanderfreunde als auch für einen reinen Badeurlaub eignen, sind Puerto Naos und Los Cancajos. Die Vier-Sterne-Hotels in

Los Cancajos (H10 Taburiente Playa) und Puerto Naos (Sol Elite La Palma) leisten auch gehobenen Ansprüchen Genüge. Ansonsten gibt es in beiden Orten genügend Apartmentanlagen, die zum Teil auch Halbpension anbieten.

Außerhalb der Ferienzentren gibt es die unterschiedlichsten Unterkünfte. Santa Cruz ist für einen Badeurlaub nicht geeignet, kommt aber als Standort in Frage, wenn man viel auf eigene Faust unternehmen und dabei nicht auf die Annehmlichkeiten des Stadtlebens verzichten möchte.

Recht luxuriös ist der neue Parador Nacional in Breña Baja, der klassische spanische Gastlichkeit mit landschaftlich herausragender, jedoch recht einsamer Lage verbindet.

Apartments und Ferienhäuser

In vielen Orten gibt es familiäre Apartmentanlagen und Ferienhäuser. Oft sind sie von schönen Gärten umgeben und sehr ruhig. Restaurierte alte Bauernhäuser werden im Rahmen des Programms Turismo Rural vermietet. Die Reservierungszentrale befindet sich in Puntallana: Casa Luján, Tel. 922-43 06 25, Fax 922 43 03 08, islabonita @infolapalma.com, www.islabonita.com. Vermittlung in Deutschland: Karin Pflieger, Lohkoppelweg 26, 22529 Hamburg, Tel./Fax 040-560 44 88. Wenn man eine solche Unterkunft bucht, sollte man für den Aufenthalt einen Mietwagen einplanen.

Bei der Wahl des Urlaubsorts ist zu bedenken, ob er auf der West- oder Ostseite der Insel liegt. Der Westen ist sonnensicherer, vor allem in den Wintermonaten. Im Sommer dagegen kann es dort recht heiß und trocken werden. Auf der Ostseite ist die Vegetation üppiger, die Blütenfülle prächtiger. Allerdings bewölkt es sich häufiger.

In den kältesten Monaten empfiehlt sich eine Unterkunft, die nicht höher als 300 m über dem Meeresspiegel liegt. In größeren Höhen kann es dann abends recht kühl werden. Wer auf eigene Faust nach La Palma reist und keine Unterkunft vorausbuchen möchte, sollte die Monate Juli und August sowie die Weihnachts- und Osterzeit meiden. Dann sind die preiswerten Unterkünfte meist durch spanische Urlauber belegt. Wer in entlegene Gebiete fahren will, sollte zuvor angesichts der begrenzten Unterkünfte telefonisch, über ein Reisebüro oder über Contacto in Los Llanos (s. S. 138) reservieren.

Camping

Zelten ist nur auf ausgewiesenen Plätzen für begrenzte Zeit möglich. Die staatlichen Campinggelände liegen in schöner Umgebung, bieten aber meist wenig Komfort. Genehmigungen für den Platz in der Caldera de Taburiente erhält man unbürokratisch im Besucherzentrum oberhalb von El Paso an der Straße Richtung Santa Cruz, Tel. 922 49 72 77, Fax 922 41 34 38. Die Erlaubnis wird bis zu zwei Monate im Voraus erteilt, bei genügend verfügbaren Stellplätzen auch sofort. Erforderlich sind der Personalausweis des Antragstellers (eventuell in Kopie) sowie Namen und Ausweisnummern aller Begleitpersonen.

Für die Plätze Refugio El Pilar, Fuencaliente, Laguna de Barlovento und San Antonio del Monte muss man die

die Zeltgenehmigung bei der Umweltbehörde (Medio Ambiente) in Santa Cruz einholen: Plazoleta del Muelle, Tel. 922 41 15 83.

Private Zeltplätze gibt es in Puntagorda (s. S. 178) und – komfortabler – in

La Laguna
Camino Cruz Chica 60
Tel. 922 40 11 79
Fax 922 40 19 63
hkeller_camp@jet.es

Jugendherbergen
Es gibt auf La Palma keine Jugendherbergen.

Verkehrsmittel

Busse
Abgesehen von organisierten Busrundfahrten, die von Hotels und Reisebüros angeboten werden, gibt es auch Möglichkeiten, auf eigene Faust Ausflüge per Bus zu unternehmen. Alle wichtigen Orte sind an das Liniennetz angebunden. Die Busse sind pünktlich und die Tarife niedrig. Auf freier Strecke halten die Busse in entlegenen Gebieten auf Handzeichen. Ansonsten sind Bushaltestellen an den Wartehäuschen zu erkennen. Gezahlt wird beim Fahrer.

Eine gute Hilfe bei der Routenplanung ist der jeweils aktuelle Busfahrplan *(horario)*, der bei der Busgesellschaft Transporte del Norte in Santa Cruz (Calle Pedro J. de las Casas 3), im Busbahnhof von Los Llanos (Calle Ramón Pol 3) sowie in Reisebüros und im Fremdenverkehrsamt von Santa Cruz erhältlich ist.

Zwischen Santa Cruz und Los Llanos verkehren Linienbusse etwa stündlich. Alle anderen wichtigen Orte der Insel sind zumindest mit einer dieser Städte verbunden. Hinweise dazu finden sich in den jeweiligen Ortsbeschreibungen.

Einige Preisbeispiele
Santa Cruz – Los Llanos: 3,60 €
Santa Cruz – Los Cancajos: 0,80 €
Los Llanos – El Paso: 0,80 €
Los Llanos – Puerto Naos: 1,05 €

Wer häufiger den Linienbus benutzen möchte, fährt mit dem Bonobillete günstiger, das für 12 bzw. 30 € bei der Busgesellschaft Transporte del Norte in Santa Cruz (s.o.) sowie im Busbahnhof von Los Llanos erhältlich ist (Ersparnis von ca. 30 % gegenüber Einzelfahrscheinen).

Mitfahrzeuge
Einen Kleinwagen (Opel Corsa o.ä.) erhält man ab etwa 20 € pro Tag (inkl. Vollkasko- und Insassenversicherung sowie unbegrenzter Kilometerzahl). Wird der Wagen über ein Reisebüro im Voraus gebucht, kann man ihn schon am Flughafen übernehmen. Dort befinden sich auch Büros spanischer und internationaler Autovermieter. Außerdem übernehmen Hotelrezeptionen, örtliche Reisebüros und das private Informationsbüro Contacto in Los Llanos die Vermittlung. Die Mietautos befinden sich in der Regel in gutem Zustand.

Voraussetzung für das Mieten eines Wagens ist der nationale Führerschein, der bereits ein Jahr alt sein sollte. Außerdem wird oft ein Mindestalter des Fahrers von 21 oder 23 Jahren verlangt. Das Fahren auf La Palma ist unproblematisch, die Verkehrsdichte relativ gering. Der Abschluss einer Vollkaskoversicherung ist dennoch Pflicht.

In den Ortschaften sind 50 km/h, auf der Landstraße 90 km/h erlaubt. Die Promillegrenze liegt bei 0,5. Vor unübersichtlichen Kurven hupt man, damit der Gegenverkehr vorbereitet ist.

Motorräder der Marke Honda vermietet Auto Soyka, Los Llanos, Tel. 922 46 32 04 für etwa 40 € am Tag. Wie überall in Europa besteht auch auf La Palma Helmpflicht.

Bei der Planung von Rundfahrten sollte man bedenken, dass Tankstellen in entlegenen Gegenden selten und dazu oft an Sonn- und Feiertagen geschlossen sind. Einige Tankstellen an den Hauptverbindungsrouten bieten 24-Stunden-Service.

Taxis

Taxis sind auf La Palma weiß und tragen an der Seite die Buchstaben SP (Servicio público). Abgerechnet wird sowohl bei Stadt- als auch bei Überlandfahrten nach gefahrenen Kilometern. Einige Wagen sind mit Taxameter ausgerüstet. Ist das nicht der Fall, richtet man sich nach einer Preisliste *(lista de precios)*, die der Fahrer mitführt. Pro Kilometer kostet Taxifahren etwa 1 €, der Mindesttarif beträgt rund 2 €. Für Rundfahrten kann man die Preise frei aushandeln.

Preisbeispiele

Flughafen – Santa Cruz: etwa 6 €
Flughafen – Los Llanos: etwa 25 €
Los Llanos – Puerto Naos: etwa 6 €

Wasser

Die hygienischen Verhältnisse sind in der Regel in Ordnung. In Zwischenlagertanks können jedoch Keime in das ansonsten saubere Trinkwasser geraten. Außerdem wird das Wasser regelmäßig mit hoch dosiertem Chlor behandelt. Daher empfiehlt es sich, zum Trinken das preiswerte Quellwasser zu verwenden, das in Fünf-Liter-Kanistern in jedem Supermarkt angeboten wird. Zum Zähneputzen ist Leitungswasser unbedenklich.

Zeit

Auf den Kanarischen Inseln gilt die Westeuropäische Zeit (WEZ). Die Uhr muss im Sommer wie im Winter um eine Stunde gegenüber Mitteleuropa zurückgestellt werden.

Zeitungen

Die größeren deutschen Tageszeitungen und Zeitschriften sind in den Hauptorten mit ein- bis zweitägiger Verspätung in Zeitungsläden erhältlich, in den Ferienorten zum Teil auch in den Supermärkten.

In deutscher Sprache erscheinen auf La Palma drei Anzeigenblätter, die in Hotels kostenlos ausliegen bzw. am Kiosk erhältlich sind: »La Palma Info« (halbjährlich), »Infomagazin« (alle drei Wochen) und »Correo del Valle« (alle zwei Wochen). Sie enthalten Hintergrundinformationen über La Palma, Kleinanzeigen und Hinweise auf Veranstaltungen.

SPRACHFÜHRER

Auf La Palma sind deutschsprachige Touristen in der Mehrzahl. Daher verstehen in den Ferienorten viele Einheimische Deutsch. In den Städten kann man sich häufig mit jüngeren Leuten auf Englisch verständigen. Im Umgang mit älteren Menschen, in Restaurants und Bars sowie auf den Dörfern und im Landesinnern sind Grundkenntnisse des Spanischen allerdings durchaus von Nutzen.

Einige Besonderheiten der spanischen (kanarischen) Aussprache, die man sich einprägen sollte:

c	vor a, o und u wie k
c	vor e und i wie engl. th; auf den Kanaren auch wie ein stimmloses s
ç	wie c vor e und i
ch	wie tsch
g	vor e und i wie ch
h	bleibt stumm
j	wie ch
ll	wie j
ñ	wie nj
q	wie k
s	wie ss; wird auf den Kanaren am Wortende oft verschluckt
v	Zwischen b und w; auf Kanaren aber auch wie w
y	wie j
z	wie das englische stimmhafte th; auf den Kanaren aber auch wie ein stimmhaftes s

Allgemeines

ja/nein	sí/no
guten Morgen	buenos días
guten Tag	buenas tardes
guten Abend	buenas noches
Hallo, wie geht's?	¿Hola, qué tal?
Danke, gut!	¡Bien, gracias!
auf Wiedersehen	adiós
bis später	hasta luego
bitte/danke	por favor/gracias
Verzeihung	perdón
macht nichts/ gern geschehen	de nada
Sprechen Sie Deutsch?	¿Habla alemán?
Ich verstehe nicht	no entiendo
Wie heißt du?	¿como te llamas/
Wie heißen Sie?	como se llama?
Ich heiße …	me llamo …

Zahlen

0	cero
1	uno, una
2	dos
3	tres
4	cuatro
5	cinco
6	seis
7	siete
8	ocho
9	nueve
10	diez
11	once
12	doze
13	trece
14	catorce
15	quince
16	dieciséis
17	diecisiete
18	dieciocho
20	veinte
21	veintiuno
25	veinticinco

30	treinta
31	treinta y uno
40	cuarenta
50	cincuenta
60	sesenta
70	setenta
80	ochenta
90	noventa
100	cien
200	doscientos, doscientas
500	quinientos
1000	mil
2000	dos mil
5000	cinco mil

Zeitbegriffe

heute	hoy
morgen	mañana
Monat	mes
Woche	semana
Tag	día
Montag	lunes
Dienstag	martes
Mittwoch	miércoles
Donnerstag	jueves
Freitag	viernes
Samstag	sábado
Sonntag	domingo

Reise und Verkehr

Ist dies die Straße nach …?	¿Es esta la carretera de …?
Wie kommt man nach …?	¿Por dónde se va a …?
Wie weit ist es nach …?	¿A qué distancia está …?
rechts/links/ geradeaus	a la derecha/a la izquierda/ todo seguido
Wo ist eine Tankstelle?	¿Dónde está una gasolinera?
Volltanken bitte!	¡Lleno, por favor!
Hilfe/Achtung	ayuda-socorro/ atención
Wir haben eine Panne!	¡Tenemos una avería!
Ich habe einen Unfall gehabt!	¡He tenido un accidente!
Ich brauche einen Arzt	Necesito a un médico
Rufen Sie einen Krankenwagen/ die Polizei	Llame a la ambulancia/ a la policía
Ich möchte ein … mieten Auto/Fahrrad	Quisiera alquilar un … coche/bicicleta
Wann fährt der Bus nach …?	?A qué hora sale el autobús para …?
Wo ist die Bushaltestelle?	¿Dónde está la parada de autobuses?
Ein Fahrschein nach …	Un billete para …

Im Restaurant

Einen Tisch für … Personen, bitte	Una mesa para … personas, por favor
Die Karte, bitte	La carta, por favor
Wo sind die Toiletten?	¿Dónde están los servicios?

Unterkunft

Haben Sie ein Zimmer frei?	¿Hay una habitación libre?
Ich möchte ein Zimmer reservieren	Quisiera reservar una habitación
Einzel-/ Doppelzimmer	habitación individual/doble
… Bad/Dusche	… con baño/ducha
… mit Frühstück	… con desayuno

Was kostet das Zimmer pro Tag/Woche?	¿Quánto cuesta la habitación por día/semana?

Einkaufen

Markt	mercado
Supermarkt	supermercado
Bäckerei	panadería
Lebensmittel	alimentos
Apotheke	farmacia
Schreibwarenladen	papelería
Haben Sie …?	¿Hay …?
Ich brauche …	Necesito …
Was kostet das?	¿Cuánto cuesta?
eine Flasche	una botella
1 Kilogramm	un kilo
100 Gramm	cien gramos
1 Liter	un litro
eine Dose	una lata
Noch etwas?	¿Algo más?
Das ist alles.	Más nada.
geschlossen	cerrado

Bezeichnungen in Landkarten

agua	Wasser
alto	hoch
bajada	Abstieg
bajo	niedrig
barranco	Schlucht
bosque	Wald
breña	Gebüsch
brezal	Heide
cabezo	Hügel, Gipfel
cala, caleta	kleine Bucht
caldera	Kessel; hier: Vulkankrater
casas	Häuser; hier: Weiler
castillo	Burg, Festung
cedro	Zeder
cercado	Einfriedung, Gehege
charco	Pfütze
costa	Küste
cruz	Kreuz
cubo	Würfel, Kübel
cueva	Höhle
degollada	Pass, Durchgang
drago	Drachenbaum
embalse	Stausee, Staubecken
ensenada	Bucht
ermita	Kapelle
faro	Leuchtturm
finca	Bauernhof
fuente	Quelle
galería	Gang, Galerie, Stollen
hoya	Grube, Becken
laguna	Lagune, Lücke
llano	Ebene
loma	Hügel, Hügelkette
mirador	Aussichtspunkt
montaña	Berg, Gebirge
morro	Schnauze, Maul
palma	Palme
palmar	Palmenhain
paso	Pass, Übergang
peñón	Felskuppe
pico	Berggipfel, Spitze
pinar	Kiefernwald
pino	Kiefer
playa, playita	Strand
puerto	Hafen
punta, puntilla	Landspitze
refugio	Schutzhütte, Unterstand
rio	Fluss
risco	Klippe, Felsen
roque	Felsen
salinas	Salinen
til, tilo	Stinklorbeer
volcán	Vulkan

Auszug aus der Speisekarte

aceite	Öl
aceitunas	Oliven
agua mineral	Mineralwasser
aguardiente	Schnaps
ajo	Knoblauch
a la parilla	gegrillt
a la plancha	gebraten
albaricoque	Aprikose
albóndigas	Fleischbällchen in Soße
alcachofas	Artischocken
almejas	Venusmuscheln
almendrados	Mandelmakronen
alubias	Bohnen
arepas	gefüllte Teigtaschen aus Maismehl
arroz	Reis
arroz con leche	Milchreis
atún	Tunfisch
atún encebollado	Tunfisch mit Zwiebeln
bacalao	Stockfisch, meist Kabeljau
batido de leche	Milchmixgetränk
berenjenas	Auberginen
besugo	Seebrasse
besugo al horno	Seebrasse im Ofen gegart
bienmesabe	Eier-Mandelspeise
bocadillos	belegte Brötchen
boquerones en vinagre	Sardellen in Essig, Öl und Knoblauch
boquerones fritos	gebackene Sardellen
caballa	Makrele
cabrito	Zicklein
cabrito en adobo	im Ofen gegartes Zicklein
café	Kaffee
café americano	großer schwarzer Kaffee
café solo	Espresso
café carajillo	Kaffee mit Brandy
café cortado	Espresso mit Kondensmilch
café con leche	Milchkaffee
calamares a la romana	panierte Tintenfischringe
calamares en su tinta	Tintenfisch in eigener Tinte
caldo de pescado	Fischsuppe mit viel Einlage
cancrejos	Krebse
caracoles	Schnecken
carne	Fleisch
carne en salsa	Fleischstücke in Soße
cava	Sekt
cazuela de mariscos	Meeresfrüchte-eintopf
cebolla	Zwiebel
cerdo	Schwein
cerveza	Bier
cerveza de baril	Bier vom Fass
champiñones al ajillo	Champignons in Knoblauchöl
chicharrones	gebratene Speckstücke
chipirones	kleine Tintenfische
chuletas	Koteletts (meist Schweinefleisch)
churros con chocolate	Hefeteilchen mit heißer Schokolade
cochinillo	Spanferkel
cocktail de gambas	Krabbencocktail
conejo	Kaninchen
conejo al ajillo	Kaninchen in Knoblauchsoße
conejo en salmorejo	geschmortes Kaninchen
cordero	Lamm

cordero asado	Lammbraten
costillas de cordero	Lammkoteletts
crema catalana	Cremespeise mit Karamell
croqueta de pescado	Fischkroketten
de pescado	Fischkroketten
cuajada	Dickmilch
dorada	Goldbrasse
dorada a la sal	Goldbrasse in Salzkruste
dulce	süß
ensalada	Salat
ensalada de atún	Tunfischsalat
ensalada de pulpo	Tintenfischsalat, mit Essig, Öl und Zwiebeln
ensalada mixta	gemischter Salat
ensaladilla russa	Russischer Salat aus Kartoffeln, Möhren, Erbsen, Tunfisch und Mayonnaise
escalope	Schnitzel
espárragos	Spargel
espinaca	Spinat
estofado	Schmorbraten
estofado de cordero	Lammragout
fideos	Nudeln
filete de cerdo empanado	paniertes Schweineschnitzel
filete de ternera	Kalbsschnitzel
fresas	Erdbeeren
gambas al ajillo	Krevetten in Knoblauchöl
garbanzos	Kichererbsen
gazpacho	kalte Gemüsesuppe
gofio	geröstete und dann gemahlene Getreidekörner
guayaba	Guave
guisado	Ragout
guisantes	Erbsen
hígado	Leber
higos	Feigen
helado	Speiseeis
huevos revueltos	Rühreier
jamón serrano	luftgetrockneter Schinken
jeréz	Sherry
judías verdes	grüne Bohnen
langosta	Languste
langostinos	Riesengarnelen
leche	Milch
lenguado	Seezunge
lomo de cerdo	Schweinelende
mantequilla	Butter
manzana	Apfel
manzanilla	Kamillentee
mejillones	Miesmuscheln
melocotón	Pfirsich
merluza	Seehecht
mero	Zackenbarsch
mojo rojo	milde rote Soße mit Paprika und Knoblauch
mojo picón	scharfe rote Soße
mojo verde	grüne Soße mit Koriander, Petersilie und Knoblauch
naranja	Apfelsine
natillas	Cremespeise
paella	Reis mit Meeresfrüchten, Fisch und Fleisch
pan	Brot
papas arrugadas	Pellkartoffeln mit Salzkruste
parillada de carne	Grillplatte
parillada de pescado	Grillplatte mit Fisch
pastel	Kuchen
patatas	Kartoffeln

patatas cozidas	Salzkartoffeln
patatas fritas	Pommes Frites
pato	Ente
pavo	Truthahn
pechuga de pollo	Hähnchenbrust
pepino	Gurke
pera	Birne
perdices rellenas	gefüllte Rebhühner
perdíz	Rebhuhn
pescado	Fisch
pimienta	Pfeffer
pimientos	Paprikaschoten
plátanos	Bananen
plátanos flambé	flambierte Bananen
pollo	Hähnchen
pollo al ajillo	Hähnchen in Knoblauch
pollo asado	Brathähnchen
pomelo	Grapefruit
postres	Nachspeisen
puchero canario	Gemüseeintopf und bis zu sieben Sorten Fleisch
queso blanco	frischer Ziegenkäse
queso frito	gebackener Käse
rape	Seeteufel
ropa vieja	Eintopf aus Kichererbsen, Fleisch und Paprikawurst
ron	Rum
sal	Salz
salchichas	Würstchen
salmón	Lachs
salpicón de mariscos	Meeresfrüchtesalat
salsa	Sauce
sandía	Wassermelone
sardinas	Sardinen
seco	trocken
semiseco	halbtrocken
sidra	Apfelwein
solomillo	Filet
solomillo de cerdo	Schweinefilet
solomillo a la pimienta	Filet mit Pfeffersoße
sopa	Suppe
sopa de ajo	Knoblauchsuppe
sopa de garbanzos	Kichererbsensuppe
sopa de mariscos	Meeresfrüchtesuppe
sopa de pescado	Fischsuppe
sopa del día	Tagessuppe
sopa picadillo	Hühnerbrühe mit Ei
tarta	Kuchen
té	Schwarztee
té con limón	Schwarztee mit Zitrone
tortilla española	Kartoffelomelett
tortilla francesa	Omelett
uvas	Weintrauben
verduras	Gemüse
vinagre	Essig
vino	Wein
vino blanco	Weißwein
vino de la casa	Hauswein
vino rosado	Rosé
vino tinto	Rotwein
zanahorías	Möhren
zarzuela	Fischeintopf
zumo	Saft

Wichtige Dinge	Cosas importantes
La carta por favor.	Die Speisekarte, bitte.
Gabel	tenedor
Gedeck	cubierto
Löffel	cuchara
Messer	cuchillo
Serviette	servilleta
Teller	plato
Extrateller separado para las espinas	un plato por für die Gräten

REGISTER

LA PALMA-ATLAS

LEGENDE

1 : 90.000

0 — 3 km

Autobahn	Flughafen
832 Fernstraße mit Nummer	Sehenswürdigkeit
Hauptstraße	Kirche
Nebenstraße	Höhle
Straße ungeteert	Berggipfel, Höhenpunkt
Fahrweg	Windmühle
Fußweg, Pfad	Leuchtturm
Fähre	Schutzhütte
Kanal	Denkmal
Campingplatz	Turm
Aussichtspunkt	Badestrand
Nationalpark	

A
B
C
1
2
3
4
100 m
50 m
Punta de Vallieró
Lomo Salvaje
Callao Dujaren
Santo Domingo de Garafía
El Puertito de Santo Domingo
Inscripciones prehistóricas
Punta del Pesquero
Fernando Porto
584 m
Bco. de los Fernandez
Punta del Puerto Viejo
Prois de Lomada Grande
Cueva de Agua
Costa de Triana
Punta de Izcagua
Cuevas de Buracas
Bco. de Briestas
960 m
Mühlenhügel
El Castillo
Bco. Las Megeras
Lomo de los Barreros
Punta Gorda
Montaña de la Negra
Las Tricias
Lomo El Falla
El Pinar
El Fayal
Ermita San Mauro
Bco. de las Animas
Tricias
1209 m
Agua Dulce
Puntagorda
Pino de la Virgen
Lomo La Travesita
Mirador de Miraflores
Lomo Rellanito
Bco. de Izcagua
Punta de las Llanadas
Montaña El Jable
740 m
Don Pancho
629 m
Fagundo
Montaña Nazareno
780 m
Mauro
Punta del Serradero
El Roque
1018 m
Bco. de Garome
Punta Gorda
Punta de los Pájaros
Lomo de la Rocha
Cascajo
Los Riveroles
Playa de Camariño
Bco. de las Baranda
Lomo del Lance
Punta de Domingo Ramos
Lomo de las Breveras
Camellón
El Roque
Bco. de la Cueva Grande
Tabladito
El Pinillo
Playa de la Veta
La Cofradía
Tijarafe

S. 234

1 cm = 900 m
1 : 90.000
0
3 km
D
E
F
1
2
3
4
S. 232
S. 235
Punta de Rabisca
Punta de Juan Adalid
Punta los Maderas
Punta de la Manga
Prois de Don Pedro
Costa del Arrogante
Roque de los Gallos
Prois de Gallegos
Costa de Franceses
El Mudo
El Palmar
Juan Adalid
Bco. Domingo Diaz
Bco. El Palmar
Lomo Morion
Don Pedro
El Portal
El Tablado
Franceses
Gallegos
688 m
665 m
Bco. Magdalena
Bco. Fagundo
Lomo de la Jara
Pico del Anden Verde
Lomo de los Castros
Montaña de las Varas
955 m
900 m
San Antonio del Monte
Laguna de Garafía
969 m
Llano Negro
Llanadas
945 m
Montaña La Barrera
1005 m
Bco. Capitan
Lomo de la Sora
Pico de la Tabaquera
781 m
Bco. de los Hombres
Lomo la Toleda
Lomo de Los Poleo
Lomo de Los Machines
Bco. Franceses
Fuente de la Zarza
La Zarzita
Vaqueros
1154 m
1055 m
La Mata
Roque Faro
Casa forestal
Refugio de Gallegos
Tierra Blanca
Bco. Gallegos
Hoya Grande
Montaña Barbuda
1348 m
Lomo del Rosillo
Lomo de la Cumbre Vieja
Paso de la Hiedra
Bco. de las Grajas
Bco. las Grajas
Lomo Las Moradas
Bco. del Cedro
Bco. del Barbud
Lomo Los Corraletes
Lomo Alto
Lomo del Balladero
Lomo de la Ciudad
Lomo Muerto
Bco. de Briestas
Lomo del Lance
Las Moradas
2028 m
Hoyas de las Piedras
Lomo de los Hornos
Mirador de los Andenes
Fuente Nueva
2366 m
Degollada de Franceses
Pico del Ataud
Moro de la Cebolla
Observatorio Astrofísico
Roque de los Muchachos
2426 m
Pico de la Cruz
2361 m
Morro Negro
2312 m
Refugio
Roque Chico
2372 m
2322 m
Caldera de Taburiente
Bco. de los Cantos
Bco. del Diablo
Pico de la Piedra
2321 m
Roque Palmero
2310 m
Bco de Bombas de Agua
Playa de Taburiente
Lomo de los Zocamos
Lomo Cumplido
Montaña Bermeja
Morro Pinos Gachos
2179 m
Parque Nacional de la Caldera de Taburiente
Pico de la Nieve
2230 m
Cueva de Tanausu
Casas de Taburiente
Somada Alta
1926 m
Mirador de Lomo de Tagasaste
Roque Idafe
Río Almendro Amargo
Picos de Toney
Lomo del Mato
Bco. Salto del Agua
Pico de la Veta
2123 m

A
B
C
1
2
3
4
Prois de Don Pedro
Costa del Arrogante
Roque de los Gallos
Punta de Topaciegos
Punta Gaviota
Prois de Gallegos
Costa de Franceses
El Portal
Don Pedro
El Tablado
Franceses
Gallegos
Mirador La Tosca
La Tosca
Barlovento
Mirador Montaña de Molino
688 m
665 m
Bco. Fagundo
Lomo de la Jara
Pico del Anden Verde
Lomo de los Castros
Bco. Gallegos
Montaña del Pozo
Lomo de Leusque
Lomadas del Pino
796 m
909 m
Laguna de Barlovento
734 m
Pico de la Tabaquera
781 m
Bco. de los Hombres
Lomo de la Sora
Bco. Capitán
La Mata
Roque Faro
Lomo la Toleda
Lomo de Los Poleo
Lomo de Los Machines
Bco. Franceses
Refugio de Gallegos
Tierra Blanca
Bco. Gallegos
El Lomito
Llano de San J
Mirador las Baban
Casa forestal
Campanario del Garabato
933 m
Los Ti
Montaña Barbuda
1348 m
Lomo del Rosillo
Lomo de la Cumbre Vieja
Paso de la Hiedra
Bco. de las Grajas
Lomo del Cedro
Mirador Espigón Atravesado
S. 231
Las Moradas
Bco. del Cedro
Bco. del Barbud
Lomo Los Corraletes
Lomo Alto
Lomo del Bailadero
1646 m
Casa del Monte
Las Moradas
2028 m
Hoyas de las Piedras
Montaña de los Pasos
Lomo de la Hoya Amarga
Lomo de las
Mirador de los Andenes
Moro de la Cebolla
1511 m
Fuente Nueva
Degollada de Franceses
1719 m
Observatorio Astrofísico
2366 m
Pico del Ataud
Pico de la Cruz
2361 m
Roque de los Muchachos
2426 m
Lomo Morisco
Lomo del Madroñero
1498 m
Roque Chico
Morro Negro
2312 m
Refugio
2372 m
Caldera de Taburiente
Pico de la Piedra Llana
2321 m
2322 m
Bco. de los Cantos
Bco. del Diablo
Roque Palmero
2310 m
Bco de Bombas de Agua
Lomo de los Zocamos
Lomo Cumplido
Bco. Sec
1515 m
Cachos
Playa de Taburiente
Pico del Cedro
2247 m
1647 m
Pico de la Nieve
2230 m
Zona Recreativ
Lomo de las Vacas
Parque Nacional de la Caldera de Taburiente
Bco. de las Raíces
Bco. de la Madera
Cueva de anausu
Casas de Taburiente
Pico de la Veta
2123 m
Lomo asaste
Roque Idafe
Río Almendro Amargo
Picos de Toney
Lomo del Mato
Bco. Salto del Agua
Pico de la Sabina
2134 m
1344 m
La Barrer
S. 236

0
3 km
D
E
F
1
2
3
4
Punta del Corcho
La Fajana
Faro de Punta Cumplida
500 m
50 m
100 m
as Paredes
Punta Talavera
Mirador Talavera
Punta Salvajes
mo Machin
San Estanislao 150 m
La Cuesta
El Cardal
Roque Negro
Cruz de Aparico
Aparacio 312 m
La Verada
Ramirez
Quinto de las Calzadas
Punta Espíndola
Puerto Espíndola
Hoyagrande
El Cardal
Charco Azul
Los Sauces
Punta Gorda
San Andrés
El Regente
Las Lomadas
Tangue
le Grande
Lomo Grande
Bermudez
Punta El Guincho
Garachio
Punta de la Galga
Lomo El Tabacal
El Roque
Los Galguitos
luerto
Mirador de San Bartolomé
Ermita de San Bartolomé
Mirador de la Montaña
Punta El Guindaste
Bco. de la Fuente
La Galga 437 m
La Galga
Playa Nogales
Topo del Cuarto
Lomo Piñero
Cubo de la Galga
Cueva del Infierno
o Revent
991 m
Bco. Hondo Nogales
El Granel
823 m
Los Roques
705 m
Lomo Marinero
Rehoya 313 m
Punta Salinas
717 m
Casa Luján
Puntallana
omo del Corcho
Montaña de los Aviser
Lomo del Cuchillo
Santa Lucia
Punta Sancha
337 m
Bco. del Agua
Tenagua
S. 237
Punta Santa Lucia
de las Vacas

A
B
C
1
2
3
4
S. 230
Tijarafe
Casaquemada
Fuente de Candelaria
El Pinar
Playa de las Vinagreras
Jesus a la Costa
Bco. de Jurado
Forado 531 m
Cayado Nuevo
Playa de Jurado
Arecida
Lomo
Punta de la Corvina
Cueva Bonita
Punta de los Gomeros
La Punta
La Esquin
Canal de Angar
Punta del Moro
Morro Negro
El Time 594 m
Mirador del Time
249 m
Punta de Tijarafe
Puerto de Tazacorte
Punta de Tazacorte
50 m
100 m
500 m
1000 m
San Borond
Roques de D. Pedro
Playa de la Viñ
Punta del P
Play
Roq
Atlantischer Ozean

1 cm = 900 m **1 : 90.000**

0 3 km

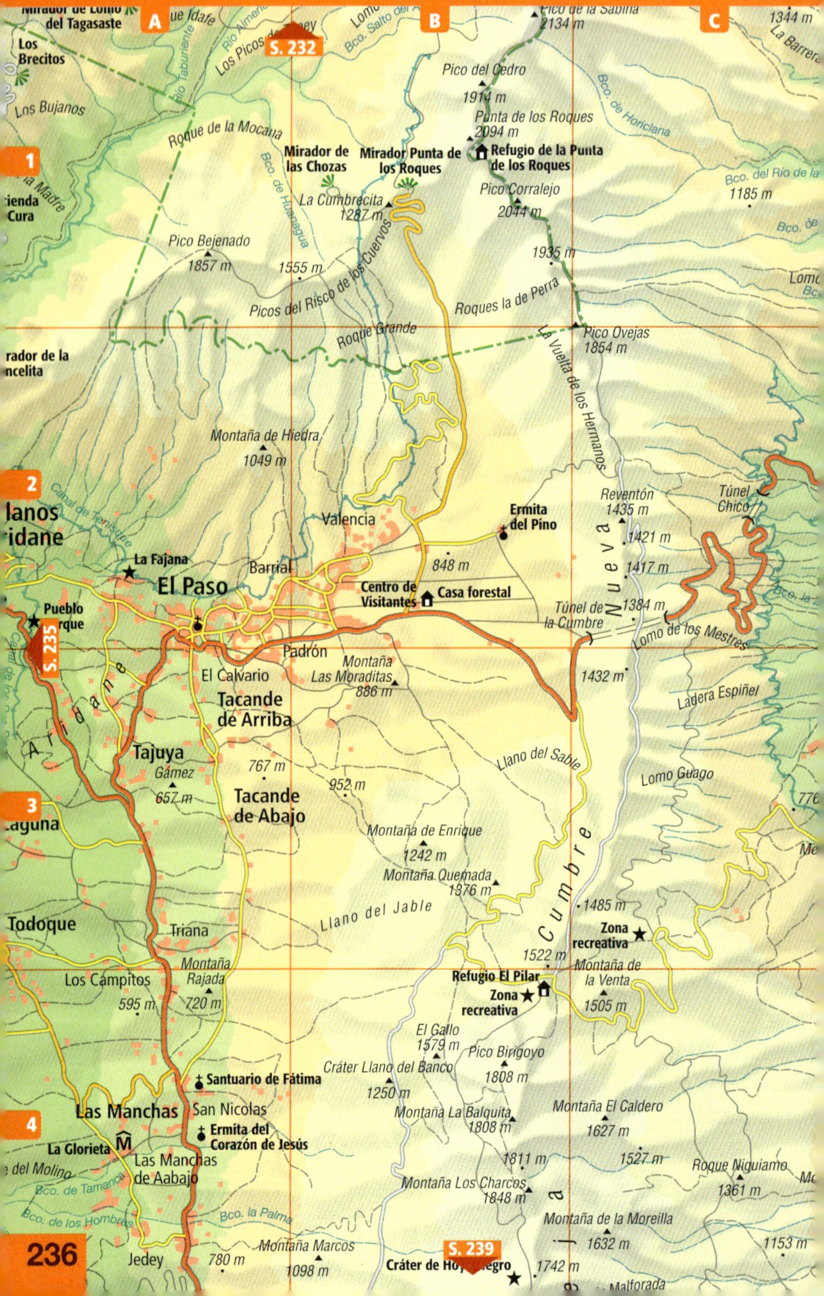
A
B
C
1
2
3
4
S. 232
S. 235
S. 239
Los Brecitos
Los Bujanos
Roque de la Mocana
Mirador de las Chozas
Mirador Punta de los Roques
Refugio de la Punta de los Roques
Pico del Cedro
1914 m
Punta de los Roques
2094 m
Pico de la Sabina
2134 m
Pico Corralejo
2044 m
La Cumbrecita
1287 m
Bco. de Huanagua
Bco. de Hoiclana
Bco. del Río de la
1185 m
1344 m
Pico Bejenado
1857 m
1555 m
1935 m
Picos del Risco de los Cuervos
Roques la de Perra
Roque Grande
Pico Ovejas
1854 m
La Vuelta de los Hermanos
Montaña de Hiedra
1049 m
Canal de Tenisque
La Fajana
El Paso
Valencia
Barrial
Ermita del Pino
848 m
Centro de Visitantes
Casa forestal
Reventón
1435 m
1421 m
1417 m
1384 m
Túnel de la Cumbre
Túnel Chico
Lomo de los Mestres
Nueva
Padrón
El Calvario
Montaña Las Moraditas
886 m
1432 m
Ladera Espiñel
Tacande de Arriba
Tacande de Abajo
Aridane
Tajuya
Gámez
657 m
767 m
952 m
Llano del Sable
Lomo Guago
Montaña de Enrique
1242 m
Montaña Quemada
1376 m
Llano del Jable
Cumbre
1485 m
Zona recreativa
1522 m
Montaña de la Venta
1505 m
Refugio El Pilar
Todoque
Triana
Montaña Rajada
720 m
Los Campitos
595 m
El Gallo
1579 m
Pico Birigoyo
1808 m
Cráter Llano del Banco
1250 m
Santuario de Fátima
Las Manchas
San Nicolas
Ermita del Corazón de Jesús
La Glorieta
Las Manchas de Aabajo
Bco. de Tamanca
Bco. de los Hombres
Bco. la Palma
Montaña La Balquita
1808 m
Montaña El Caldero
1627 m
1811 m
1527 m
Roque Niguiamo
1361 m
Montaña Los Charcos
1848 m
Montaña de la Moreilla
1632 m
1153 m
Jedey
780 m
Montaña Marcos
1098 m
Cráter de Hoyo Negro
1742 m
Malforada

D
E
F
1
2
3
4
Punta Santa Lucia
S. 233
Caleta de la Sancha
Costa de Miranda
Mirca
Lomo del Centro
Miranola
El Morro
Las Nieves
Santuario de N.S. de las Nieves
Llano del Fraile
Denesa
Lomo de los Pajaros
Quintero
SANTA CRUZ
Velhoco
Cubillas
La Cuesta
Maroparque
Glorieta de la Concepción
Buenavista de Arriba
Mirador de la Concepción
Playa de Bajamar
Botazo
Breña Alta
Punta Los Guinchos
Punta San Carlos
San Pedro de Breña Alta
Bco. El Llanito
El Fuerte
Ermita del Socorro
Punta de la Caleta Grande
Playa de los Cancajos
El Llanito
Las Ledas
Ledas de Abajo
Los Cancajos
Punta de la Arena
Breña Baja
San Antonio
San José de Breña Baja
Punta La Via
Beltain
Ermita Santa Rosalia
Monte Breña
Las Mesitas
Cuba o Buracas
Punta de las Palomas
565 m
Monte de Breña
Punta Malpais
La Rosa
Aeropuerto
Ermita de los Dolores
Punta de las Lajas
648 m
El Monte
Montaña del Centinela
319 m
Hoyo de Mazo
Playa del Hoyo
Bco. de San Blas
719 m
San Blas
El Pueblo
Villa de Mazo
Callejones
Rios
596 m
San Simón
Playa La Martina
Punta del Andén
Bco. del Romero
Goteras
143 m
Lomo Oscuro
Bco. San Simón
Punta del Moro
Sabina
Ermita San Juan
Playa del Pozo

A
B
C
1
2
3
4
Playa de Puerto Naos
Jedey
780 m
Montaña Marc
1098 m
S. 235
Cráter de Hoyo Negro
Montaña El Fraile
1782 m
1902 m
Pesquero Alto
Playa de las Monjas
Playa de Charco Verde
Bco. de las Palmas
Ladera La Barquita
1857 m
Deseada II
1937 m
1949
Punta de los Bogullos
Montaña los Bermejales
1849 m
Mendo
Montaña de los Lajiones
1666 m
El Remo
Punta del Cabestro
Ruta de los Volcanes
Ermita de Santa Cecilia
Caldera del Bucaro
1695 m
1636 m
Roque y Punta de los Guinchos
Volcán Martín
La Florida
El Charco
Montaña del Palo
1458 m
1602 m
1261 m
Montaña de los Faros
Montaña Pelada
1441 m
Punta Banco
Roques las Galeras
Montaña La Semilla
1242 m
Fuego
1249 m
Playas de la Zamora
Playa Chica
Montaña de los Pérez
1035 m
Las Indias
Punta del Hombre
1021 m
Mirador de las Indias
La Ballena
Punta Resbaladera
Los Canari
(Fuencalie
Punta Vuelta del Toro
Los Quemados
Tablas
672 m
P
M
Punta Larga
657 m
Volcán de San Antonio
Volcán de Teneguía
439 m
Llano
Genteno
Playa Nueva
Playa Echentive
Faro de Fuencaliente
Punta de Fuenca

1 cm = 900 m
1 : 90.000
0
3 km
D
E
F
1
2
3
4
1153 m
S. 236
La Sabina
1015 m
Montaña de la Horqueta
1356 m
Cueva de Belmaco
Ermita San Juán de Belmaco
Bco. las Cuevas
Punta del Moro
Playa del Pozo
Playa del Burro
Punta Baja de San Simón
Tirimaga
656 m
Malpaíses
Salineras
Faro Punta El Lajio
Punta El Lajio
Punta las Salineras
Bco. Reja
Bco. de la Lava
Refugio de Tigalate
Montaña del Azufre
280 m
Puntas del Azufre
Tiguerorte
Punta de la Barqueta
Playa de la Barqueta
398 m
Tigalate
Roques de Niares
Patitos Blancos
Bahía de los Roques
50 m
100 m
500 m
1000 m
Montes de Luna
Cerro de los Bucarps
Punta del Porís
Canal de Fuencaliente
Playa Martin
Punta Martin
Playa del Río
Lomo Alto
Punta de los Roquitos
Playa de los Roquitos
Pija
679 m
Baja del Agua
Lomo Gordo
Los Roques de Anaga
Las Caletas
El Puertito
Los Lázaros
Atlantischer Ozean
El Guincho

Abbildungsnachweis

Rainer Hackenberg, Köln: S. 2/3, 10, 24/25, 27, 59, 66, 85, 91, 102/03, 104, 116, 118, 140, 168, 173, 188/89, 192/93, 195, 197, 228

laif, Köln: Titelbild (Gernot Huber)

Susanne Lipps, Duisburg: 18, 98, 130/31, 143, 154/55, 164/65, 171, 185, 198/99

Ernst Wrba, Sulzbach im Taunus: Umschlaginnenklappe vorne und hinten, S. 1, 14, 20/21, 23, 34, 38/39, 41, 43, 45, 47, 49, 53, 54, 56, 61, 62/63, 68, 79, 80, 82, 88, 93, 107, 109, 112, 122/23, 126, 132, 135, 148/49, 160, 176, 177, 180/81, 200

Abbildungen

Umschlagvorderseite: Blick über Bananenfelder auf die Kirche von San Andrés

Innenklappe vorn: Straßenszene in Santa Cruz

Vignette: Palme

S. 2/3: Auf der Ruta de los Volcanes

Innenklappe hinten: Am Strand von Puerto Naos

Umschlagrückseite: Laubengang in Tazacorte, Mandelblüte bei Puntagorda

Kartografie

DuMont Reisekartografie

© DuMont Reiseverlag

Die Deutsche Bibliothek – CIP Einheitsaufnahme

Lipps, Susanne
La Palma
– Köln: DuMont Reiseverlag, 2002
DuMont Reise-Taschenbuch
ISBN 3-7701-5937-3

Umschlaggestaltung: Groschwitz, Hamburg

Satz und Druck: Rasch, Bramsche
Buchbinderische Verarbeitung: Bramscher Buchbinder Betriebe

ISBN 3-7701-5937-3